全国普通高等院校物流管理与物流工程专业教学指导意见配套规划教材

配送中心规划与运作管理

张竞禾　编著

中国财富出版社

图书在版编目（CIP）数据

配送中心规划与运作管理 / 张竞禾编著 . —北京：中国财富出版社，2018.11
（全国普通高等院校物流管理与物流工程专业教学指导意见配套规划教材）
ISBN 978-7-5047-6748-6

Ⅰ.①配… Ⅱ.①张… Ⅲ.①物流配送中心—经济规划—高等学校—教材 ②物流配送中心—企业管理—高等学校—教材 Ⅳ.①F252.2

中国版本图书馆 CIP 数据核字（2018）第 256846 号

策划编辑 张 茜　　责任编辑 颜学静
责任印制 尚立业　　责任校对 孙丽丽　　责任发行 敬 东

出版发行 中国财富出版社
社　　址 北京市丰台区南四环西路 188 号 5 区 20 楼　　邮政编码 100070
电　　话 010-52227588 转 2098（发行部）　　010-52227588 转 321（总编室）
010-52227588 转 100（读者服务部）　　010-52227588 转 305（质检部）
网　　址 http://www.cfpress.com.cn
经　　销 新华书店
印　　刷 北京京都六环印刷厂
书　　号 ISBN 978-7-5047-6748-6/F·2990
开　　本 787mm×1092mm 1/16　　版　　次 2019 年 8 月第 1 版
印　　张 17.25　　印　　次 2019 年 8 月第 1 次印刷
字　　数 431 千字　　定　　价 49.80 元

前　言

《配送中心规划与运作管理》是北京物资学院传统课程之一。本书是在多年课程实践中积累的成果，离不开课程组邬跃教授等多位老师，以及研究生李喆、张燕燕等的辛勤付出。

当前，互联网的发展迫使企业竞争环境发生变化，企业面临转型升级、模式创新，面临订单碎片化及快速响应的挑战。面对新形势下的物流服务能力，企业现行仓储体系中的作业方法、数据处理能力、信息系统、成本效率等问题凸显，似乎一夜之间就跟不上业务发展速度，给企业成长造成许多阻碍，这也是本书此时推出的紧迫性所在。以往仓储类书籍很多，但仓储管理的重点是围绕商品“静止”的保管，例如，数量准确、质量保障等。而配送中心的核心工作是围绕“流动”建立的作业体系，例如，有效面积下提高货物处理能力，在保证复杂订单数据准确的同时提高出库速度，减少成本，控制异常并在其发生时仍能在既定时点完成工作不影响主流程等。可以说，配送中心是基于商品流动性而建立的多维管理体系，它的维度是场地、人、商品、时间、成本、数据。

本书共分为九章，第一章作为物流入门导入，第二章至第五章为规划设计部分，第六章至第九章为作业部分。之所以把规划和作业写入一本书中，是因为在场地规划阶段就应该考虑后续作业，不熟悉作业就无法做出好的场地规划。

本书适合作为配送中心管理的入门读物，配送中心业务千变万化，在原理的基础上实践出真知！由于作者水平有限，时间紧迫，书中不足之处还望读者批评指正。

作　者

2018 年 6 月于北京

目　录

第一章　物流与供应链

生产物流是现代生产的重要组成部分。随着生产力的日益提高，生产物流系统中蕴藏的巨大潜力越来越引起人们的注意。在提高加工制造设备本身能力和效益的同时，挖掘物流潜力，提高生产系统的总体效益是现代化生产的重要标志之一。物流作为企业的“第三利润”源泉，被越来越多的企业所认识和重视。目前，各国企业已普遍改造物流结构、降低物流成本、新建适应生产和流通的各种类型的配送中心，以满足生产和生活的需要。

第一节　物流的基本概念和发展

一、物流概念的演化和发展

物流概念的发展经过了一个漫长而曲折的过程。回顾物流的发展历程、理解历史上经典的物流概念，有利于我们全面、深入地理解物流的内涵。迄今为止，世界各国、各地的学者为物流下了许多不同的定义。从历史演进的角度看，物流的内涵和外延一直伴随物流经营理念与物流运作实践的发展而发展，可以说物流概念是与时俱进的。

从物流概念演进的角度考察，物流的发展大致经历了物流概念的起源、产成品分销物流、综合物流、供应链物流和实时物流五个阶段。

（一）物流概念的起源

物流（Physical Distribution）一词最早出现于美国，1915 年美国学者阿奇·萧（Arch Shaw）在《市场流通中的若干问题》（*Some Problem in Market Distribution*）一书中就提到物流一词，并指出“物流与创造需求是不同的问题”，“物品经过时间和空间的转移，会产生附加价值”，这可以说是物流概念的起源。1924 年，另一位美国学者克拉克（F. E. Clerk）在《营销原理》一书中也使用了物流的概念。当时，西方一些国家已开始出现生产过剩、需求严重不足的经济危机，这些国家的企业因此提出了促进销售的方法及物流的问题。严格地说，当时的物流概念与现在的物流概念是不一样的，其只是营销学上的一个名词，即我们现在所说的分销或配送（Distribution），而且仅指为促进商品的销售而进行的运输、存储、装卸等具体的功能性活动。由于当时信息技术的落后，各方沟通困难，物流各个作业环节信息难以传递和共享，因此，物流运作只有一系列的、独立的功能性活动，难以统筹考虑及进行有计划的实施。因此，许多学者认为那时没有真正的物流概念，只有运输、存储、装卸、搬运等具体的、独立的功能性作业或活动，是附属和服务于企业营销活动的。

（二）产成品分销物流阶段（Physical Distribution，物流或实物分销）

20世纪六七十年代，发达国家的生产能力已经大大提高，不仅同一基本产品增加了不同品牌，而且产品多样化的趋势得到了进一步的加强，企业之间的竞争加剧。这就大大增加了单个企业的库存量，导致其库存成本、订单处理成本和运输成本的增加，人们开始重视产品营销和配送，也就是在这个时期，德鲁克的“黑色大陆说”又从理论上证明了物流对企业经营的巨大潜力。此外，这一阶段，由于信息技术有了划时代的进步和发展，电话、电报的普及应用，使人们可以将物流作业各功能环节的信息进行传递，进而通盘考虑、运筹管理，也因此产生了现代物流理念的萌芽，使人们可以“对原材料、在制品、制成品由生产地到消费地高效运动过程所实施一系列功能性活动进行计划和控制”，于是形成了“实物分销”的物流概念，如图1-1所示。

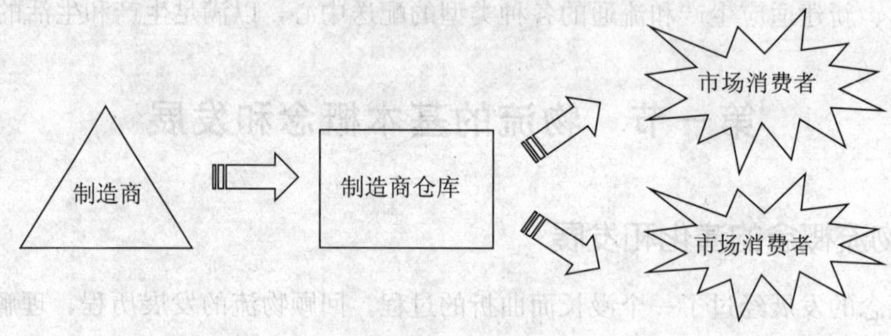

图1-1 产成品物流

实际上，这个阶段的物流概念仍然是上一阶段配送概念的加强和延伸，重点在于注重产品从企业到消费者过程中的物流活动环节，对物流的理论研究也仅限于销售阶段的分销和配送。1962年，美国成立了国家物流管理协会（National Council of Physical Distribution Management，NCPDM），它逐渐成为全世界公认的物流从业人员和物流管理方面的领先性专业组织。

（三）综合物流阶段（Logistics，后勤或现代物流）

在第二次世界大战中，围绕战争供应，美国军队建立了后勤（Logistics）理论，使用后勤管理（Logistics Management）方法对军火等战争物资的运输、补给、存储、分配等进行全面统一管理。其所提出的“后勤”概念就是指将战时军需物资的生产、采购、存储、运输、配给等活动作为一个整体进行统一布置、统筹安排，以求战争物资管理总成本更低、补给速度更快、服务更好。

20世纪70年代，发达国家的生产能力更加快速地提高，企业认识到不仅销售会影响赢利，原材料的采购和供应、物料管理对企业赢利亦有极大的影响。“后勤管理”一词逐渐被企业所接受，后被广泛应用，这时又有商业后勤、流通后勤的提法。此时的后勤包含了生产过程和流通过程的物流，是一个范围更广泛的物流概念，我们称为综合物流，如图1-2所示。

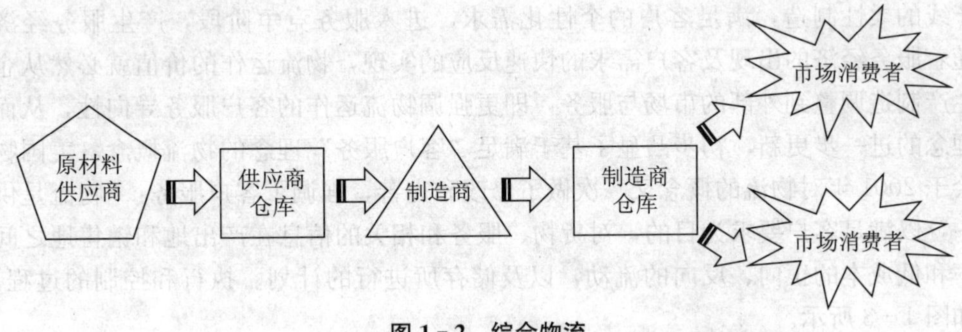

图 1-2 综合物流

20 世纪 80 年代，信息技术快速发展，使得原材料、在制品、制成品从供应地到消费地各功能作业活动中产生的相关信息可以更方便和快速地传递，尤其是 EDI（电子数据交换系统）技术的成熟与应用及基于 EDI、卫星通信等信息技术带来的通信网络的形成和电子商务发展雏形的出现，使企业可以在研究客户需求信息的基础上，对物流作业各功能环节的活动进行高效而经济的计划、执行和控制，从而引发了现代物流理念的再次变革，形成了“后勤保障”的现代物流（Logistics）理念。但迄今为止，一般的英文字典中，Logistics 仍然只有后勤的意思。

作为当时发达国家物流研究权威的美国国家物流管理协会基于物流理念的这种变化，于 1986 年更名为 The Council of Logistics Management，简称 CLM。将 Physical Distribution 改为 Logistics，其理由是 Physical Distribution 的概念较狭窄，Logistics 的概念则较为宽泛、连贯、整体。改名后的美国物流管理协会（CLM）对物流（Logistics）所下的定义是：“以适合于顾客的要求为目的，对原材料、在制品、制成品及与其关联的信息，从生产地点到消费地点之间的流动与保管，为追求高效率、低成本而进行计划、执行、控制。”它与以往物流概念有所差异，标志着现代物流概念的出现。1992 年日本也将物的流通（Physical Distribution）改成 Logistics 的日语音译。物流管理的概念开始强调企业内部的一体化，将采购供应、生产和销售等统筹考虑，出现了许多物流领域新的理论，典型的如日本丰田公司提出的零库存（Just - in - Time）、全面质量管理（Total Quality Management）等。美国也在 20 世纪 70 年代后期对运输进行了放松管制（Deregulation），使承运人服务的领域扩大、定价自由，为承运人与货主之间建立长期的合作关系、降低整体物流成本提供了可能。

（四）供应链物流阶段（Supply Chain）

20 世纪 90 年代，由于经济全球化的影响，全球范围内的企业竞争加剧，上下游企业认识到其相互依赖关系的重要性，开始由以前的独立和隔绝走向联盟和合作。同时，电子商务与信息技术的飞速发展，从技术上促成了企业将供应、生产、分销、零售统筹考虑，使企业可以在更广泛的背景下考虑物流运作，企业开始把物流管理的着眼点放到物流的整个过程中，从而将物流纳入供应链范畴，作为“供应链的一部分”，出现了基于“供应链”条件下的物流概念，并初步将物流纳入了供应链上所有企业间互相协作的管理范畴。为顺应这一理念，1998 年美国物流管理协会再次对物流概念做了修订，引入了供应链的概念。

随着互联网技术的发展，企业可以以客户需求为导向，通过企业信息系统的快速反应及生产线的柔性制造，满足客户的个性化需求，进入服务竞争阶段，产生服务经济的现象。随着服务经济的出现及客户需求的快速反应的实现，物流运作的价值就必然从企业内部的生产制造调整到外部的市场与服务，即更强调物流运作的客户服务导向性，从而带来物流理念的进一步更新，初步凸显了基于满足"客户服务"理念的物流概念。美国物流管理协会于 2001 年对物流的概念又一次做了修改和完善，强调了客户服务："物流是供应链运作中，以满足客户要求为目的，对货物、服务和相关的信息在产出地和销售地之间实现高效率和低成本的正向、反向的流动，以及储存所进行的计划、执行和控制的过程。"其过程如图 1－3 所示。

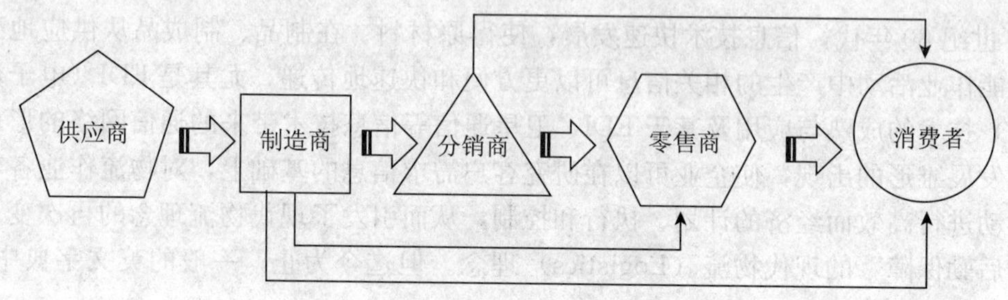

图 1－3　供应链物流

这一阶段是物流管理外部一体化的阶段。物流管理的外部一体化涉及不同利益主体，因此并不是一件容易的事，但从节约整体成本和提高服务水平的观点看，其具有巨大的潜力。

（五）实时物流阶段（Right Time Logistics）

进入 21 世纪，随着新经济的快速发展，物流的实践和理论也随之发展，学者们提出了许多新的理论和观点，实时物流（RTL）就是其中之一。有些学者认为，互联网技术的成熟，使人们有能力从单纯关注交易这一节点向关注商务的全过程转移，这将不仅涉及企业内部各部门，而且涉及整个供应链各方企业之间的协作。

同时，近年来现代物流设备和信息技术的成熟，使企业可以通过机械化、自动化、信息化等手段，进一步提高市场反应速度，有利于系统实时追踪目标的实现。利用信息手段、协同化的技术，可以把物流各作业环节的实时执行与整个企业运作管理系统相结合，利用 GPS、GIS 条码、POS 数据、RF 无线射频等自动识别的物流信息实时采集技术，利用移动计算技术对物流信息的实时处理，对物流进行实时追踪，协同运作，追求物流系统的实时管理与执行，从而产生了实时物流的概念。

学者们认为实时物流与供应链物流的区别在于，实时物流不仅关注物流系统的成本和效率，更关注整体商务系统的反应速度与价值；不仅简单地追求生产、采购、营销系统中的物流管理与执行的协同与一体化运作，更强调与企业商务系统的融合，形成以供应链为核心的商务大系统中的物流反应与执行速度，使商流、信息流、物流、资金流四流合一，真正实现企业追求"实时"的理想目标。

应该说，实时物流的概念实质上就是供应链一体化物流的延伸，是一个高度集成化和一体化的物流系统。虽然目前这种提法还没有像现代物流、供应链物流的概念受到人们普遍接受和认可，但还是说明了21世纪以来物流发展的一些新的特点，因此本书也把它当作物流发展的一个新阶段。

物流概念的演进如图1-4所示。

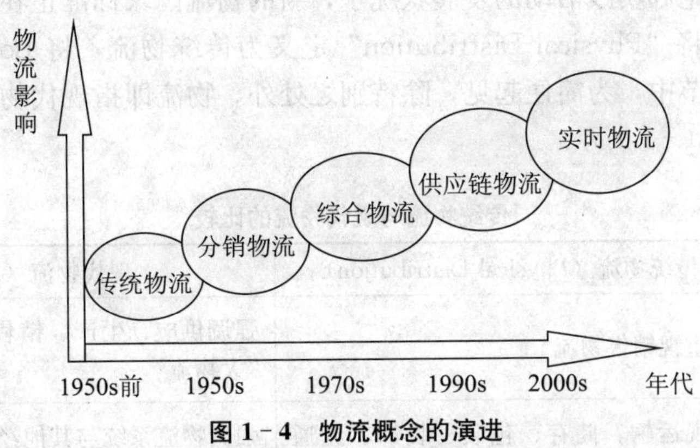

图1-4　物流概念的演进

二、我国物流概念的引入及其特点

（一）我国物流概念的引入

物流的概念和提法主要通过两条途径从国外传入我国。一条途径是在20世纪80年代初随西方市场营销理论的引入而从欧美等国传入，因为在西方所有市场营销学著作和教科书中，都会提到“Physical Distribution”，这两个单词直译成为中文即为“实物分销”或“实物流通”，我们普遍接受“实物分销”的译法。所谓“实物分销”是指商品从实体供给者向需求者继续进行的物流性移动。

另一条途径是“Physical Distribution”从欧美等传入日本，日本人将其译为“物的流通”，简称物流。20世纪70年代末，中国物资流通代表团参加了在日本举行的第三次国际物流会议，其在回国后撰写的考察报告中介绍了大会内容以及日本物流的发展状况。1981年，北京物资学院的王之泰教授在原物资部的专业刊物《物资经济研究通讯》上发表了《物流浅谈》一文，首次较为完整地将“物流”这一概念引入中国。1988年我国台湾地区也开始使用“物流”这一概念。1989年4月，第八届国际物流会议在北京召开，自此“物流”一词的使用在我国日益普遍。长期以来，我国各界一直沿用了日本对物流的定义。

（二）物流的概念

显然，在物流概念传入之前，我国也存在着物流活动，如物资的运输、保管、包装、装卸、流通加工，其中最主要的是存储和运输活动，简称储运。其管理的特征是以产品的“进、销、存”为主，即物资的盘点、出入库管理、库位管理等，部分企业会增加车辆与运输管理、库存资产管理，也就是库存管理。由于我国在20世纪90年代之前一直没有明确的“物流”提法，国外的物流业基本上就是我国当时的储运业。

此外，我国引进物流概念的时间较短，而且一直沿用“物流”这一概念，所以无法体现物流概念在其他国家名称及其内涵的转变。2001年8月1日，我国颁布了《物流术语》

国家标准（GB/T 18354—2001），将物流定义为："物品从供应地向接收地的实体流动过程。根据实际需要，将运输、储存、装卸、搬运、包装、流通加工、配送、信息处理等基本功能实现有机结合"。这个定义基本上是传统"Physical Distribution"的概念，已经不符合当前的物流理论和实践活动的发展状况了，新的物流国家标准正在制定中。本书为研究和教学的方便，将"Physical Distribution"定义为传统物流，将 Logistics 定义为现代物流，在以后的章节中，为简便起见，除特别之处外，物流即指现代物流。传统物流与现代物流的比较如表 1－1 所示。

表 1－1　传统物流与现代物流的比较

类别	传统物流（Physical Distribution）	现代物流（Logistics）
范围	只重视销售物流	强调供应、生产、销售、消费等全过程的"大物流"
系统概念	重视运输、储存、包装、装卸、流通加工、信息等构成要素的系统最佳	强调物流系统与其他经营系统的"大系统"最佳
性质与地位	企业或组织体的"后勤""内部事务"；成本支出项目	企业或组织体的"先锋""外部事物"；创造价值，第三利润源泉
目标与理念	效率与成本的均衡	效率、成本、服务与效益的均衡
服务对象	企业或组织体内部	企业或组织体外部顾客
功能定位	节约成本的"手段"和"策略"	扩大销售、增加利润的"战略"

资料来源：夏春玉. 物流与供应链管理［M］. 大连：东北财经大学出版社，2004.

三、现代物流系统

（一）物流系统的概念

所谓系统是指为达成某种共同的目的，由若干个相互联系、相互作用的要素所构成，具有一定结构和功能的有机整体。

用系统的观点来研究物流活动是现代物流学的核心和重要方法。

现代物流系统不仅包括产品的包装、运输、装卸搬运、仓储保管等活动，还应向两头延伸并加入新的内涵，使社会物流与企业物流有机地结合在一起，从采购物流开始，经过生产物流，再进入销售物流，经过包装、运输、仓储、装卸、加工配送到达消费者手中，最后还有废弃物的回收物流（逆向物流）。可以说，现代物流系统包含产品从"生"到"死"的整个物理流通的全过程，即通过统筹协调、合理规划，控制整个商品的流动，以达到利益最大、成本最小，同时满足用户需求不断变化的客观要求，使物流系统成为一个跨部门、跨行业、跨区域的社会系统。

（二）物流系统的构成

一般来说，按照物流系统中各个单项活动的功能不同，物流系统可分为物流作业系统和物流信息系统。

1. 物流作业系统

物流作业系统主要是指在企业物流中所涉及的活动，过去一般认为应包括运输、保管、装卸搬运、包装、流通加工和配送。近些年来，企业对物流运作管理不断地细化和整合，物流系统所包括的内容也有所变化。目前一般认为，一个典型的物流作业系统的组成要素应包括：物流需求预测（Demand Forecasting）、物流客户服务（Customer Service）、装卸与搬运（Handling）、运输（Traffic and Storage）、工厂与仓库选址（Plant and Warehouse Site Selection）、包装（Packing）、配送（Distribution）等，如图 1-5 所示。

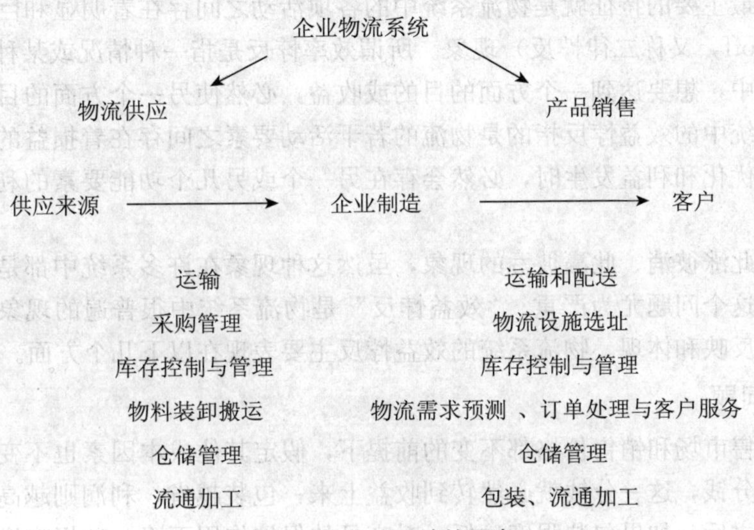

图 1-5　物流系统的要素

2. 物流信息系统

要想使物流作业系统设计合理并能够通畅、高效运行，达到降低物流成本、缩短提前期、提高物流服务水平的目标企业就必须进行有效和及时的物流信息收集和传递，因此，物流信息系统是整个现代物流系统的神经系统和指挥系统，是其必不可少的一个重要组成部分。需要说明的是，图 1-5 中并没有标注物流信息，但是各个物流的作业要素都离不开物流信息系统。

现代物流的领域超越了单个企业的范畴，其范围包括从上游的供应商到下游顾客的整个网络，因此企业物流信息系统不仅包括单个企业的内部信息系统，还包括企业间的信息系统，以及企业和个人之间的信息系统。越来越多的企业也正是借助这个系统同其供应商和顾客建立牢固的长期关系，从而向其顾客提供更多的增值服务，甚至以此作为在市场上实施差异化战略的一种方式。例如，沃尔玛最早采用了以卫星技术为基础的信息系统，使它迅速成长并超越了其竞争对手玛凯特，进而成为世界上最大的零售业霸主。

将图 1-5 中物流系统的要素综合起来，按照这些活动对物流运作的重要程度又可以将物流活动分为关键性物流活动和支持性物流活动。关键性物流活动包括物流客户服务、运输与配送、库存管理、信息传输和订单处理等；支持性物流活动又称为物流辅助作业，包括仓储管理、装卸搬运、包装、流通加工等。

其中，关键性物流活动在每一个物流渠道中都会发生，占物流成本的比重大，是物流工作的关键环节，也是企业最应该重视的部分。实际数据和经验表明，运输和库存两部分加起来占企业物流总成本的1/3～2/3，是物流系统中成本消耗最大的两项。

支持性物流活动是有助于实现物流目标但在物流系统中重要性稍弱的因素，而且它并不一定在所有企业的物流活动中都会出现，例如，汽车整车、沙石、铁矿石等产品的物流过程一般不需要仓库，也就不涉及仓储管理。

（三）物流系统的特征

物流系统最主要的特征就是物流系统中的各项活动之间存在着明显和巨大的“效益悖反”（Trade－off，又称二律悖反）现象。所谓效率悖反是指一种情况或某种要素处于相互矛盾的关系之中，想要达到一个方面的目的或收益，必然使另一个方面的目的或收益受到损失。物流系统中的效益悖反指的是物流的若干活动要素之间存在着损益的矛盾，即某一个功能要素的优化和利益发生时，必然会存在另一个或另几个功能要素的利益损失，反之也如此。

这是一种此涨彼消、此赢彼亏的现象，虽然这种现象在许多系统中都是存在的，但在物流系统中，这个问题尤为严重。“效益悖反”是物流系统中很普遍的现象，是物流系统中内部矛盾的反映和体现。物流系统的效益悖反主要表现在以下几个方面。

1. 包装问题

在产品销售市场和销售价格都不变的前提下，假定其他成本因素也不变，那么在包装方面每少花一分钱，这一分钱就必然转到收益上来，包装越省，利润则越高。但是，一旦产品进入流通之后，如果包装强度过低，对产品的保护作用下降，破损率增高，就可能造成存储、装卸搬运、运输等方面的工作劣化和效益降低。显然，包装活动的效益是以其他方面的损失为代价的。在我国，流通领域每年因包装不善出现上百亿元的商品损失，就是这种效益悖反现象的实证。

2. 库存问题

为了尽量满足客户的订单需要，要保持较高的库存水平，然而高库存会增加存储成本和商品过期的风险。如果为降低成本而尽量减少仓库数量和库存商品数量，就必须增加运输或配送的频率。库存费用与缺货率的关系如图1－6所示。因此，在决定库存水平之前必须从系统的角度权衡不利因素和有利因素，否则次优选择就会经常发生。

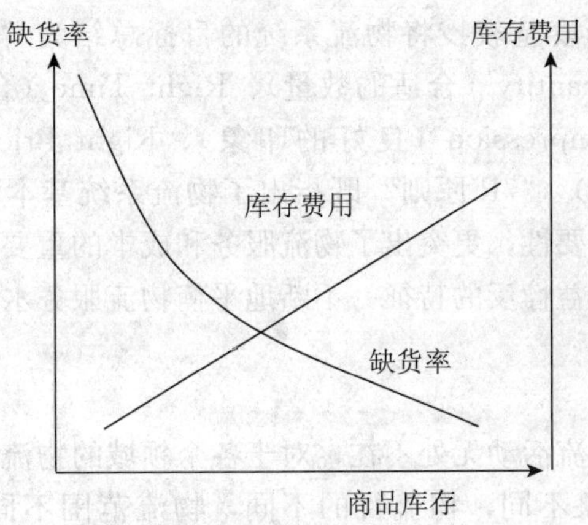

图 1-6　库存费用与缺货率的关系

3. 运输问题

在物流运作中，有多种运输方式可供选择，如航空、铁路、公路、轮船，但这些运输方式各有优势，常常造成成本和效率的相悖变化。例如，航空运输与火车运输相比，不仅能大大减少运输时间，还可以减少各地物流中心或仓库的库存数量，但运输量降低，费用却增加很多，而且一般从机场到最终目的地的运输也很麻烦。

4. 物流信息系统

众所周知，物流信息系统能够提高整个物流系统的效率，但物流信息系统的开发必须购置大量的硬件和软件，系统还需要经常维护、更换、升级等，费用非常高。

以上这些效益悖反的现象还只是物流系统中的一小部分，但已充分说明了在物流系统中单个活动表现良好时，整个系统的结果却不一定是最好的。因此，必须研究物流系统的总体效益，用系统最优化的思想和技术来整合企业物流，并根据企业总体的竞争战略来制定物流战略，以确定物流系统的目标，平衡物流系统中各要素的投入及成本。例如，我们为了降低销售损失（如断货问题），拟采用快速反应物流战略，就必须考虑这会导致较高的物流成本，因为我们要么采用快捷但昂贵的运输方式，要么在临近客户需求所在地建立更多或更大的仓库。

（四）物流系统的目标

不同企业的竞争战略之间的差异决定了其物流战略的不同，从而决定了不同企业物流系统目标的不同。例如，同样是连锁超市，沃尔玛和 7-11 连锁店的经营战略就截然不同，前者追求“天天低价”，后者追求“及时便利”，因此在物流活动中，沃尔玛采取分散开店、大批量采购、低频率送货的战略，而 7-11 连锁店则恰恰相反，采取的是高密度开店、多频率、小数量送货的战略。

但从一般企业管理的角度来看，物流系统应达到以下几个目的：①根据交货期将所订货物及时、准确交付给用户；②尽可能地减少用户所需的订货断档；③合理配置物流中心，提高运输和配送效率；④提高物流各个活动的效率，实现省力化和最优化；⑤保证物流信息的畅通；⑥尽可能在保证物流服务水平的前提下，降低物流成本。

美国密歇根大学的斯麦基教授将物流系统的目标总结为“7R 原则”：Right Quality（合适的质量）、Right Quantity（合适的数量）、Right Time（合适的时间）、Right Place（合适的地点）、Right Impression（良好的印象）、Right Price（合适的价格）、Right Commodity（合适的商品）。“7R 原则”既指出了物流系统基本活动的特征，又强调了物流活动中空间和时间的必要性，更突出了物流服务和成本的重要性。物流管理者和作业人员应充分考虑物流系统效益悖反的特征，不断地平衡物流服务水平、成本和效益。

四、物流的分类

社会经济领域中的物流活动无处不在，对于各个领域的物流，虽然其基本要素都存在且相同，但由于物流对象不同，物流目的不同，物流范围不同，便形成了不同的物流类型。

（一）按照物流活动的空间范围分类

按照物流活动的空间范围分类，物流可分为国际物流、国内物流和区域物流。

1. 国际物流

国际物流是指跨越国界的物流。随着经济全球化的推进，国际贸易和跨国公司的蓬勃发展，国家之间、洲际之间无论是商品还是原材料，以及半成品的流动，比以往任何时候都要发达，因此，对国际物流的研究已成为物流研究的一个重要分支。

2. 国内物流

国内物流又叫国民经济物流，是指发生在一国之内的物流，存在于一国国民经济的各个领域，纳入国家总体的经济规划。

20 世纪 90 年代以来，我国政府开始重视物流业的发展，各部委联合发布了一些重要文件，指导中国物流业的发展。如 2001 年 3 月由原国家经贸委员会同原铁道部、交通运输部、原信息产业部、原对外经济贸易合作部、中国民航总局六部委发布了《关于加快我国现代物流发展的若干意见》；2004 年 8 月 5 日，国家发展和改革委员会、商务部、公安部、原铁道部、交通运输部、海关总署、国家税务总局、中国民用航空总局和原国家工商行政管理总局九部门又联合发布了《关于促进我国现代物流业发展的意见》。

3. 区域物流

区域物流有以下几种不同的划分原则：首先，可以按照行政性区域划分，如我国的西南地区物流、东北地区物流；其次，可以按照地理位置划分，如珠江三角洲地区物流、长江三角洲地区物流、环渤海地区物流等；最后，还可以按照经济圈划分，如苏（州）无（锡）常（洲）物流、黑龙江边境贸易区物流等。

（二）按照物流系统的性质分类

按照物流系统的性质分类，可分为社会物流、行业物流和企业物流。

1. 社会物流

社会物流的范畴是社会经济大领域，研究在现有社会环境下如何通过提高物流系统的效率，降低物流成本，给社会带来经济效益和社会效益。由于此范畴具有宏观性和广泛性，因此，有些学者把社会物流称作宏观物流或大物流。物流对宏观国民经济的重大影响也是物流科学在近年来受到极大重视的主要原因。

2. 行业物流

行业物流又被称作中观物流。同一行业中的企业在市场上虽是竞争对手，但在物流领域却常常互相协作，共同促进和形成了同一行业的物流系统。这种行业物流使参与其中的企业都能得到相应的利益。例如，许多家电企业可能联合起来进行协作运输和仓储，共同配送，从而降低成本、增加利润。

3. 企业物流

企业物流是具体的、微观的物流活动的典型领域，又叫微观物流。企业物流又可以分成下面五种具体的物流活动，如图 1－7 所示。

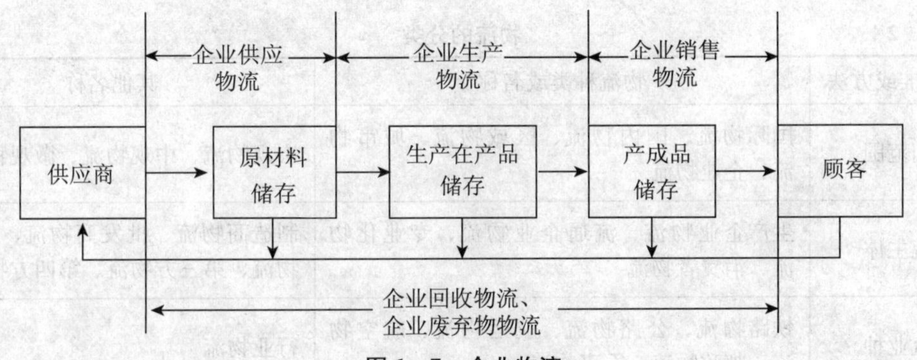

图 1－7　企业物流

（1）企业供应物流。企业为保证自身生产的顺利进行，需要不断组织原材料、零部件、燃料、辅助材料供应的物流活动，这种物流活动对企业生产的正常、高效运行具有重要作用。企业供应物流不仅需要保证供应，而且需要不断降低成本。因此，给企业物流管理带来很大的难度。

（2）企业生产物流。企业生产物流是指企业在生产工艺中的物流活动。这种物流活动是与整个生产工艺过程伴生的，并已构成了生产工艺过程的一部分。企业生产物流的大体过程如下：原料和零部件、燃料等辅助材料从企业仓库或企业的“门口”开始，进入生产线的开端，再进入生产加工过程的其他环节，除原料等本身被加工外，同时还会产生一些废料、余料，直到生产加工过程终结，再流至产成品仓库，至此便完成了企业生产物流过程。

过去，人们在研究生产活动时，主要注重每一个生产加工过程，而忽视了将每一个生产加工过程串在一起，结果使得一个生产周期内，物流活动所用的时间远多于实际加工的时间。所以研究企业生产物流，可以大大缩减企业的生产周期，节约劳动力。

（3）企业销售物流。企业销售物流是指企业伴随销售活动，将产品所有权转给用户的物流活动。在现代社会中，市场是一个完全的买方市场，因此，企业销售物流活动带有极强的服务性，以满足买方的需求来实现销售。在这种市场前提下，销售往往以送达用户并经过售后服务才算终止，因此，企业销售物流的空间范围很大，这也是销售物流的难点所在。在这种前提下，企业销售物流的特点便是通过包装、送货、配送等一系列物流实现销售，这就需要研究送货方式、包装水平、运输路线等，并采取各种诸如少批量、多批次、定时、定量配送等特殊的物流方式达到目的，因而，企业销售物流的研究领域是很广阔的。

（4）企业回收物流。企业在生产、供应、销售的活动中总会产生各种边脚余料和废料，这些东西的回收是需要伴随物流活动始终的，而且，在一个企业中，如果回收物品处理不当，往往会影响整个生产环节，甚至影响产品的质量，还会占用很大空间，给企业造成浪费。

（5）企业废弃物物流。企业废弃物物流是指企业对排放的无用物进行运输、装卸、处理等的物流活动。

此外，还有许多其他的物流分类方法，如表 1－2 所示。

表 1－2　　物流的分类

分类标准或方法	物流种类或名称	其他名称
空间范围	国际物流、国内物流、区域物流、城市物流、企业物流	宏观物流、中观物流、微观物流
物流主体	生产企业物流、流通企业物流、专业化物流、消费者物流	制造商物流、批发商物流、零售商物流、第三方物流、第四方物流
物流业种	铁路物流、公路物流、航运物流、航空物流、邮政物流、军事物流	行业物流
物流阶段	供应物流、生产物流、销售物流、退货物流、回收物流、废弃物物流	采购物流、厂内物流、正向物流、逆向物流
物流客体	生产资料物流、消费品物流、散装货物流、包装货物流	—
其他	绿色物流、虚拟物流、定制物流	—

资料来源：夏春玉．物流与供应链管理［M］．大连：东北财经大学出版社，2004.

第二节　现代物流的意义和作用

一、物流在社会经济中的作用

物流需求一方面是宏观经济发展的派生需求，因此物流需求必然随着国民经济的变化而变化；反之，物流的规模和发展速度也直接制约着国民经济的发展；另一方面，物流活动又服务于许多经济活动。可以这样说，如果没有物流活动，交易就很难发生。从这个意义上说，物流也创造了社会价值。

(一) 物流保障了社会生产的正常进行

物流是社会生产过程的基本保证，生产制造是商品流通之本，而生产的顺利进行离不开物流活动的支持。物流是实现商品从生产—消费—再生产循环的重要环节，其满足了社会的需求，实现了商品的价值，保障了社会再生产的进行。

(二) 物流支出是社会经济的一项重要而巨大的支出

国内外物流发展的经验表明，物流发展与一个国家的经济总量成正比，与一个国家的经济发展水平成正比。中国物流信息中心的研究发现，全社会物流成本与一国 GDP 呈高度正相关，即经济发展水平越高，物流支出达不到一定水平时，就不可能有 GDP 产出。统计数据表明：美国的物流产业规模在 1980—1999 年翻了一番，从 460 亿美元增长到 921 亿美元，同期美国的 GDP 从 3000 亿美元增长到 9300 亿美元。我国的情况是：20 世纪 90 年代以来，经济持续快速发展，GDP 年均增长约 10%，从而构成了国内企业强大的物流需求。1991—2002 年，我国反映物流需求规模的全社会物流总值从 3 万亿元上升到 23.3 万亿元，增长了 6.7 倍，年均以 20.4%的速度递增，由此可见，物流在我国国民经济中的地位和作用，而经济增长也越来越依赖于物流的发展。因此，目前物流成本占 GDP 的比重已经成为考证物流在国家经济中价值量化的主要研究指标，以及衡量一个国家物流业发展水平的重要指标。据估算，目前全球每年的物流开支超过 4 万亿美元，约占世界上所有国家 GDP 总和的 20%。

但是，从另一方面来说，经济发展水平不同，物流成本占各国 GDP 的比例也不同。一般来说，经济发展水平越高，物流业越发达，物流管理水平和效率越高，物流成本越低，物流总成本占 GDP 的比重就越低。从世界范围看，20 世纪 90 年代以来，由于信息和计算机技术的广泛应用，发达国家的社会物流成本呈逐年下降的趋势，其物流成本占 GDP 的比重低于发展中国家。

按世界银行的估算，2000 年中国的物流成本为 14863 亿元，占其当年 GDP 的比例为 16.7%，高于美国和日本约一倍。另据中国物流信息中心的统计，2004 年我国物流成本占当年 GDP 的比例为 21.3%，相对美国的 8.5%，在物流方面我国多耗费了一倍多的资金。可以肯定的是，物流对我国整个国民经济而言，是有待开垦的“处女地”，是新的经济增长点。

二、物流在企业中的作用

企业物流成了企业价值链的基础活动，是企业取得竞争优势的关键。物流服务于许多经济活动，它是所有商品和服务交易中的一个重要活动。例如，仅仅是因为想要的某一品牌的酱油缺货，一个家庭主妇可能就不会再光顾这个超市。对于商家来说，偶然的一次货物没有及时送达，损失的可能不是一点点，所以物流对企业经营的意义是深远的。

(一) 物流成本占企业成本的比重巨大

就单个具体厂商而言，根据其业务类型、作业的地理区域，以及产品和材料的重量/价值比率的不同，物流开支大不相同，据估计一般会占其销售额的 5%～35%。但可以肯定的是，对于一般企业而言，物流成本通常被认为是业务工作成本中的较高的，仅次于制造过程中的材料费用或批发、零售产品的成本（采购成本）。很明显，物流对企业的成功至关重要，尽量降低物流成本，就可以增加企业价格和利润。

据统计，美国企业的生产成本占总成本的10%左右，其他就是流通费用和物流成本；全部生产过程只有5%的时间用于制造加工，其余95%多为搬运、存储等物流时间。我国目前工业品流通成本占商品销售价格的50%～60%，零售商的物流成本占商品总成本的20%以上。在我国，煤炭的物流费用占其销售价格的50%左右，水泥的物流费用占其销售价格的30%左右，钢材的物流费用占其销售价格的10%～20%。据不完全统计，我国由于物流方面的原因造成的损失每年不少于100亿元。水泥每年在物流过程中的破包率为15%～20%，损失的水泥相当于年产量的5%，直接损失4.5亿元；玻璃的破损率占其产量的20%，年损失4.5亿元；陶瓷破损率占其产量的20%，达2亿多元；化肥破袋率占其产量的80%，达4亿多元；粮食由于仓储条件差和保管不善，每年损失约150亿千克；鲜活商品因运输困难而造成的损失更是时有发生。同时，我国物流中重复运输十分严重，既浪费人力，又增加流通费用。因而，物流对企业而言，是继生产和营销之后的“第三利润源泉”，完善的物流将起到减少人力、减少企业内部运作环节、提高生产效率、降低成本、增强竞争力的作用。

（二）物流对企业的战略意义重大

尽管以上物流成本的比较会给大家留下深刻印象，但对于企业来说，最关注的并不是物流成本的内容或如何降低物流成本，而是物流对企业的战略意义。

在经济全球化、快速化和顾客需求个性化、多样化的今天，企业面临范围更大、速度更快、种类更多的生产要素组合和产品组合。对于一些迫切希望自己的产品优于竞争对手的企业，以及一些生产和技术都趋于成熟的大企业而言，物流可能是能够使其获得持久竞争力的最后一个领域。可口可乐作为世界上最负盛名的品牌，其产品却只是用99%的水和1%的调料混合而成的饮料。经历了一个多世纪的发展，可口可乐公司正在全世界范围内逐渐达到其生产质量、效率和营销水平在理论上的极值。而对与营销、客户服务和生产工艺密切相关的物流能力的正确定位，可能是其继续发展以获取新的竞争优势并维持其饮料行业霸主地位唯一的出路。

一个拥有世界一流物流能力的厂商，可以通过向顾客提供优质服务获得竞争优势。虽然完美的订货难求，但是一个经验丰富或处于领袖地位的厂商可以凭借高超的和不断改善的物流能力，以及通过能够实时监督物流动态的信息系统来识别潜在的作业障碍，并在向顾客提供有可能失败的行动以前采取正确的行动。戴尔公司正是这方面的典范，表面上看，它在20世纪八九十年代的成功归因于其“直线订购模式”（Build - to - order Model）快速赢得了市场，但在背后支持这种模式的则是公司基于现代信息技术的先进物流战略。

美国物流管理协会的一项研究表明，其调查的大多数企业都将物流纳入了企业发展的战略规划中，许多企业的高层认为不同的物流战略决策会导致不同的企业成本和客户服务水平，从而在企业进入新市场、增加市场份额、增加企业利润等方面影响企业。

（三）物流增加了客户价值

企业从根本上说是一个为顾客创造价值的过程，或者是一个开发并满足顾客需求的过程。因此，如果产品或服务不能按客户的要求在其所需要的时间、地点提供给顾客，它就没有价值。

物流创造价值的基本途径是创造效用（Utility）。从经济学上说，效用是指消费一种商品或服务给消费者带来满足，而生产者生产产品或提供服务满足了消费者的需要，为消费者创造了效用，从而增加了企业价值，取得了利润。有四种类型的效用创造增加了产品和服务的价值，增加了企业的价值，它们是形态效用（Form Utility）、拥有效用（Possession Utility）、地点效用（Place Utility）和时间效用（Time Utility），而这四种效用多多少少都与物流有一定的关系。

1. 形态效用

形态效用是指通过投入转化为产出，即通过生产、组装原材料来创造新的产品或服务而产生的消费者效用。例如，中国一汽大众公司将原材料、零部件组装成汽车整车，就产生了形态效用，因为整车的形态和作用完全不同于零部件，给消费者带来了新的满足，消费者愿意为此而支付费用。

2. 拥有效用

拥有效用也称占用效用，是指人们实际拥有特定产品或服务而产生的效用。例如，银行为消费者提供住房贷款，让消费者在先付一小部分钱（首付款）的情况下就能入住新房，在这个过程中银行就为客户创造了拥有效用。

3. 地点效用

地点效用是指在消费者需要的地点得到产品而产生的效用，实际上是把产品从其生产地运送到消费地，因为绝大多数情况下产品的生产地和消费地都不在一起。例如，在春节期间把昆明的鲜花运送到冰天雪地的哈尔滨，增加了鲜花的价值，产生了很大的地点效用。又如，把钢材送到了生产汽车的工厂也能产生地点效用。

4. 时间效用

时间效用是指在消费者需要的时间得到产品而产生的效用。例如，人们一年四季都离不开小麦、水稻等粮食作物，但一般来说，它们成熟的时间是一定的，这就需要人们在收割之后存储一部分以供一年之需。又如，家用空调的销售一般集中在每年的 5—6 月，但企业的生产却从未中断，因此生产好的空调就有一定的库存时间。

由此可以看到，商品的地点效用和时间效用完全是由物流创造的，因为只有当顾客在其希望进行消费的时间和地点拥有产品和服务时，产品和服务才有价值。而这主要是通过运输、库存和信息传递等来实现，其中运输创造了地点效用，仓储创造了时间效用，有时运输也能创造地点效用。比如，戴尔电脑公司为了快速地把电脑送达顾客，而使用联邦快递和 UPS 来代替库存，增加了时间效用。

表面看来，形态效用和拥有效用与物流并没有关系，其中形态效用是由生产部门创造的，拥有效用是由营销、技术和财务部门创造的。但是实际上，形态效用和拥有效用都必须以高效和准确的物流为前提才可能得以实现。而且在某些情况下，物流也能提供形态效用。例如，大包装的日用产品送到超市之后要首先拆成小包装才能放到货架上，这个过程即产生了形态效用。又如，一些在线售书的网络书店，如亚马逊、当当等，它们都没有实际的店面零售空间、尽量使用低成本的仓库、集中管理、减少库存，但同时又保持了书籍的数量、音像产品的品种等，同时使用便捷的快递服务送货上门，使消费者觉得比到书店买书更方便、更实惠、更节省时间，实际上它们正是通过物流才给繁忙的消费者创造了拥有效用。

（四）物流活动支持了企业营销和采购

企业要实现销售目标，获得经营利润，就要在营销中遵循“4P 原则”，即恰当的产品（Product）、恰当的价格（Price）、恰当的促销（Promotion）、恰当的地点（Place）。而物流在其中扮演了主要角色，因此，物流有时又被称作市场营销的另一半。

另外，随着竞争的日益加剧和经济全球化进程的推进，许多企业开始从全球的视角来看待经营，甚至开始实施全球战略，或面向全球市场设计产品，在原材料、零部件或劳动力成本低的地方进行生产，如耐克公司在东南亚地区的一些国家和中国生产鞋子而在全世界销售；而更多的企业选择在本地生产、在全世界销售，如法国香水、意大利皮鞋等。与那些本地生产、本地销售的企业相比，其采购、供应和销售的线路都被大大拉长了。这使物流在企业中起着越来越重要的作用。一般来讲，企业从国外购买原材料或在国外生产产品，原材料和劳动力成本可能会降低，但物流的运输和库存成本以及关税成本则会上升，要想获得比国内生产、国内销售更大的利润，就得极大地依赖于物流管理水平、效率的提高对物流成本的权衡与控制。

第三节　企业物流管理

一、企业中的物流管理

传统上，一般企业都是围绕生产和销售职能而组织起来的，而将采购、运输、库存、财务等部门视为支持性或辅助性部门。这些传统的做法表面看起来是合理的，因为生产时创造价值，销售时实现价值，但最大的问题是忽略了从采购到生产之间以及从产品生产到需求者之间的过程，特别是目前消费者越来越挑剔，产品是否能够按照他们的要求到达手中似乎成为他们选择商家最重要的标准。此时，物流活动就起到了十分关键的作用，而不再仅仅是支持性和辅助性的作用了。

戴尔公司没有在PC机研发和制造领域处于领先的技术和水平，但它建立了覆盖面广、反应快速灵活的物流系统，有效地支撑了其直销模式，确保顾客在互联网上定制个性化计算机后一星期可以拿到订购产品，为其赢得了差异化的竞争优势；而且戴尔的物流系统可以保证其只用保持 5 天的库存时间，产品直接从工厂送到顾客手中，跳过了中间商，使其在赢得差异化优势的同时，降低了成本、增加了收益。

当然，在生产和营销领域，大多数人都没有忽视物流的重要性，有些管理者甚至将物流视为生产和营销的一个部门，事实上也确实如此，物流的各个部门都可能与生产和营销有所交叉。但这种对物流的传统认识对企业管理是有害的，因为它割裂了物流系统的整体性，使企业物流活动缺乏协调性，导致物流系统效益悖反问题更加突出。

因此，从物流活动整体的系统性上来讲，应把企业物流管理作为企业管理的一个独立领域，由一个独立的职能管理部门管理，更容易达到理想的协调一致的目标。这样生产部门就可以把精力放在产品或服务上，最大限度地创造产品的形态效用；营销部门则主要负责市场调查、产品组合、营销策划、促销以及销售人员管理等，从而创造产品的拥有效用。

同时也要看到，企业物流活动是一种跨边界的活动，其职能在组织内部与其他所有的职能都存在某种程度的联系和交叉，如图 1－8 所示。物流管理是一个综合的职能，它对所有的物流活动与包括营销、销售、生产、财务和信息技术在内的其他职能进行协调和优化。

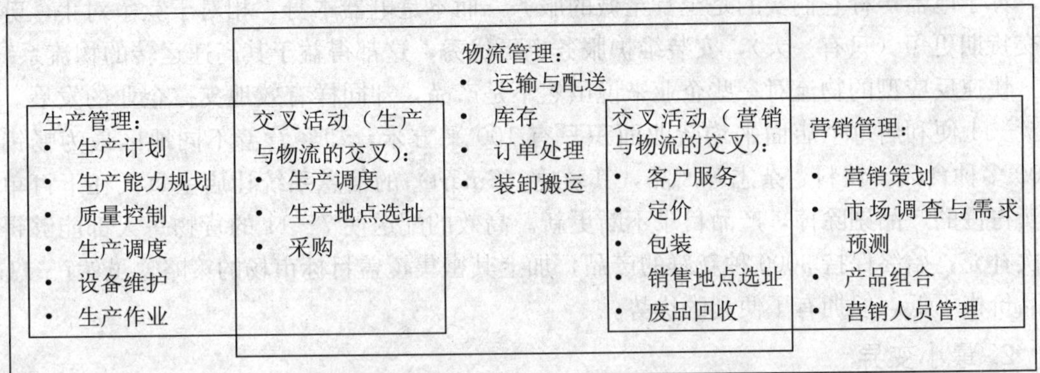

图 1－8　物流领域与生产、营销领域的关系

二、企业物流管理及其目标

（一）企业物流管理的定义

像有关物流定义的争论一样，目前无论是在学术界还是管理实践中，人们对物流管理的定义也仍然在广泛探讨之中。

在 2006 年颁布的《中华人民共和国国家标准物流术语》中物流管理（Logistics Management）是指为了以合适的物流成本达到用户满意的服务水平，对正向及反向的物流活动过程及相关信息进行的计划、组织、协调与控制。

我们认为这个定义过于笼统，而且只强调了物流管理是对物流活动的管理，不够全面。根据上述对物流系统特征的研究，我们认为，物流管理应是对物流系统的管理，是为了达到系统的既定目标，这个目标应该是物流系统整体的价值最大化。价值最大化目标既可以是通过低成本，也可以是通过快速反应或其他方法达到，具体要看不同企业的不同情况。

因此，本书认为，企业物流管理是指企业为保证和支持其经营目标的实现，应用管理的基本原理和科学方法，对物流系统包括物流各个活动及其各个活动之间的信息流、产品流和资金流进行计划、组织、指挥、协调和控制，以实现物流系统价值最大化。

（二）物流管理的目标

作为企业一个重要的职能部门，物流管理的目标从本质上看应该是在追求本部门目标的同时保证企业总体目标的实现。笼统来说，目标无外乎两点，即保证企业产品价值的保值、增值与实现价值传递的最有效、价值配置的最优化。具体来看，物流管理的目标主要包括以下内容。

1. 快速反应

随着消费的多样化、产品的多品种化，以及顾客不断增加的快速的、个性化的服务需求，要求企业的物流系统具备快速反应的能力。快速反应的物流管理目标是把物流作业的重点从传统的根据预测和对存货储备的预期，转移到从装运到装运方式对客户需求做出快速反应上来。快速反应型的物流作为产品的附加产品会给企业带来差异化的竞争优势。例如，苏宁电器声称它们卖的是至真至诚的服务，而不是电器本身，相对于竞争对手，苏宁的交货期更短（只有一天），安装维护服务也更优秀，这都得益于其高速运转的物流系统。

快速反应型的物流对一些企业来说虽然不是产品，却同样有效地支撑企业的发展。日本 7－11 便利店每个店面平均营业面积只有 100 平方米，却经营着不同地区最为畅销的 3000 多种食品、饮料、杂志等产品，其敏捷（Smart）的信息系统让店主每天在下订单时把卖得慢的产品剔除掉，产品目录不断更新。高效的配送使 7－11 的货物每天都能够得到两次补充，始终保持 3000 种新鲜的产品，加上其密集覆盖目标市场的策略，虽然7－11 的产品价格不低，但拥有了便利的优势。

2. 最小变异

一个能够快速反应的物流系统必须保证企业物流系统有很强的柔性，做到最小变异，能够克服突发事件，如制造中发生意想不到的损坏、货物交付到不正确的地点，甚至供应商生产出现问题等。

传统解决物流系统变异的方法是建立安全储备存货或使用高成本的溢价运输。目前信息技术的使用使积极的物流控制成为可能。例如，戴尔电子化的供应链系统为处于链条两端的用户和供应商分别提供网上交易的虚拟平台。戴尔有 90％以上的采购流程通过互联网完成。有了与供货商的紧密沟通渠道，工厂只需要保持 2 小时的库存即可应付生产。除此之外，戴尔还推出一个名叫 valuechain. dell. com 的企业内部网，在该网戴尔公司和供应商共享包括产品质量和库存清单在内的一整套信息。供货商可以看到专属其公司的材料报告，随时掌握材料品质、绩效评估、成本预算以及制造流程变更等信息。不仅如此，电子化还贯穿于戴尔公司从供应商管理、产品开发、物料采购一直到生产、销售乃至客户关系管理的全过程。戴尔公司实施电子商务化物流取得的物流效果是：1998 年成品库存为零，零部件仅有 2.5 亿美元的库存量。

3. 最低成本

在保证产品质量的前提下尽可能地降低成本是每个企业追求的目标。物流系统原则上不能为企业增加价值，反而是增加成本的部分，因此如何降低企业的物流成本是物流管理的永恒主题。

物流的许多环节都可以降低成本，其中最重要的物流成本之一就是运输。一般来说，运输规模越大、运输距离越长，每单位运输成本就越低。这就需要有很强的计划性，把小批量的装运聚集成集中的、具有较大批量的整合运输。另一个最重要的物流成本是库存，降低库存可以减少资产负担和提高相关物流的周转速度。存货可用性的高周转率意味着分配在存货上的资金得到了有效的利用。因此，保持最低库存就是要把存货减少到与客户服务目标相一致的最低水平。但在降低物流成本时要注意物流系统各部分之间存在的效益悖反问题，从物流系统的角度想办法，防止一个物流活动成本下降引起其他部门成本上升。

三、企业物流管理的内容

从管理学的角度看，物流管理应包括以下内容。

（一）对物流流程的管理

按照企业生产的流程可以将物流流程分为四个环节：接受订单环节、补充库存（库存管理与控制）与运输配送环节、制造环节、原材料与零部件供应（采购）环节，企业物流管理也就可以相应分为对这四个环节的管理。这四个环节涉及零售商或顾客、分销商和供应商，因此广义的企业物流管理应包括客户关系管理、分销商管理和供应商管理。

图 1－9 是一个典型的制造业企业物流管理环节的示意图，其他类型的企业物流管理环节与之相似。无论什么类型的企业包括服务业企业的物流管理，都会有这四个环节，但并不是每一个企业的物流环节都涉及分销商和零售商，例如，戴尔的物流系统中就不涉及分销商和零售商，它只有供应商、制造商和顾客。也正是这种直接面向顾客的物流模式，使戴尔能够直接接触顾客、了解顾客，减少反应时间、节省库存空间，从而在计算机制造中逐渐脱颖而出，独占鳌头。

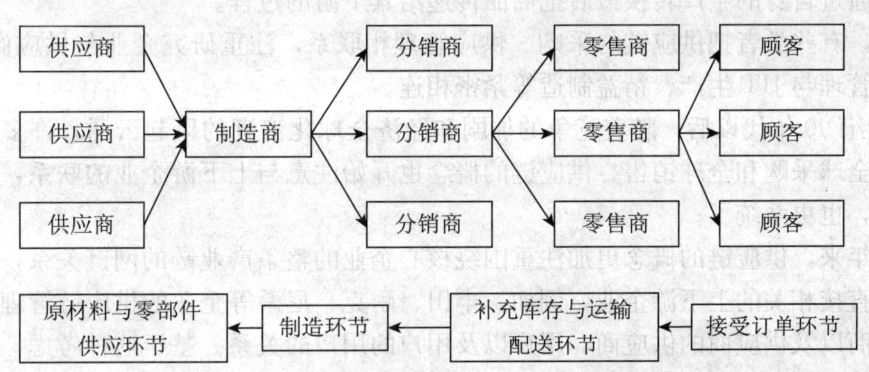

图 1－9　企业物流管理的环节（以制造业企业为例）

（二）对物流作业系统活动诸要素的管理

对物流作业系统活动诸要素的管理包括物流需求预测、客户服务、订单处理、包装、装卸与搬运、运输、库存控制、储存、流通加工、配送、信息等的管理，实际上这些活动贯穿于企业物流的四个环节之中。

（三）对物流系统基础要素的管理

对物流系统基础要素的管理主要是指对企业物流活动中所涉及的人、财、物、设备、方法和信息六大要素的管理。

（四）对物流活动具体职能的管理

对物流活动具体职能的管理主要包括物流战略、计划、质量、成本、技术、组织与人力资源、经济等职能的管理等。

第四节　企业供应链管理

供应链管理（Supply Chain Management，SCM）的概念是由美国管理顾问可基思·奥利弗（R. Keith Oliver）于1982年提出的。尽管这个概念提出的时间并不长，但由于世界上许多著名的企业如沃尔玛、宝洁、戴尔等在供应链实践上取得的巨大成就，以及20世纪后期通信技术、信息技术和交通运输技术的快速发展，极大地促进了供应链管理理念和供应链管理技术的不断发展，使其迅速在全世界传播，备受瞩目。

一、供应链管理的概念

（一）供应链管理概念的产生及其发展

由于供应链产生的时间很短，目前对其的定义尚未统一，许多学者从不同的角度给出了许多不同的定义。

早期的供应链概念局限于企业内部，类似于上文提到的企业物流管理，是指企业从外部采购，通过自身的生产转换最后把商品传递给其下游的过程。

随后，有些学者把供应链与采购、供应管理相联系，注重研究企业与供应商的关系，将供应链管理与JIT生产、精益制造等紧密相连。

20世纪90年代以后，随着竞争的加剧和经济全球化浪潮的风起云涌，许多跨国公司日益重视全球采购和全球销售，供应链的概念也开始注意与上下游企业的联系，概念的范围扩大了，也更系统了。

近些年来，供应链的概念更加注重围绕核心企业的整条产业链的网链关系，而不仅仅是与企业直接相关的上下游企业，例如，丰田、耐克、尼桑等企业的供应链管理都极其重视与供应商以及供应商的供应商、用户以及用户的用户的关系。基于这种考虑，有些学者甚至建议将供应链的名称改为“供需网”，如图1－10所示。

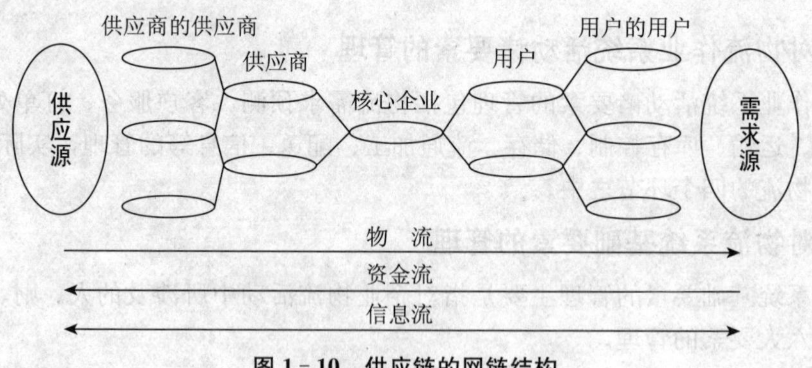

图1－10　供应链的网链结构

我国在2006年的《物流术语》国家标准中，对供应链的定义是："生产及流通过程中，为了将产品或服务交付给最终用户，由上游与下游企业共同建立的需求链状网。

在企业物流管理与供应链管理的关系上，有些学者认为两者虽有交叉但有区别，并在物流定义的基础上重新定义了供应链；另外，有相当一部分学者将供应链管理的概念等同于物流管理，"对物流管理和供应链管理不作区分"，或认为"企业物流广义上也被统称为供应链管理"。本书同意前一种看法，实际上，供应链理论广义上起源于增值链的概念。这个概念的核心是：①产品或企业价值是通过一种上下游企业共同组成的链（网）的方式传递；②在这个链（网）上传递的不仅仅是产品或企业的原始价值，每次传递的过程都使产品的价值得到了增加。

到目前为止，学术界和实践界还没有一个关于供应链的统一而明确的定义，而且供应链的概念也并不只在物流管理的领域存在，许多其他不同的学科分支也都在讨论供应链的问题，产生了许多迥然不同的思想和理论，但不管怎么说，有一点是毋庸置疑的，物流为供应链的概念奠定了基础，供应链管理是完全建立在以流程为导向的物流管理的基础之上的。

因此，综上所述，本书认为供应链管理是对生产和销售某一产品或服务的环节、所需设施和运输所形成的网链结构的整合和系统化管理，以达到所有参与者整体的竞争力和收益最大化。其中，供应链环节包括供应商、制造商、分销商、零售商和顾客等，设施包括仓库、配送中心、港口等。

（二）供应链管理的层次

从本质上说，供应链管理是企业内部和企业之间供给和需求管理的集成。显然，单个企业是无法控制从原材料产地到产品最终消费地的产品流通全过程的所有环节的，因此供应链管理在实践中分为两个层次。

1. 单个企业的供应链管理

单个企业的供应链管理范围一般都比较狭窄，只是从本企业的利益和竞争战略出发，达到实用的目的，期望对与本企业有直接联系的原材料、零部件供应和产品营销渠道进行有效管理和控制，而不可能从上下延伸所形成的所有双边关系来考虑问题，供应链绩效的优化只局限在双边问题上，供应链管理是企业内部物流管理向企业外部的延伸，这种关系的关注点非常有限，而且各个企业仍然是独立运作的，只从和自身相连接的这种双边关系来考虑问题。一个精明的企业家也许会在双边基础上向上下适当扩展，但是，没有必要也没有可能顾及上下的尽头，因此，整个链条不处在可控的范围之内，往往由于企业间的目标冲突导致实际行为的冲突，最后使供应链合作破裂。

2. 产业供应链的管理

产业供应链的管理包括家电行业的供应链管理、计算机产业的供应链管理等。这个层面的供应链管理不是链上的某一单个企业可以胜任得了的，必须由供应链所有的参与者，如制造商、组装商、分销商、零售商等共同合作和协商，安排生产、库存和运输，以获得整条供应链利益的最大化，甚至有些学者认为，供应链始于供应链的起点，结束于消费的终点。

由于这样的供应链是一个由不同冲突目标的成员和组织构成的复杂网络，其设计和管理甚至需要由专门的供应链服务商来承担，例如，1996 年美国安盛咨询公司首先提出并注册了第四方物流（Fourth Party Logistics，4PL）的概念，它们声称第四方物流提供者就是一个供应链的整合者以及协调者，调配与管理组织本身与其他互补性服务所有的资源、能力和技术来提供综合的供应链解决方案。

例如，当一个顾客从当当公司的网站订购了一本关于物流管理的书，当当公司承诺 24 小时内按照其要求送货，对于当当公司来说，企业的供应链就包括顾客、接受顾客订单的当当公司网站、当当公司的仓库（或配送中心）、这本书的出版社或发行企业（当当的供应商）。书籍出版的整条供应链却要比这长得多，也复杂得多，可能包括书的作者、印刷厂，另外，书籍的销售渠道除了网上还有大型零售店、小型零售店等。作为当当公司不可能也没有必要管那么多，但从整个社会的角度看有必要对整个链条或网络进行管理，以提高效率、节省资源。

因此，这一层次的供应链管理的核心内容是“从初始供应商到最终用户的商务过程的一体化”，特别强调整条供应链的组织和管理以及供应链上企业与企业之间的协作，然而，供应链管理的运作离不开核心企业或龙头企业的主导。

二、供应链管理与物流管理的区别与联系

根据以上定义，供应链管理与物流管理的区别是显而易见的。

（一）供应链管理比物流管理的范围宽泛

企业物流管理的概念基本把注意力集中在企业内部，而供应链管理则把目光投向了生产和销售产品的整个链条，基本概念是建立在一个合作信念上的，即通过分享信息和共同计划使整个物流效率得到提高。或者说，供应链管理是对物流整个流程从源头到终点的整体管理，从这个意义上讲，供应链管理包含了物流管理。

（二）供应链管理强调集成化的管理思路

从供应链的结构可以看出，供应链管理实际上是一种产业链垂直一体化的集成化管理模式，强调核心企业与相关企业的协作关系；是使商品的流通渠道安排从一个松散联结着的独立企业群，变为一种致力于提高效率和增强竞争力的合作力量。在本质上，它是将每一个独立参与者进行存货控制变为一种对渠道的整合和管理。

供应链管理的背后动机是增加一个网链整体的竞争力，它包括两个基本的信念：①合作行为将减少风险，提高整个物流过程的效率；②排除浪费和重复工作，传统渠道中配置的大量存货构成了极大的风险，分享信息和共同计划可以排除或减少与存货投机相关的风险，正如英国著名的供应链管理专家马丁·克里斯托弗（Martin Christopher）所说的那样，“21 世纪的竞争不是企业和企业的竞争，而是供应链和供应链之间的竞争”，“市场上只有供应链而没有企业”。

对于制造商来说，供应链管理是信息的共享、相互利益的认同、控制和执行、资源贡献和利益实现；对于零售商而言，高层次的合作、目标的相似、明确的通信交流和存货控制等都是其成功的可能性因素。因此，从本质上来说，供应链管理是企业内部和企业之间

的供给和需求管理的集成。

（三）供应链管理比物流管理的目标更高

企业物流管理主要局限于企业内部，所以它是为企业的竞争战略服务的，但供应链管理的根本目的在于提高效率、降低整个链条费用，从而提高最终顾客的顾客价值，提高整个供应链竞争力，为各个企业创造竞争优势（见表1－3）。所以，供应链管理非常重视最终顾客的服务需求水平，降低成本可能是企业物流管理的最主要目标，供应链管理同样也可以通过降低成本的方法来提高客户的价值，但供应链管理会通过了解最终顾客的需求、注重产品最终成本的方法来达到优化供应链效益的目的。产品最终成本是指实际发生的到达客户时的总成本，这与企业物流管理的目标是不一样的，所以供应链管理更强调和依赖战略管理，而物流管理更多地属于企业操作层面范畴。

表1－3　　供应链管理创造的竞争优势

成本优势的获取	价值优势的获取
1. 降低整个供应链总体的库存水平 2. 减少仓储、配送费用 3. 减少物流设施设备投资 4. 减少交易成本	1. 缩短订单周期 2. 提高物流作业速度和质量，刺激需求增长 3. 提高送货的及时性和可靠性 4. 提供个性化的客户服务 5. 建立稳定的战略伙伴关系

因此，我们可以认为供应链管理是物流管理发展到集约化阶段的产物，是物流管理的最新理念、高级阶段，是物流概念的系统思想在整个供应链广度和长度上的拓展，而物流管理又始终贯穿整个供应链的运作之中，它连接了供应链上的各个企业，是各个企业开展合作的纽带；它从供应的源头开始，沿着网络向需求方移动，从这个意义来说，供应链就是一条从供应商的供应商到用户的用户的物流链，供应链管理实际上就是把物流和企业的全部活动作为一个统一的整体和过程来管理。

供应链管理一方面可以通过降低总成本的方式，降低每一个成员的成本；另一方面，它能够创造新的价值，从而大大增强企业的竞争优势。据统计，实施供应链管理可以使企业的总成本下降约10％，企业交货的准确率提高15％以上，企业的订单周期缩短25％～35％，企业的生产效率提高10％以上。

三、供应链管理的特征及其面临的问题

上述供应链管理的定义以及与企业物流管理的区别展示了供应链管理的复杂性，这就意味着管理一个供应链远比管理一个企业内部的物流运作困难得多。

（一）供应链管理的特征

1. 供应链结构的复杂性

供应链是由许多具有不同的企业战略和经营目标、生产不同产品、提供不同服务的企业或组织构成的复杂网络，这些企业的经营战略和目标有时候还可能相互冲突。例如，供

应商一般希望制造商对其提供的零部件或原材料进行稳定数量的大量采购，但交货期可以灵活变动；但大多数制造商不得不根据消费者的需求经常调整采购订单，供应商与制造商相比离最终客户更远，因而对最终需求的了解更少。

在很多情况下，供应链节点企业既是这个供应链的成员，又是另一个供应链的成员，众多的供应链形成了纵横交叉的网络。因此，要把它们作为一个整体考虑，制定统一的战略进行协调和集成管理是非常困难的事。例如，在企业物流网络的构建中不可避免地涉及供应链中其他企业，如各个企业仓库选址的确定需要参照相关企业的选址，如果没有统一的考虑，系统的成本有可能增加。

这种供应链管理复杂性的结果可能产生的问题是：供应链整合中产生的成本和风险在供应链成员间以什么样的原则进行分担，产生的利益又如何在成员之间分配。在传统的做法中，风险分担和利益共享是利润在上下游之间的转移，它是以交易为核心的商业关系，这与供应链管理的宗旨相违背。供应链管理要求高水平的协作关系，需要一个长期和动态的博弈过程，看似容易，实际操作很困难，到目前为止仍困扰着实践中的操作者和理论研究者。

2. 供应链需求预测困难

供应链从供应源到最后的需求源距离遥远，许多产品的生产又必须有提前期，所以即使市场变化不大，要使供应链上的每一个企业准确地预测需求、不多不少地生产产品都是困难的，更别说目前的市场情况是瞬息万变的，因此，准确预测需求，使供应和需求相匹配是对供应链管理者的巨大挑战。

3. 供应链系统的动态性

供应链系统时刻都会受到外部影响，即使能够准确地预测需求的变化（例如，供应链上下游企业之间签订长期供销协议或合同），但在系统运行的过程中由于时间推移、季节波动、经济形势变化、广告促销、竞争者竞争策略调整等因素都会引起需求的变化和成本的变化，这使企业事先确定的供应链战略难以奏效或很难实施。

不仅客户需求会随时间的变化而改变，供应链成员之间的关系也会随时间的变化而改变，例如，供应链上的核心企业可能会发生改变，以前大型的制造商可能更有发言权，而近些年来，大型零售企业的崛起，使制造企业逐渐失去了其原来在供应链中的核心位置，而被像沃尔玛、国美这样的零售终端所取代。

（二）供应链管理面临许多新问题

由于竞争的加剧、需求的快速变化和技术的进步，许多领域正在发生着巨大的变化，例如，在某些高新技术企业，产品的生命周期变得越来越短，一些手机、计算机的型号甚至只有几个月的寿命，制造商可能只有一次订单或一批生产的机会。这些只有一批生产机会的产品根本不存在历史销售数据来供生产者做可靠的需求预测，也几乎不可能作为以后产品销售预测的根据。由于生命周期短，这类产品大幅度降价的现象很普遍，从而迅速降低了产品在生命周期内的价值和企业的利润，甚至使企业大量的研发投入很难收回，这对供应链的稳定性、营利性都是巨大的挑战。

四、供应链管理的内容

供应链管理是一项极其复杂的系统性活动，它所涉及的内容很多，但从本质上说，供应链管理是以各成员同步化、集成化的生产计划为指导，以各种现代化的通信和信息技术（主要是计算机技术和互联网技术）为依托，以寻求提高最终客户服务水平和降低供应链总成本的方法。

具体来说，供应链管理的内容应包括以下五点。

（1）供应链网络的设计，包括供应链在地理位置上的布局、供应链物流网络的设计、供应链合作伙伴的选择和管理等。

（2）供应链管理流程的设计或重组，包括客户需求预测和计划、营销计划、客户关系管理、客户订单管理以及供应链信息管理等。

（3）基于供应链管理的产品设计与制造管理，包括生产集成化计划和管理，产品设计和改进，产品质量的检验、跟踪和控制等。

（4）供应链上企业内部与企业之间物料供应和运输等的管理。

（5）供应链管理机制设计与管理，包括企业间的资金管理机制、合作信用管理机制、绩效评价机制、风险防范管理机制等。

本章小结

本章对物流与供应链进行了基本阐述，第一节介绍了物流的基本概念和发展；第二节介绍了现代物流的意义和作用；第三节介绍了企业物流管理；第四节介绍了企业供应链管理。

第二章　配送中心规划概述

配送是现代物流的一个重要内容。它是现代市场经济体制、现代科学技术和现代物流思想的综合产物。现代企业界普遍认识到配送是企业经营活动的重要组成部分，它能给企业创造出更高的效益，是企业增强自身竞争力的重要手段。配送中心建设规划的合理性，对物流中心的设计、施工和运用、配送中心作业的质量和安全，以及对所处地区或企业的物流合理化都有重要的影响。本章从物流配送和配送中心的基本概念入手，介绍了配送中心建设规划的意义、特征、流程、功能与运营目标的确定，以及建设规划最优方案的选定方法。

第一节　配送概述

一、配送的含义和特点

（一）配送的含义

1. 多种配送概念的表述

（1）日本工业标准中的定义：将货物从物流节点送交收货人。

（2）日本1991年版《物流手册》的定义：生产厂到配送中心之间的物品空间移动叫“运输”，从配送中心到顾客之间的物品空间移动叫“配送”。

（3）美国《物流管理供应链过程的一体化》的定义：实物配送这一领域涉及将制成品交给顾客的运输。……实物配送过程，可以使顾客服务的时间和空间的需求成为营销的一个整体组成部分……

（4）我国的《现代物流学》的定义：配送是以现代送货形式实现资源最终配置的经济活动；按用户订货要求，在配送中心或其他物流节点进行货物配备，并以最合理方式送交用户。

（5）我国的《物流术语》的定义：配送是在经济合理区域范围内，根据用户要求，对物品进行拣选、加工、包装、分割、组配等作业，并按时送达指定地点的物流活动。

2. 配送的内涵

从物流来讲，配送几乎包括了所有的物流功能要素，是物流的一个缩影或在某个小范围内物流全部活动的体现。一般的配送集装卸、包装、保管、运输于一身，通过一系列活动将货物送达目的地。特殊的配送还要以加工活动为支撑，所以包括的范围更广。但是，配送的主体活动与一般物流还是有很大不同的，如分拣配货是配送的独特要求，也是配送中有特点的活动。从商流来讲，配送和物流的不同之处还在于，物流是商物分离的产物，而配送则是商物合一的产物，配送本身就是一种商业形式。虽然配送具体实施时，也有以商物分离形式实现的，但从配送的发展趋势看，商流与物流越来越紧密的结合，是配送成功的重要保障。

具体来讲，配送包含了以下内涵：

(1) 整个概念描述了接近客户资源配置的全过程。配送的资源配置作用是“最终配置”，因而是接近客户的配置。

(2) 配送的实质是送货。配送是一种送货，但和一般送货有区别。一般送货可以是一种偶然的行为，而配送是一种有固定的场所和组织形态，有专业化的管理队伍、设施设备和技术力最强的高水平送货形式。

(3) 配送是一种“中转”形式配送，是“中转”型送货，而一般送货，尤其从工厂至客户的送货往往是直达型；一般送货是有什么送什么，配送则是企业需要什么送什么。所以，要做到需要什么送什么，就必须在一定的中转环节筹集这种需要，从而使配送以中转形式出现。

(4) 配送是“配”和“送”的有机结合。配送与一般送货的重要区别在于，配送利用有效的分拣、配货等作业，使送货达到一定的规模，并利用规模优势取得较低的送货成本。如果不进行分拣、配货，有一件运一件，需要一点送一点，就会大大增加资源的消耗，使送货并不优于取货。

(5) 配送以客户要求为出发点，是从客户利益出发，按客户要求进行的一种活动，因此，在观念上必须明确“客户第一”“质量第一”。配送企业的地位是服务地位而不是主导地位，因此，不能从本企业利益出发而应从客户利益出发，在满足客户利益基础上取得本企业的利益。更重要的是，不能利用配送损害客户利益或控制客户，不能利用配送作为部门分割、行业分割、市场割据的手段。当然，过分强调“按客户要求”是不妥的，客户要求受客户本身的局限，有时实际会损害其自身或双方的利益。配送必须以“要求”为依据，但是不能盲目，应该追求合理性，进而指导客户，实现共同受益。

(二) 配送的特点

配送是按客户需求进行的商品组配与送货活动，其作为物流系统的重要功能之一，具有以下几个特点。

1. 配送是运输在功能上的延伸，是一种末端物流活动

配送的对象是零售商、加工点、消费者或终端客户，配送作业是与长距离、大批量运输相连接的为终端客户提供的短距离、小批量物流服务活动。因此，配送处于供应链的末端，是一种末端的物流活动。

2. 配送是“配”和“送”的有机结合

配送包含“配”与“送”，与一般的送货有区别。一般的送货主要体现为生产企业和商业企业的营销活动，通过送货实现销售或促进销售的目的，而配送是以合理集货为前提，利用有效的分拣、配货等理货工作，使送货达到一定的规模，利用规模优势取得较低的送货成本，满足客户需要，使客户满意。配送的优势体现在分拣、配货，这是配送与一

般送货的重要区别。

3. 配送是以客户需求为出发点的物流活动

配送是以客户订单为核心，满足客户要求的服务活动，充分体现了客户的主导地位。配送的物品、时间、数量、品种、规格、地点都必须按客户要求进行，以客户满意为服务目标。

4. 配送是物流和商流有机结合的商业流通模式

配送融合了商流、物流，它是一种有效的商业模式。配送作业的起点是集货，必然包括订货、交货等商流活动。在消费者主导的买方市场形态下，商流的有效组织离不开物流的支持，同样，以技术和网络主导的电子商务也离不开有效的配送。因此，配送是一种商流和物流有机结合的商业模式。

5. 配送是一种小范围、综合性的物流活动

配送是综合性的、一体化的物流活动。配送过程包含采购、运输、储存、装卸、搬运、分拣、配货、配装、流通加工、送货、送达服务和物流信息处理等多项物流活动。

二、配送的功能和作用

（一）配送的功能

配送是物流系统中一个涉及多环节的物流活动，它有许多不同的功能。

1. 集货

集货，即将分散的或小批量的物品集中起来，以便进行运输、配送的作业。

集货是配送的重要环节，为了满足特定客户的配送要求，有时需要把从几家甚至数十家供应商处预订的物品集中，并将要求的物品分配到指定容器和场所。集货是配送的准备工作或基础工作，配送的优势之一就是可以集中客户进行一定规模的集货。

2. 分拣

分拣是将物品按品种、出入库先后顺序进行分门别类堆放的作业。

分拣是配送不同于其他物流形式的功能要素，也是决定配送成功与否的一项重要支持性工作。它是完善送货、支持送货的准备性工作，是不同配送企业在送货时进行竞争和提高自身经济效益的必然延伸。所以，也可以说分拣是送货向高级形式发展的必然要求。有了分拣，就会大大提高送货服务水平。

3. 配货

配货是使用各种拣取设备和传输装置，将存放的物品，按客户要求分拣出来，配备齐全，送到指定发货地点。

4. 配装

在单个客户配送数量不能达到车辆的有效运载负荷时，就存在如何集中不同客户的配送货物，进行搭配装载以充分利用运能、运力的问题，这就需要配装。与一般送货不同之处在于，通过配装送货可以大大提高送货水平以及降低送货成本，所以配装也是配送系统

中有现代特点的功能要素，是现代配送不同于以往送货的重要区别之一。

5. 配送运输

运输中的末端运输、支线运输和一般运输形态的主要区别在于，配送运输是较短距离、较小规模、额度较高的运输形式，一般使用汽车做运输工具。与干线运输的另一个区别是，配送运输的路线选择问题是一般干线运输所没有的，干线运输的干线是唯一的运输线，而配送运输由于配送客户多，一般城市交通路线又较复杂，如何组合成最佳路线，如何使配装和路线有效搭配等，是配送运输的特点，也是难度较大的工作。

6. 送达服务

将配好的货物运输到客户还不算配送工作的结束，这是因为送达货和客户收货往往还会出现不协调，使配送前功尽弃。因此，要圆满地实现运到之货的移交，并有效地、方便地处理相关手续及完成结算，还应讲究卸货地点、卸货方式等。送达服务也是配送独具的特殊性。

7. 配送加工

配送加工是按照配送客户的要求所进行的流通加工。

在配送中，配送加工这一功能要素不具有普遍性，但往往是有重要作用的功能要素。这是因为通过配送加工，可以大大提高客户的满意程度。配送加工是流通加工的一种，但配送加工有它不同于流通加工的特点，即配送加工一般只取决于客户要求，其加工的目的较为单一。

（二）配送的作用

配送在物流系统中的作用，主要体现在以下几个方面。

1. 完善了输送及整个物流系统

第二次世界大战之后，由于大吨位、高效率运输力量的出现，使干线运输无论在铁路、海运或公路方面都达到了较高水平，长距离、大批量的运输实现了低成本化。但是，在所有的干线运输之后，往往都要辅以支线转运或小搬运，这种支线转运或小搬运，成了物流过程的一个薄弱环节。这个环节有和干线运输不同的许多特点，如要求灵活性、适应性、服务性，致使运力往往利用不合理、成本过高等问题得以解决。采用配送方式，从范围来讲将支线运输及小搬运统一起来，加上上述的各种优点使输送过程得以优化和完善。

2. 提高了末端物流的效益

配送中包含的那一部分运输活动，在整个运输过程中是处于末端输送的位置，其起始点是物流节点至用户。它将各种用户的需要集中在一起进行一次发货，可以代替过去的分散发货，并使用户以去一处订货代替过去的去多处订货，以一次接货代替过去的频繁接货等。配送以灵活性、适应性、服务性的特点，解决了过去末端物流的运力安排不合理、成本过高等问题，从而提高了末端物流的经济效益。

3. 配送通过集中库存使企业实现低库存或零库存

配送以较低的集中库存总量取代了较高的分散库存总量，并提高供应保证程度，可以使企业实现低库存或零库存。因为配送的多批次、少批量的送货，使用户的平均储备库存趋近于零；以配送企业在流通领域中广泛的社会联系和集中调解功能较强的优势，使用户的保险储备库存趋近于零；配送企业通过自己强有力的供应保证，使用户根本不会出现呆滞库存和超储备库存。配送企业通过自己的有效服务，采取即时配送、准时配送等多种服务形式，保证用户的临时性、偶然性及季节性需求，从而解脱用户其他各种库存压力，实现零库存。同时，还应该看到配送的功能是将企业外和企业内的两次供应合而为一，既担负了企业外部和内部双重供应，直接将货物供应到车间或流水线，从而取代了原来由商业部门承担的工作，也减少了企业内部的供应库存。不依靠企业内部的供应库存，也可以保证生产的持续正常进行。

4. 配送简化了手续、方便了用户

物流节点按照服务范围内用户的需要，批量购进各种物资，与用户建立比较稳定的供需关系。一般实行计划配送，而对少数用户的临时需要也进行即时配送服务，用户一次购买活动就可以买到多种商品，简化了交易次数及相应的手续。由于配送的“送”的功能，用户不必考虑运输方式、路线及装卸货物等问题，就可在自己的工厂甚至流水线处接到所需的商品，极大地方便了用户。

5. 配送提高了供应保障程度

配送企业依靠自己联系面广、多方组织资源的优势，按用户企业的要求，及时供应，若组织到的货源不能满足用户的需要，配送企业还可利用自己的加工能力进行加工改制，以适应用户的需要并及时地将货物送到用户手中。如果用户自己去采购，由于精力或其他方面所限没有采购到或采购到的物品不适用，必将影响到商品的供应，使生产受到影响。所以，配送的发展在某种程度上可以提高供应的保证程度，使整个社会的生产比较协调地发展。

三、配送的产生和发展

（一）配送的产生

配送作为现代物流和现代商贸流通的核心职能，是在变革和发展仓储业的基础上发展起来的，从某种意义上讲，配送是仓储功能的扩大化和强化。传统的仓储业的基本功能是保持储存货物的使用价值，为生产和经营的连续运转及百姓生活的正常进行提供保障。随着市场节奏加快，社会分工不断扩大，竞争日趋激烈，迫切要求缩短流通时间和减少库存资金的占用，急需社会流通组织提供系列化、一体化和多项目的后勤服务。许多经济发达国家仓储业开始调整内部结构，扩大业务范围，转变经营方式，以适应市场变化对仓储功能提出的新要求。很多老式仓库转变成了物流配送中心，其功能由货物的“静态储存”转变成“动态储存”，其业务活动由原来单纯的储存保管变成了向社会提供多种服务，并把入库、保管、加工、分拣、配装、输送等作业连成了一个整体。从服务方式上看，变革以后的仓库可以主动为客户提供“门到门”的服务，这样，配送就形成和发展起来了。

（二）配送的发展

现代配送的雏形最早出现于 20 世纪 60 年代初期。随着经济发展速度的逐步加快，商品市场的竞争日趋激烈，以及由此带来的货物运输量急剧增加，配送得到了进一步的发展。总体来讲，配送的发展大体上经历了三个阶段。概括说就是：萌芽阶段、发育阶段和成熟阶段。

1. 萌芽阶段

配送的雏形最早曾出现于20世纪60年代初期。在这个时期，物流运动中的一般性送货开始向备货、送货一体化方向转化。从形态上看，初期的配送只是一种粗放性、单一性的活动，其活动范围很小，规模也不太大。在这个阶段，企业开展配送活动的主要目的是促进产品销售和提高其市场占有率。因此，在发展初期，配送主要是以促销手段的职能来发挥其作用的。

2. 发育阶段

20世纪60年代中期，在一些发达国家，随着经济发展速度的逐步加快，以及货物运输量的急剧增加和商品市场竞争的日趋激烈，配送得到了进一步发展。在这个时期，欧美一些国家的实业界相继调整了仓库结构，组建或设立了配送组织（配送中心），普遍开展了货物配装、配载及送货上门活动。这期间，不但配送的货物种类日渐增多（除了种类繁多的服装、食品、药品、旅游用品等日用工业品以外，还包括不少生产资料产品）。而且配送活动的范围也在不断扩大。例如，在美国，已经开展了州际间的配送。在日本，配送的范围则由城市扩大到了区域。从配送形式和配送组织上看，在这个时期，曾试行了“共同配送”，并且建立起了配送体系。

3. 成熟阶段

20世纪80年代以后，受多种因素影响，配送有了长足发展。在这个阶段，配送已演化成了广泛的、以高新技术为支撑手段的系列化、多功能性的供货活动。具体表现如下。

（1）配送区域进一步扩大。近几年，实施配送制的国家已不再限于发达国家，许多发展中国家（如中国）也按照流通社会化的要求试行了配送制，并且积极开展了配送活动。就发达国家而言，20世纪80年代以后，配送的活动范围也已经扩大到了省际和国际。例如，以商贸业立国的荷兰，货物配送的范围已扩大到了欧洲共同体诸国。

（2）配送技术日益先进。技术不断更新，配送手段日益先进，是成熟阶段配送活动的一个重要特征。进入20世纪80年代以后，发达国家在开展配送活动的过程中，普遍采用了诸如自动分拣、光电识别、条码等先进技术，并且建立起了配套的体系和配备了先进的设备（如无人搬运车、分拣机等），由此，大大提高了配送作业效率。据介绍，有的工序因采用先进技术和先进设备，工作效率提高了5～10倍。

（3）配送的集约化程度明显提高。20世纪80年代以后，随着市场竞争日趋激烈及企业兼并速度的明显加快，配送组织（企业）的数量逐步减少。但是，其总体实力和经营规模却与日俱增，配送的集约化程度不断提高。

（4）配送模式日趋多样化。进入20世纪80年代以后，由于经济发展的外部环境发生了变化（亦即由于生产和市场需求日趋多样化），不但配送规模和配送活动的范围明显在扩大，而且配送作业方式（或形式）也逐渐多了起来，在配送实践中，除了存在着独立配送、直达配送等一般性的配送形式以外，人们又推出了许多种新的配送方式。如“共同配送”方式、“即时配送”方式等。至此，配送模式明显多了起来。

四、配送的分类

配送可以从不同的角度加以分类，以满足不同产品、不同企业的需要。

（一）按配送主体分类

1. 配送中心配送

配送中心是从事配送业务的场所，它借助网络技术、配送管理信息系统、现代物流技术和现代物流设施，为客户提供专业的配送服务。

配送中心专业性强，和客户有固定的配送关系，通常有较大规模的存储、分拣及输送系统和设施，配送品种多、配送数量大，可以承担企业主要物资的配送及实行补充配送等，是配送的主要形式。

2. 商店配送

商店配送是由商业或其他流通企业的门市网点，根据客户的要求，将商店经营的品种配齐运送给客户，或代客户外购一部分本商店不经营的商品，然后与商店经营的品种一起配齐运送给客户。

商店配送的组织者一般实力有限，往往是针对零售商品的少量配送，配送的商品种类繁多，客户的需求量并不大，很难与大型配送中心建立计划配送关系，因此常常利用小零售网点从事此项工作。但是由于商店及物资零售网点数量较多，配送半径较小，商店配送比较机动灵活，可以承担生产企业非主要物资的配送以及对消费者个人的配送。可以说，商店配送是配送中心配送的辅助及补充形式。

3. 仓库配送

仓库配送是以库房、货场作为物流据点组织的配送。它可以把仓库完全改造成配送中心，也可以在保持仓库原功能的前提下，增加一部分配送职能。由于原仓库并不是按配送中心专门设计和建立的，因此仓库配送的规模较小，配送的专业化较差。仓库配送是开展中等规模的配送可以选择的形式，同时也是较为容易利用现有条件而不需大量投资的形式。

4. 生产企业配送

生产企业配送的组织者是生产企业，尤其是进行多品种生产的生产企业，可以直接由企业配送，而不需要将产品发送到配送中心。由于减少了一次物流中转，所以有一定的优势。

生产企业配送需要有较为完善的配送网络和较高的配送管理水平，适用于生产地方性较强产品的生产企业，如食品、饮料、百货等。某些不适用于中转的化工产品及地方建材也常常采用这种方式。

（二）按配送物资种类及数量不同分类

1. 单（少）品种、大批量配送

企业需要量较大的商品，如A类商品，单独一个品种或几个品种就可达到较大输送量，实行整车运输，这样的商品往往不需要再与其他商品搭配，可由专业性较强的配送中心实行这种配送。由于配送量大，可使车辆满载并使用大吨位车辆；配送中心内部设置、组织、计划等工作也比较简单，因而配送成本较低。

2. 多品种、小批量配送

现代企业生产除了需要少数几种主要物资外，处于B、C类的物资品种数远高于A类主要物资，B、C类的品种数多，但单品种需要量不大，多品种、小批量配送有助于生产企业降低B、C类物资的库存资金占用。类似的情况也存在于向零售店补充一般生活消费品的配送。

3. 配套成套配送

按企业生产需要，尤其是装配型企业生产需要，将生产每一物件所需全部零部件配齐，按生产节奏定时送达生产企业，生产企业随即可将此成套零部件送入生产线装配产品。这种配送方式下，配送企业承担了生产企业大部分供应工作，使生产企业致力于生产，与多品种、少批量配送效果相同。

（三）按配送时间及数量不同分类

1. 定时配送

即按用户规定的时间间隔进行配送，每次配送的品种及数量可按计划执行，也可在配送之前以约定的联络方式确定配送品种及数量，但如果要求配送数量变化较大时，会使配送运力安排出现困难。

2. 定量配送

即按用户规定的批量在一个指定的时间范围内进行配送。由于时间不严格限定，配送中心可以将不同用户所需物品凑整车后配送，提高车辆满载率，节省运力。

3. 定时定量配送

即按用户规定的配送时间和配送数量配送，配送计划不容易制订，特殊性较强。

4. 定时、定路线配送

即在规定的运行路线上制定到达时间表，按运行时间表进行配送，用户可按规定路线及规定时间提出配送要求。采用这种方式有利于计划安排车辆及驾驶人员。在配送用户较多的地区，也可免去过分复杂的配送要求所造成的配送组织工作及车辆安排的困难。

5. 即时配送

即完全按用户要求的时间和数量进行配送。这种方式是以某天的任务为目标，在充分掌握了这一天的需要地、需要量及需要种类的前提下，及时安排最优的配送线路并安排相应的配送车辆，实行配送，已是水平较高的一种配送方式。

（四）按配送组织形式不同分类

1. 集中配送

集中配送是由专门从事配送业务的配送中心对多家客户开展的配送。配送中心规模大、专业性强，与客户可确定固定的配送关系，实行计划配送。集中配送的品种多、数量大，一次可同时对同一线路上几家客户进行配送。

2. 分散配送

对小量、零星货物或临时需要的配送业务一般由销售网点进行。销售网点具有分布广、数量多、服务面宽等特点，比较适合开展距离近、品种繁多而用量小的物资配送。

（五）按经营形式分类

1. 销售配送

销售配送是以销售经营为目的、以配送为手段的配送，是销售型企业作为战略环节所进行的促销型配送。销售配送的对象往往是不固定的，配送的经营情况取决于市场状况，配送的随机性较强、计划性较差。许多商店或连锁超市的配送一般属于销售配送。

2. 供应配送

供应配送是企业为了自己的供应需要所采取的配送方式，由企业、企业集团组建配送据点，集中大批量进货以求取得采购价格优惠，然后向本企业、本企业集团内若干企业配送。这种配送方式在大型企业、企业集团、联合公司中采用较多。

3. 销售—供应一体化配送

销售企业对于基本固定的客户和基本确定的配送商品，可以在自己销售的同时承担向客户有计划供应的职能，起到既是销售者又是客户的供应代理人的双重作用。销售—供应一体化配送是配送经营的重要形式，它有利于形成稳定的供需关系，有利于采取先进的计划方式和技术方式，有利于保持流通渠道畅通稳定，因而受到人们的关注。

4. 代存代供配送

客户将属于自己的商品委托配送企业代存、代供，然后组织对本身的配送。这种配送在实施时不发生商品所有权的转移，配送中心只是客户委托的代理人，商品所有权在配送前后都属于客户所有，所发生的只是商品位置的转移。配送中心只从代存、代供中取得效益，而不能取得商品销售的经营性效益。

5. 代理配送

一般情况下代理配送与销售配送一致，只是在配送业务开展时组织货源，不用配送企业提供货款。配送企业只是受生产者委托代销商品，对配送商品不拥有所有权，不能取得商品销售的经营性收益，只能取得按销售额的一定比例获取的佣金。这种配送方式对配送企业比较有利，同时也是发展现代化流通的一项重要内容。

五、配送的发展趋势

（一）加工配送

加工配送是和流通加工结合，通过流通加工后进行配送。一方面可以使流通加工更有针对性，减少盲目性；另一方面配送企业也可以通过流通加工增值取得收益。对于用户而言，按用户要求，通过流通加工进行配送，使配送更能贴近用户的实际需求，这种配送方式大大提高了配送的服务水平，且更好地满足了用户的需要。

（二）及时、应急配送

及时、应急配送是指完全按用户突然提出的配送要求随即进行配送的方式。

这是对各种配送服务进行补充和完善的一种配送方式，这种配送方式主要应对用户由于事故、灾害、生产计划的突然变化等因素所产生的突发性需求；也应对一般消费者经常出现的突发性需求。这是有很高灵活性的一种应急方式，也是大型配送企业应当具备的应急能力。有了这种应急能力，就能够支持和保障配送企业的经营活动。需要提出的是，这种配送服务实际成本很高，难以用作经常性的服务方式。

（三）共同配送

共同配送是由多个企业为了实现运输规模经济而联合组织实施的配送活动。

共同配送的主要追求目标，是使配送合理化。其优势主要有：降低配送成本；使车辆满载，减少上路车辆，改善交通及环境；取得就近的优势，减少车辆行驶里程；减少配送网点及设施，节约社会财富。

共同配送有以下几种具体形式。

(1) 由一个配送企业综合若干家用户的要求，对各个用户统筹安排，在配送时间、数量、次数、路线等诸方面做出系统的、最优的安排，在用户可以接受的前提下，全面规划，计划合理地进行配送。这种配送服务方式适合用户比较多的情况，用户的配送需求有一定的共同性，这样就可以采用集中进货、集中库存，有效地分货、配货、配载、选择运输方式、选择运输路线、合理安排送达数量和送达时间，使配送具有很强的科学性和计划性。当然，这种配送方式实行起来较为复杂，需要有比较高的管理水平。

(2) 由若干家用户联合组织配送系统对这些用户进行配送。这种形式，将分散的配送需求集中起来，将分散的资源集中，就可以达到一定规模，从而提高配送效率并且降低成本。

(3) 多家配送企业联合，共同划分配送区域，共同利用配送设施（如配送中心），进行一定程度的配送分工。这种配送方式，配送企业可选择离用户最近的配送中心对用户实行配送，这个配送中心可能并非隶属于本配送企业，而是隶属于另一家配送企业，但由于离用户近，可降低配送成本。同样，另一家企业的某些用户，也可由这个企业的配送中心实行近距离配送。这就可以使实现共同配送的若干配送企业取得“双赢”或者是“多赢”，形成了一种共同协作的配送方式。这种配送服务方式，往往是配送企业实行连锁化、集团化的前奏。

（四）越库配送

由于传统流通渠道的变革，零售终端的能力显得越来越重要，消费者对于产品时效性的需求也越来越高，这些均需要物流企业根据货物的特性来选择恰当的组织方式以便满足缩短渠道、提高反应速度的要求。越库方式的产生就是以上因素所促成的。这种作业方式已经日益受到人们关注并得到广泛运用。越库配送包括任何一种避免在将货物送去零售商之前将其放入仓库的运输方法。其基本含义是指货物在运输过程中不落地或进入仓储设施后不在仓库仓储，而是立刻进行进出货作业后就直接从生产工厂、车站、码头、仓库、车船直接进入指定客户的运输/配送车辆的组织方式。通过这种组织方式，避免了落地作业所导致的二次装卸搬运，减少了由于仓储所导致的时间及成本的增加，减少了物流中转环节。

一般来说，越库作业有两种方式，一种作业方式是供应商必须事先对发送货物的去向有清楚的了解，并做好相应的流通加工作业，以便货物到达直拨中心后能直接发货。另一种作业方式则是供应商货物到达直拨中心后才确定货物的去向并进行相应的流通加工作业。前一种适合于供应商及直拨中心有功能强大的信息系统，而且直拨中心的作业面积有限的情形，而后者则正好相反。越库作业对供应链上企业的信息系统、协调组织能力要求较高。越库作业方需要在越库商品到达处理场之前，对于客户订单、客户位置、货物的品种等相关资料及时了解及处理，并协调各方保证越库货物能够及时到达处理中心，并运往指定客户或商家。

第二节　配送中心概述

一、配送中心的概念

作为物流运动枢纽的配送中心，需发挥其集中供货的作用，首先，必须采取各种方式（如零星集货、批量进货）去组织货源，其次，必须按照用户的要求及时分拣（分装）和配备各种货物。为了更好地满足客户需要及提高配送水平，配送中心还必须有比较强的加工能力以开展各种形式的流通加工。从这个意义上讲，配送中心实际上是将集货中心、分货中心和流通加工中心合为一体的现代化物流基地，也是能够发挥多种功能作用的物流组织。

现代的物流中心与普通的仓库和传统的批发、储运企业相比，存在质的不同。仓库仅仅是储藏商品，而配送中心绝不是被动地接受委托存放商品，它还起到集配作用，具有多样化的功能。和传统的批发、储运企业相比，配送中心在服务内容上由商流、物流分离发展到商流、物流、信息流有机结合，在流通环节上由经过多个流通环节发展到由一个中心完成流通全过程，在经销方式上由层层买断发展到代理制，由临时的、随机的关系发展到长期的、固定的关系，这些特点在社会化的共同配送中心上表现得尤为突出。

2001 年我国国家标准物流术语中把配送中心定义为“从事配送业务的物流场所或组织”，并且应基本符合六项要求：

（1）主要为特定的用户服务；

（2）配送功能健全；

（3）完善的信息网络；

（4）辐射范围小；

（5）多品种、小批量；

（6）以配送为主，存储为辅。

2006 年的国家标准《物流术语》把配送中心的概念修订为“从事配送业务且具有完善信息网络的场所或组织”，并且基本符合四项要求：

（1）主要为特定客户或末端客户提供服务；

（2）配送功能健全；

（3）辐射范围小；

（4）多品种、小批量、多批次、短周期。

从 2001 年的国家标准到 2006 年的国家标准修订中配送中心定义的比较中，可以看出如下几个变化。

（1）新标准术语强调了信息网络对于配送中心的必要性，把完善的信息网络从基本符合的要求中提升到基本定义中。

（2）服务对象上从特定客户扩展到末端客户，这是民生配送重要性的体现。

（3）新标准术语添加了多批次、短周期的配送要求，突出了配送中心的中转作用。

综上所述，我们将配送中心定义为：从事货物配备（集货、加工、分货、拣选、配货）和组织对用户的送货，以高水平实现销售或供应的现代流通设施。配送中心是一种末端物流的节点设施，通过有效地组织配货和送货，使资源的最终端配置得以完成。

二、配送中心与其他据点的异同

配送中心可以看作仓库的一种功能类型。现代物流管理力求进货与发货同期化，使仓库管理从静态管理转变为动态管理，仓库功能也随之改变，这些新型仓库据点由于在功能上存在的差异，因而有了许多新的称谓，配送中心就是其中之一，除此之外，还有集货中心、分货中心、转运中心、加工中心、储调中心、物流中心等。

（1）集货中心。将零星货物集中成批量货物称为"集货"，集货中心可设在生产点数量很多，每个生产点产量有限的地区，只要这一地区某些产品总产量达到一定程度，就可以设置这种有"集货"作用的物流节点。

（2）分货中心。将大批量运到的货物分成批量较小的货物称为"分货"，分货中心是主要从事分货工作的物流节点。企业可以采用大规模包装、集装货散装的方式将货物运到分货中心，然后按企业生产或销售的需要进行分装，利用分货中心可以降低运输费用。

（3）转运中心。转运中心的主要工作是承担货物在不同运输方式间的转运。转运中心可以进行两种运输方式的转运，也可进行多种运输方式的转运，在名称上有的称为卡车转运中心，有的称为火车转运中心，还有的称为综合转运中心。

（4）加工中心。加工中心的主要工作是进行流通加工。设置在供应地的加工中心主要进行以物流为主要目的的加工，设置在消费地的加工中心主要进行实现销售、强化服务为主要目的的加工。

（5）储调中心。储调中心以储备为主要工作内容，从功能上看与传统的仓库基本一致。

（6）物流中心。根据国家标准《物流术语》，物流中心（Logistics Center）是从事物流活动的场所或组织，应基本符合下列要求：①主要面向社会服务；②物流功能健全；③完善的信息网络；④辐射范围大；⑤少品种、大批量；⑥存储、吞吐能力强；⑦物流业务统一经营、管理。

三、配送中心的功能和作用

（一）配送中心的功能

配送中心是专业从事货物配送活动的物流场所或经济组织，它是集加工、理货、送货等多种职能于一体的物流节点。也可以说，配送中心是集货中心、分货中心、加工中心功能的总和。因此，配送中心具有以下功能。

1. 存储功能

配送中心的服务对象是生产企业和商业网点，如连锁店和超市，其主要职能就是按照用户的要求及时将各种配好的货物交送到用户手中，满足生产的需要和消费的需要。为了顺利有序地完成向用户配送商品（或货物）的任务，更好地发挥保障生产和消费需要的作用，通常配送中心都建有现代化的仓储设施，如仓库、堆场等，储存一定量的商品，形成对配送的资源保证。某些区域性大型配送中心和开展“代理交货”配送业务的配送中心，不但要在配送业务的过程中储存货物，而且它所储存的货物数量更大、品种更多。

2. 分拣功能

作为物流节点的配送中心，其客户是为数众多的企业或零售商，在这些众多的客户中，彼此之间存在着很大差别，它们不仅各自的经营性质、产品性质不同，而且经营规模和经营管理水平不一样。面对这样一个复杂的用户群，为满足不同用户的不同需求，有效地组织配送活动，配送中心必须采取适当的方式对组织来的货物进行分拣，然后按配送计划组织配送和分装。强大的分拣能力是配送中心实现按客户要求组织送货的基础，也是配送中心发挥其分拣中心作用的保证。分拣功能是配送中心的重要功能之一。

3. 集散功能

在一个大的物流系统中，配送中心凭借其特殊的地位和其拥有的各种先进设备构成完善的物流管理系统，从而能够将各个生产企业的产品集中在一起，通过分拣、配货、装配等环节向多家用户进行发送。同时，配送中心也可以把各个用户所需要的多种货物有效地组合或装配在一起，形成经济、合理的批量，实现高效率、低成本的商品流通。另外，配送中心在建设选址时也充分考虑了其集散功能，一般选择商品流通发达、交通较为便利的中心城市或地区，以便充分发挥配送中心作为货物或商品集散地的功能。

4. 衔接功能

通过开展货物配送活动，配送中心能把各种生产资料和生活资料直接送到用户手中，可以起到连接生产的功能，这是配送中心衔接供需两个市场的一种表现。另外，通过发货和储存，配送中心又起到了调节市场需求、平衡供求关系的作用，现代化的配送中心如同一个“蓄水池”，不断地进货、送货及快速地周转，有效解决了产销不平衡，缓解了供需矛盾，在产、销之间建立了一个缓冲平台，这是配送中心衔接供需两个市场的另一种表现。可以说，现代化的配送中心通过储存和发散货物功能的发挥，体现出了其衔接生产与消费、供应与需求的功能，使供需双方实现了无缝连接。

5. 流通加工功能

配送加工虽不是普遍的，但往往是有着重要作用的功能要素，主要是因为通过配送加工可以大大提高客户的满意程度。国内外许多配送中心都很重视提升自己的配送加工能力，通过按客户的要求开展配送加工可以使配送的效率和满意程度提高。配送加工有别于一般的流通加工，它一般取决于客户的要求；销售型配送中心有时也根据市场需求来进行简单的配送加工。

6. 信息处理功能

配送中心连接着物流干线和配送，直接面对产品的供需双方，因而不仅是实物的连接，更重要的是信息的传递和处理，包括在配送中心的信息生成和交换。

（二）配送中心的作用

结合上面对于配送中心基本功能的叙述，配送中心相应的作用可以归纳为以下几个方面。

（1）使供货适应市场需求变化。各种商品的市场需求，在时间、季节的需求量上都存在大量随机性，而现代化生产中，加工无法完全在工厂、车间来满足和适应这种情况，必须依靠配送中心来调节、适应生产与消费之间的矛盾与变化。

（2）经济高效地组织储运。从工厂企业到达销售市场之间需要复杂的储运环节，要依靠多种交通、运输、库存手段才能满足。传统的以产品或部门为单位的储运体系明显存在不经济和低效率的问题。所以建立区域、城市的配送中心，能批量进发货物，能组织成组、成批、成列直达运输和集中储运，有利于降低物流系统成本，提高物流系统效率。

（3）提供优质的保管、包装、加工、配送、信息服务。现代物流活动中由于物资物理、化学性质的复杂多样化，交通运输的多方式、长距离、长时间、多起终点，地理与气候的多样性，对保管、保障、加工、配送信息提出很高的要求。只有集中建立配送中心，才可能提供更加专业化、更加优质的服务。

（4）促进地区经济的快速增长。配送中心像交通运输设施一样，是经济发展的保障，是吸引投资的环境条件之一，也是拉动经济增长的内部因素。配送中心的建设可从多方面带动经济的健康发展。

（5）配送中心是连锁店的经营活动所必需的。它可以帮助连锁店实现配送作业的经济规模，使流通费用降低；减少分店库存，加快商品周转，促进业务的发展和扩散。批发仓库通常需要零售商亲自上门采购，为配送中心解除了分店的后顾之忧，使其专心于店铺销售额和利润的增长，不断开发外部市场，拓展业务。此外，配送中心还加强了连锁店和供方的关系。

四、配送中心的主要类型

配送中心按经营主体、服务对象和地点等的不同可以划分为多种类型。

（一）从经营主体的角度划分

从经营主体的角度划分，配送中心分为制造商主导型配送中心、批发商主导型配送中心、零售商主导型配送中心、物流企业主导型配送中心、共同型配送中心。

1. 制造商主导型配送中心

对于实力雄厚的特大型制造企业来说，尤其是家用电器、汽车、化妆品、食品等厂家，通过配送中心的设立，形成具有特色的产供销一体化的经营体制，可以增强企业的市场竞争能力，保持市场占有率。

此外，以配送中心为核心的物流系统，可以有效缩短物流距离，减少中间环节，将产品在最短的时间内以较低的物流成本推向市场，在维持产品低价格水平的基础上，获得较高的收益。

2. 批发商主导型配送中心

批发商主导型配送中心是指由批发企业为主体建立的配送中心。这种配送中心是批发商从厂家购进商品，向零售企业如连锁零售企业的配送中心或店铺直接配送商品的物流基地。

为满足零售商日益高度化的需求，批发商必须在订货周期、送货时间等方面不断加以改进，提高服务水平。为了强化批发商零售的服务职能，有的批发企业成立了自由连锁集团。在了解零售店铺经营需求的基础上，采取多种措施支持零售店铺的运营。例如，通过分析零售店铺在经营中遇到的困难及准备采取的对策，归纳出零售商对批发商的要求，即物流功能完备，进货价格低廉，商品品种齐全，信息提供及时，销售预测准确等。为此，建立起 RS（Retail Supper）系统，即“支持零售”系统，发挥着经营指导、协商建议、信息提供、销售预测以及商品加工、配送功能。

3. 零售商主导型配送中心

零售商主导型配送中心是指零售企业（包括不同业态的连锁企业和大型零售业）。为了减少流通环节，降低物流成本，把来自不同进货者的货物在配送中心集中分拣、加工等，然后按其所属的店铺进行计划配送。根据有关资料介绍，日本全国有 300 多家零售小公司，门店共计 3000 多个，这些小公司为了能与大型连锁企业竞争就自愿组合起来，由专业的配送中心集中进货和配送。日本的配送中心都具备了比较成熟的计算机管理系统，建立了严格的规章制度，配备了比较先进的物流设施，确保商品在保管和配送过程中的质量。

4. 物流企业主导型配送中心

由物流企业建设的面向货主企业提供配送服务的配送中心。其服务对象一般比较固定，物流企业在与货主企业签订长期物流服务合同的基础上，代理企业开展配送业务，属于第三方服务形态。物流企业提供的不仅是设施和保管、配送等作业服务，而且为货主企业提供物流信息系统和配送管理系统，并对配送系统的运营负责。还有一种情况是配送中心的硬件设施属于货主企业或物流设施提供商，但配送中心的运营由物流企业负责，信息系统等软件设施也由物流企业提供。

5. 共同型配送中心

共同型配送中心一般是由规模比较小的批发业或专业物流企业共同设立的。通过共同开展配送活动，可以解决诸如车辆装载效率低下，资金短缺无法建设配送中心以及配送中心设施利用率低等问题。为多个连锁店提供配送服务的配送中心也可以看作共同型配送中心。共同配送中心不仅负责共同配送，还包括共同理货、共同开展流通加工等活动。

（二）按服务对象划分

按服务对象划分，配送中心分为面向最终消费者的配送中心、面向制造企业的配送中心和面向零售商的配送中心。

1. 面向最终消费者的配送中心

在商物分离的交易模式下，消费者在店铺看样品挑选购买后，商品由配送中心直接送达消费者手中。一般来说，家具、大型电器等商品适合这种配送方式。

2. 面向制造企业的配送中心

根据制造企业的生产需要，将生产所需的原材料或零部件，按照生产计划调度的安排，送达企业的仓库或直接送到生产现场。这种类型的配送中心承担了生产企业大部分原材料或零部件的供应工作，减少了企业物流作业活动，也为企业实现零库存经营提供了物流条件。

3. 面向零售商的配送中心

配送中心按照零售店铺的订货要求，将各种商品备齐后送达零售店铺，包括为连锁店服务的配送中心和为百货店服务的配送中心等。

（三）按配送货物的性质划分

按配送货物的性质划分，可分为商业货物配送中心、非商业货物配送中心。

1. 商业货物配送中心

商业货物是指与商流活动直接联系的，伴随着商流活动发生的货物。商业货物配送中心以商业货物为对象，与商流活动直接发生关系，大多数配送中心处理的货物属于商业货物。

2. 非商业货物配送中心

非商业货物是指个人、单位发生的货物，也包括与企业事务处理相关联的货物，如个人的包裹、书籍、单位的文件等。非商业货物配送中心以非商业货物为对象，如快件运输的货物处理中心等。

（四）按社会化程度划分

按社会化程度划分，配送中心分为自用配送中心和公共配送中心。

1. 自用配送中心

自用配送中心是生产或流通企业，为了本企业经营的需要而修建的附属配送中心，完全用于本企业的原材料、材料、产成品等货物或商品的物流服务，是企业为满足自身经营的需要而建设的。

2. 公共配送中心

公共配送中心是为货主企业或物流企业从事商品配送业务提供物流设施及有关服务的配送中心。使用者通过租赁的方式取得配送中心的使用权，并享受配送中心方面提供的公共服务。

（五）按配送中心的功能划分

按配送中心的功能划分，可分为通过型（分拣型）配送中心、集中库存型配送中心、流通加工型配送中心。

1. 通过型（分拣型）配送中心

通过型配送中心的特点是商品在这里停留的时间非常短，一般只有几小时或半天，商品途经配送中心的目的是将大批量的商品分解为小批量的商品，将不同种类的商品组合在一起，满足店铺多品种小批量订货的要求；通过集中与分散的结合，减少运输次数，提高运输效率以及理货作业效率等。通过型配送中心具备高效率的商品检验、拣选以及订单处理等理货和信息处理能力，作业的自动化程度比较高，信息系统也比较发达。

2. 集中库存型配送中心

集中库存型配送中心具有商品储存功能，大量采购的商品储存在这里，各个工厂或店铺不再保有库存，根据生产和销售需要由配送中心及时组织配送。这种将分散库存变为集中库存的做法，有利于降低库存水平，提高库存周转率。

3. 流通加工型配送中心

流通加工型配送中心除了开展配送服务外，还根据用户的需要在配送前对商品进行流通加工。例如，面向连锁超市配送商品的配送中心从事诸如分装、贴标签、食品清洗、服装熨烫等流通加工作业，之后再配送到各个店铺。这样，可以减轻店铺作业的压力，集中加工也有助于开展机械化作业，提高流通加工效率。还有一种情况是出于提高运输保管效率的考虑，在运输保管过程中保持散件状态，向用户配送前进行组装加工。

以上三种形态的配送中心有可能是作为综合型的配送中心的不同功能部分而出现的，也就是说，对于综合型配送中心来说，同时具备以上三种功能。

除了以上三种基本类型以外，在国外近年还出现了礼品配送中心和售后服务型配送中心。

礼品配送中心主要是用来配送用于个人之间相互赠予的礼品，当顾客在商店挑选好礼品后，由配送中心负责包装并配送到客人手中。

售后服务型配送中心的服务除了进行商品配送以外，还负责产品的安装、调试等服务，配送对象主要是家电、家具等需要组装、安装、调试的大型商品。

第三节　配送中心建设规划概述

一、配送中心建设规划的意义

所谓配送中心建设规划就是从空间和时间上，对配送中心的新建、改建和扩建进行全面系统的规划。配送中心建设代表着一个企业在赢得时间与地点效益方面所做出的努力，在一定程度上还是企业实力的一个标志物，更为重要的是这一建设规划的合理性，不仅对配送中心的设计、施工和运用及配送中心作业的质量和安全产生影响，还对所处地区或企业的物流合理化产生直接和深远的影响。

二、配送中心建设规划的特征

（一）严肃性和预见性

配送中心建设规划是对配送中心建设方面的重大问题进行决策，一旦付诸实施，则很难加以改变。由于规划不合理带来的后遗症将长期对配送中心所在地区的物流合理化产生影响。所以，在进行规划时决不能草率行事，既要满足当前的需要，又要考虑整个企业、地区今后发展的需要。

（二）适用性和经济性

配送中心建设规划需要投入大量资金，所以必须从实际出发，满足实际需要，适合中转供应和仓储作业的要求，节省投资，节省运行费用。

（三）科学性和可行性

配送中心建设规划必须符合科学原理，必须通过分析、计算、比较，提出最优方案，同时还要考虑资金、人员、技术、管理等各方面的可行性。

三、配送中心建设规划的流程

配送中心建设规划的制定通常要经历的阶段，如图 2－1 所示。

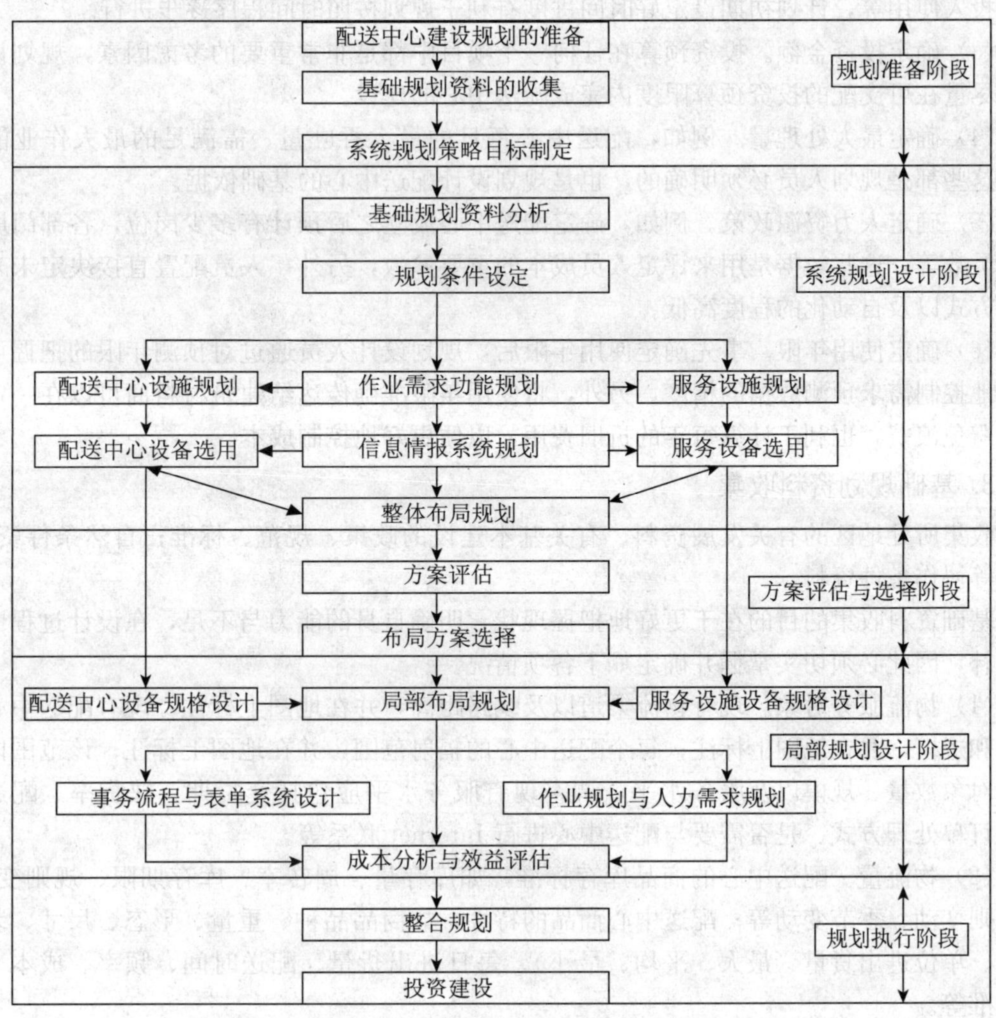

图 2－1　配送中心建设规划流程

（一）规划准备阶段

1. 组建配送中心规划建设项目组

成员应来自投资方、工程设计部门等。

2. 明确制订配送中心未来的功能与运营目标

明确制订功能与运营目标以利于资料收集与规划需求分析。配送中心未来的功能与其运作目标必须明确制定，方便基础资料的收集工作，以及为后续整理分析工作做好准备，此阶段所需明确的目标应包括以下内容。

（1）确定经营方式。例如，新增经营项目、配送中心辐射的地理范围、供货的时间要求等，所有营运指标应与本企业的经营战略相一致。

（2）确定时间进度。例如，配送中心何时报规划部门审批、何时开始施工建设、何时正式投入使用等，计划初期设定好时间进度有利于规划按照时间程序逐步进行。

（3）确定投资金额。投资预算在任何一个项目中都是非常重要的考虑因素，规划设计时应尽量在可支配的投资预算限度内完成配送中心的建设。

（4）确定最大处理量。例如，配送中心每日的最大吞吐量、需满足的最大作业能力等，这些都是规划人员必须明确的，也是规划设计配送中心的基础依据。

（5）确定人力资源政策。例如，确定配送中心成立之后预计有多少岗位，各部门所需的人员数等，这些数据是用来评定人员成本的重要参数，另外，人员配置直接决定未来的作业方式以及自动化的程度高低。

（6）确定使用年限。事先确定使用年限后，规划设计人员通过对预测年限的把握可以更好地控制需求预测数据的精度，另外，将使用年限准确传达给建筑材料商可以在一定程度上避免浪费，也利于计算每年的折旧费用，以便更好地控制成本。

3. 基础规划资料收集

收集所处地区的有关发展资料、有关基本建设的政策、规范、标准；自然条件资料；交通等协作条件资料。

基础资料收集的目的在于更好地把握现状，明确自身的能力与不足，在设计过程中加以弥补，因此必须切实掌握并确定如下各项情况。

（1）物流服务对象。现有物流渠道以及线路距离，并在地图上标注；现有配送中心的位置和规模，并在地图上标注；每个配送中心的辐射范围，并在地图上标注；该范围内的服务对象数量、规模以及服务水平，调查现有服务水平应包括交货期、缺货率、配送时间、订单处理方式、是否需要与配送中心进行 Internet 联系等。

（2）物流量。配送中心的商品库存标准，如库存量、周转率、库存期限、规则变动、不规则变动、季节变动等；配送中心商品的特性，如商品品种、重量、形态、尺寸、装运要求、单位进出货量（最大、平均、最小）、每日进出货量、配送时间、频率、成本、服务标准等。

（3）作业水平。订单处理速度；订单完成率；货差、货损率；交货准确率；配送准时率等。

（4）成本。土地成本——租金、地价税等；建筑物——折旧费、修缮费、租金等；设备工具——折旧费、租金、保养费；其他——水电费、通信费、外包费、燃料费、盘损费、劳务费、交通费等。

(5) 同行业情况。

(二) 系统规划设计阶段

(1) 资料整理阶段。将收集到的相关资料进行汇总整理，以作为规划设计阶段的依据。基本资料分析的目的在于发现现存问题，通过与同行业的比较学习先进经验的同时改善存在问题，以利于在设计中加以弥补。

(2) 规划条件设定。通过对现状资料的分析，可以充分了解企业或地区原有配送中心网络的弱点，进而设定新配送中心的规划条件，包括仓储能力、自动化程度等。

(3) 作业需求功能规划。作业需求功能规划包括新配送中心的作业流程、设备与作业场所的组合等，在合理化、简单化与机械化的原则下，完成各作业阶段的需求规划。

(4) 设施需求规划与选用。一个完整的配送中心建设规划中所包含的设施需求相当广泛，可以既包括储运生产作业区的建筑物与设备规划，也包括支持配送中心运作的服务设施规划，以及办公室及其员工活动场所等场地设施的规划。

(5) 信息情报系统规划。现代配送中心管理的特点是信息处理量比较大。配送中心中所管理的物品种类繁多，而且由于入库单、出库单、需求单等单据发生量特别大，关联信息多，查询和统计的需求大幅度增加，管理起来有一定的困难。为了避免差错和简化计算工作，需要统一各种原始单据的格式，统一账目和报表的格式。程序代码标准化，软件统一化，确保软件的可维护性和实用性。界面尽量简单化，做到实用、方便，满足企业中不同层次员工的需要。

(6) 整体布局设计——估算储运作业区、服务设施大小，并依据各区域的关联性来确定各区的摆放位置。

(三) 方案评估决策阶段

一般的规划过程均会产生多种方案，应依原规划的基本方针，以及原规划的基准来加以评估，以选择最佳方案。这通常由有关部门进行决策。

(四) 局部规划设计阶段

局部规划设计阶段的主要任务是在已经选定的建库地址上规划各项配送中心设施设备等的实际方位和占地面积。当局部规划的结果改变了以上系统规划的内容时，必须返回前段程序，作必要的修正后继续进行局部规划设计。

(五) 计划执行阶段

当各项成本和效益评估完成以后，如果企业或组织决定建设该配送中心，则可以进入计划执行阶段，即配送中心建设阶段。

四、配送中心功能与运营目标的确定

配送中心规划的本质在于建造一个什么样的配送中心以满足客户的物流服务需求，因此配送中心功能与运营目标的确定是规划的基础，需要从拟建配送中心的经营和技术不同层面来进行研究。

经营层面主要涉及配送中心经营商品的特性、顾客特性、商圈及配送圈、需要整合的物流资源、附属功能等。

技术层面主要涉及交通网络、物流系统技术、机械化、自动化技术、信息系统技术等。

（一）经营层面

1. 商品特性

商品特征包括商品的品种、交易量和3T（时间、温度、物理特性）。经营的商品品种和交易量越多，则配送中心的规模越大。3T中的时间与保管周期和配送频率根据不同商品有所不同，例如，配送频率高的商品与长时间储藏的商品相比，由于要进行流通加工，所以在设计时，要留有充足的作业空间、停车空间，以及必要的配送用的设备与设施。

商品的物理特征包括几个方面：液体、固体、抗冲击性、保质期等。对于品质管理要求高的商品要提供高质量的物流全过程服务，因此，在设计配送中心时，应根据商品的不同物理特征添置必要的设备以及设施。温度对于品质管理非常重要，特别是对于冷冻产品，需配备必要的冷冻、冷藏设备。

2. 顾客特性

顾客特征是指配送渠道中配送服务使用者的物流需求特征。配送渠道可以划分为工业配送渠道和销售/客户配送渠道。工业配送渠道是指产品或服务由材料来源向客户消费的最终产品或服务的制造者的流动，如图2-2所示；销售/客户配送渠道是指产品或服务由最终产品的制造者向消费者的流动，如图2-3所示。这两个渠道构成了由原材料的来源向最终消费者的整个配送渠道。随着更多中间人的加入，渠道会变得越来越复杂。即使是同一制造商经营同种商品，它的流通渠道中对于不同终端客户的批发商和零售商的流通加工方式和包装也不尽相同。

商品以工业包装单元向批发商大量配送时，配送中心需要有机械化的装卸设备。而商品以商业包装单元向零售商进行小批量、多频度配送时，其装卸作业零散，配送中心需要利用小型装卸设备。

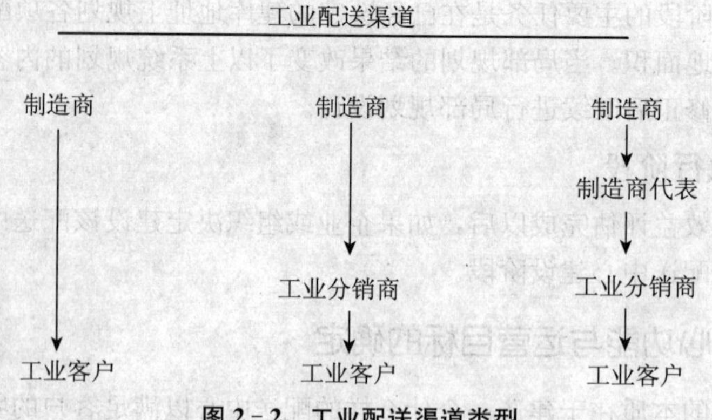

图2-2 工业配送渠道类型

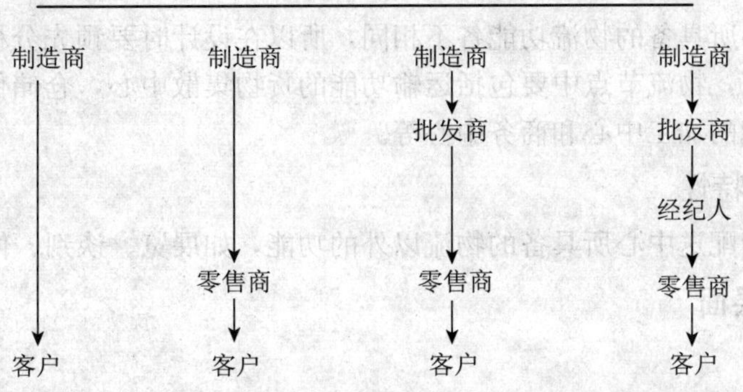

图 2-3　销售/客户配送渠道类型

另外，单一客户型的配送中心与多客户型的配送中心规模不同。例如，当制造商的配送中心既向批发商进行配送，又向零售商进行配送时，配送中心既要进行工业包装，也要进行商业包装，因此，配送和分拣工作会有很大差别。

3. 商圈范围特性

商圈范围可以通过配送范围、配送目的地的密度和市场规模来表示。即使商品特征和顾客特征相同，随着配送范围的扩大，配送时间也会延长；而即使配送范围相同，随着配送目的地密度的提高，配送中心商品的交易量也会增加；同样，市场规模越大，则商品的交易量、配送中心的规模也就越大。

这里要注意的是，商圈范围不仅包括商品的配送范围，也包括集货的范围。因此，在设计时要事先考虑到交通状况、配送客户的数量、运输频率，以及配送模式等因素。

商品、客户、商圈范围特性与配送中心的规模的关系如表 2-1 所示。

表 2-1　　商品、客户、商圈范围特性与配送中心的规模的关系

特性分类			配送中心规模 大 ←→	小
商品特性	品种数		多	少
	商品量		多	少
	3T	（时间）	长时间保管	短时间保管
		（温度）	冷藏、定量	常温
		（物理特性）	重量、玻璃制品	一般
顾客特性	流通加工		多	少
	流通渠道		复杂	简单
商圈范围特性	配送面积		宽	窄
	配送密度		高	低
	市场规模		大	小

4. 物流功能特性

由于配送中心所具备的物流功能各不相同，所以在设计时要预先分析、预留物流功能的场所。一般而言，物流节点中要包括运输功能的货物集散中心，仓储保管功能的配送中心，物流服务功能的加工中心和商务中心等。

5. 附加功能特性

附加功能是指配送中心所具备的物流以外的功能，如展览、谈判、休闲等功能。

（二）技术层面

1. 交通网络

交通网络包括交通节点设施、道路、交通机构，以及与此相关的运营和市场。设计配送中心时，除了考虑配送路线和配送工具外，其成本因素也是必须要考虑的。

2. 物流系统技术

物流系统技术中，有单元系统、多式联运、专门化技术及冷链系统四个方面。其中，对配送中心设施计划具有最大影响的是单元系统和冷链系统。

单元系统是指将货物构成一个单位，在不改变包装形态的前提下进行运输和保管。通常利用托盘、集装箱和货笼进行。配送中心单元系统的作业内容包括在中心内拆包再单元化作业的选择、设定企业内和企业间交易单元化范围作业两部分。

冷链（Cold Chain）是为保证新鲜食品及冷藏食品等的品质，使其在从生产到销售的过程中始终处于低温状态的组织网络，包括屠宰加工、包装物选择供应、车辆选择、销售柜台选择及温湿度控制与管理、人员设备的配置及管理、检查和监督。为此，除了在配送中心中必须具有低温冷藏设备外，更为重要的是配送中心各个环节的质量保证。同时，运输过程的货车以及配送终端的客户同样需要具有相应的设施和设备。

3. 机械化、自动化系统

许多企业在配送中心建设时都极力导入机械化和自动化作业，以便在实现物流作业快速化的同时，极力削减作业人员、降低人工作业费用，特别是需要大量人力的备货或标价等流通加工作业。

有一点需要注意，由于不同类型的配送中心在商品特征、客户特征等各方面的差异，对机械化、自动化的要求程度是不一样的。例如，对于周转较慢的商品，即便利用自动化仓库进行保管，也不可能大幅度提高商品周转率。

4. 信息系统

建设配送中心的信息系统时，首先要研究的是以系统为对象的信息，其次是信息系统的构筑范围。

（1）系统对象信息。系统对象信息包括商流信息和物流信息两大部分。商流信息指的是订发货信息、金融信息等；物流信息指的是数量管理信息、品质管理信息以及作业管理信息。

在商流信息中，由于要将订货信息直接转换成数量管理信息和作业指示信息，因此，与物流信息具有直接关系。所以，在构筑信息系统时，要遵循“订货→出库指示→拣选→

流通加工指示→包装→配送”的流程，事先明确订发货信息和物流信息的关系。配送中心的入库信息（验货、分拣和入库信息管理）和出库信息（出库管理和配送信息）是最为重要的。

在配送中心与外部连接的信息中，包括工厂的生产状况信息、销售状况信息以及运输途中的商品信息三个部分。因此，在向配送中心和工厂传递的信息中，应当包含库存管理信息和品质管理信息。

（2）信息系统的构筑范围。信息系统的构筑范围包括配送中心内部系统，配送中心、工厂和公司企业内部系统，供应商和客户在内的企业间系统。这一系统的构筑范围依据商品特性、商品的交易形态以及交易规模的不同而不同。

五、配送中心建设规划最优方案的选定方法

配送中心建设规划是一个非常复杂的问题，它受多种因素的影响和制约。不管是全面规划还是局部规划，都可以提出若干个规划方案，而最后则需要确定一个最优方案。这里所说的“最优”是指总体最优。规划的优劣主要看其是否符合规划的原则和具体要求。任何规划的原则和要求都是多方面的，因此，对规划的评价应是全面综合的评价。

对规划方案的评价与选优，往往是通过几个方案的比较进行的。其具体方法可采用定性的方法或定量的方法，也可采用定性定量相结合的方法。

定性分析的方法主要是根据规划的原则，凭经验判定优劣，这种方法简单易行，但缺乏准确性。

定量分析的方法是将原则和要求用一系列的指标来表示，各项指标表示为一定的量。当若干个方案进行比较时，是对多项指标进行比较。就不同的方案而言，每项指标的值大小不等，每个方案的指标都有大有小，各个方案有长处也有短处，这样很难判定其优劣。但可以通过计算方案各指标的总值来判定好坏。同时，必须考虑到，各项指标的重要程度不一样，因此不能同等对待，要分清主次，这就需要给每个指标赋予一定的权系数，其重要性越突出，权系数就越大。全部各项指标的权系数之和等于1。

对几个方案多项指标进行比较，属于多目标决策问题，最优目标函数方程为：

$$U_{\max}=\sum_{i=1}^{n}W_i f_i$$

$$0\leqslant W_i\leqslant 1$$

$$\sum_{i=1}^{n}W_i=1 \qquad i=1,\ 2,\ 3,\ \cdots,\ n$$

其中，$U_{\max}$——最优目标函数；

W_i——第 i 个指标的权系数；

f_i——第 i 个标准化后的指标值。

实际比较时，可列表进行，如表 2-2 所示。

表 2-2　配送中心规划建设方案评价

序号	评价指标	权系数	各方案指标值			
			甲	乙	丙	丁
1	×××	0.3	××／××	××／××	××／××	××／××
2	×××	0.25	××／××	××／××	××／××	××／××
3	×××	0.15	××／××	××／××	××／××	××／××
⋮	⋮	⋮	⋮	⋮	⋮	⋮
合计		1	××／××	××／××	××／××	××／××

表 2-2 中“评价指标”根据规划的内容、原则和具体要求而定。“权系数”表示相应指标的重要程度，可采用“专家调查法”求出。“各方案指标值”可通过评点计分法或分级评定法，求算出相应的值。甲、乙、丙、丁各方案下面栏目内，斜线上方的数值表示指标的实际数值，斜线下方的数值表示该指标值与权系数的乘积。表最下面一栏“合计”，权数为 1，各方案的指标值合计有两项，斜线上方为各项指标值的总计，斜线下方表示各项指标值与权系数乘积的合计值。

选定最优方案，就是找出斜线下方合计值最大的那个方案。但有时两个方案之间差异很小，这时不一定数值大的为最优，还必须通过定性与定量分析相结合，最后选定最优方案。决策类型与常用数学方法如表 2-3 所示。

表 2-3　决策类型与常用数学方法

决策所含变量数量	决策环境的不确定程度	所进行的分析的动态	常用数学工具
单变量	确定型	静态	算术、基本代数、极值原理
		动态	微分方程
	概率型	静态	概率论基本原理
		动态	存货理论等
多变量	确定型	静态	线性（非线性）规划等
		动态	动态规划等
	概率型	静态	多元统计分析
		动态	随机过程论等

本章小结

本章对配送中心建设规划进行了基本阐述。第一节介绍了配送的含义、功能、作用，以及分类等内容；第二节介绍了配送中心的概念、功能和作用，以及主要类型；第三节阐述了配送中心建设规划概述，包括配送中心建设规划的意义、特征、流程、配送中心功能与运营目标的确定，以及建设规划最优方案的选定方法。

第三章　配送中心规划基础资料分析

基础资料分析是进行配送中心规划的重要前期工作，对于把握拟建配送中心的总体特征和作业基本需求有重要意义。同时，准确、翔实的资料分析能够为配送中心内部布局及业务流程设计提供支撑。本章将详细介绍配送中心规划所涉及的基础资料的主要类型及订单、品项及数量三大特征对配送中心规划的影响。

第一节　配送中心规划基础资料分析概述

一、配送中心规划的基础资料

规划开始时，首先针对企业进行规划基础资料的收集与需求调查。收集的方法包括现场访谈记录以及厂商使用资料表格的收集，另外，对于规划需求的基本资料，也可借助事前规划好的需求分析表格，要求使用单位填写完成。至于表格中厂商未能翔实填写的重要资料，则需规划人员通过访谈与实地勘察测量等方法自动完成。规划资料分为两大类，包括现行作业资料及未来规划需求资料，如表 3－1 所示。

表 3－1　　配送中心系统规划的基础资料

现行作业资料	未来规划需求资料
基本运营资料	
商品资料	营运策略与中长期发展计划
订单资料	商品未来需求预测资料
物品特性资料	品项数量的变动趋势
销售资料	可能的预定厂址与面积
作业流程	作业实施限制与范围
业务流程与适用单据	附属功能的需求
厂房设施资料	预算范围与经营模式
人力与作业工时资料	时程限制
物料搬运资料	预期工作时数与人力
供货厂商资料	未来扩充的需要
配送据点与分布	

（一）现行作业资料

基本运营资料：包括业务形态、营业范围、营业额、人员数、车辆数、上下游点数等。

商品资料：包括商品形态、分类、品项数、供应来源、保管形态（自有/他人）等。

订单资料：包括订购商品种类、数量、单位、订货日期、交货日期、订货厂商等资料，最好能包括一个完整年度的订单资料，以及历年订单以月别或年别分类的统计资料。

物品特性资料：包括物态、气味、温湿度需求、腐蚀变质特性、装填性质等包装特性资料，物品重量、体积、尺寸等包装规格资料，商品储存特性、有效期限等资料。包装规格部分另需区分单品、内包装、外包装单位等可能的包装规格。另外，配合通路要求，有时也需要配合进行收缩包装，以及非标准单位的包装形式。

销售资料：可依地区区别、商品别、通路别、客户别及时间别分别统计销售额资料，并可依相关产品单位换算为同一计算单位的销货量资料（体积、重量等）。

作业流程：包括一般物流作业（进货、储存、拣货、补货、流通加工、出货、配送等）、退货作业、盘点作业、仓储配合作业（移仓调拨、容器回收流通、废弃物回收处理）等作业流程现况。

业务流程与适用单据：包括接单、订单处理、采购、拣货、出货、配派车等作业及相关单据流程，以及进销存管理、应收与应付账款等作业。

厂房设施资料：包括厂房仓库适用来源、厂房大小与布置形式、地理环境与交通状况、适用设备主要规格、产能和数量等资料。

人力与作业工时资料：人力组织构架、各作业区适用人数、工作时数、作业时间与时序分布。

物料搬运资料：包括进、出货及在库的搬运单位，车辆进、出货频率与数量，进、出货车辆类型与时段等。

供货厂商资料：包括供货厂商类型、供货厂商规模及特性、供货家数及分布、送货时段、接货地需求等。

配送据点与分布：包括配送通路类型，配送据点的规模、特性及分布，卸货地状况，交通状况，收货时段，特殊配送需求等。

（二）未来规划需求资料

营运策略与中长期发展计划：需配合企业使用者的背景、企业文化、企业发展策略、外部环境变化及政府政策等必要因素。

商品未来需求预测资料：依目前成长率及未来发展策略预估未来成长趋势。

品项数量的变动趋势：分析企业使用者在商品种类、产品规划上可能的变化及策略目标。

可能的预定厂址与面积：分析是否可利用现有场地或有无可行的参考预定地，或是另行寻找合适区域及地点。

作业实施限制与范围：分析配送中心经营及服务范围，是否需包含企业使用者所有营业项目范围，或仅以部分商品或区域配合现行体制方式运作实施，以及需考虑有无新事业项目或单位的加入等因素。

附属功能的需求：分析是否需包含生产、简易加工、包装、储位出租或考虑福利、休闲等附属功能，以及是否需配合商流与通路拓展等目标。

预算范围与经营模式：企业使用者需预估可行的预算额度范围及可能的资金来源，必要时必须考虑独资、合资、部分出租或与其他经营者合作的可能性，另外，也可建立策略联盟组合或以共同配送的经营模式加以考虑。

时程限制：企业使用者需预估计划执行年度、预期配送中心开始营运年度，以及以分年、分阶段方式实施的可行性。

预期工作时数与人力：预期未来工作时数、作业班次及人力组成，包括正式、临时及外包等不同性质的人力编制。

未来扩充的需求：需了解企业使用者扩充弹性的需求程度及未来营运策略可能的变化。

二、配送中心的规划要素

配送中心的规划除了必须先了解属于哪一种配送中心外，还要注意配送中心的 E、I、Q、R、S、T、C 等规划要素，这几个英文字母的意思分别如下：

E——Entry，指配送的对象或客户；

I——Item，指配送商品的种类；

Q——Quantity，指配送商品的数量或库存量；

R——Route，指配送的通路；

S——Service，指物流的服务品质；

T——Time，指物流的交货时间；

C——Cost，指配送商品的价值或建造的预算。

（一）配送的对象或客户——E

由于配送中心的种类很多，因此配送客户的对象也是五花八门。例如，制造商型的配送中心，它的配送对象有经销商、批发店、百货公司、超市、便利商店及平价商店等几种。其中经销商、批发店等的订货量较大，它的出货形态可能大部分是整托盘出货（P→P），小部分整箱出货；而超市的订货量较小，它的出货形态可能 30%属于整箱出货（P→C），70%属于拆箱出货（C→B），如表 3－2 所示。制造商型的配送中心有可能同时出现整托盘、整箱及拆箱拣货的情形。此种情况由于客户层次不同、订单量大小差异性大，订货方式也非常复杂，同时有业务员抄单、电话订货、传真订货及计算机连线等方式（EOS、POS），是配送中心中比较复杂的一种，难度也比较高。如果是零售商型的配送中心，它的配送对象可能是批发店（百货公司）、超市及便利商店中的一种，因此，它的出货形态可能是整托盘及整箱拣货、整箱及拆箱拣货。这种情况由于客户层次整齐、订单量差异小，订货大部分采用计算机连线方式，是配送中心中比较简单的一种，难度比较小。

表 3－2　零售型配送中心出货形态

	批发店	超市	便利商店
P→P	40%	10%	—
P→C	60%	60%	30%
C→B	—	30%	70%

（二）配送商品的种类——I

配送中心处理的商品品项数差异性非常大：多则万种以上，如书籍、医药及汽车零件等配送中心；少则数百种甚至数十种，如制造商型的配送中心。由于品项数的不同，其复杂性与困难性也有所不同。例如，所处理的商品品项数为一万种的配送中心与处理商品项数为一千种的配送中心是完全不同的，其商品储存的储位安排也完全不同。

另外，配送中心所处理的商品种类不同，其特性也完全不同。例如，目前比较常见的配送商品有食品、日用品、药品、家电、3C 产品、服饰、录音带、化妆品、汽车零件及书籍等。由于其商品的特性不同，配送中心的厂房硬件及物流设备的选择也完全不同。例如，食品及日用品的进出货量较大，而 3C 产品的商品尺寸大小差异性非常大，家电产品的尺寸则较大。

服饰产品的物流特性：80%直接送货到商店，而 20%左右送到库存与配送中心，等待理货及配送。另外，较高档的服饰必须使用悬吊的搬运设备及仓储设备。

书籍物流的特性：库存的书籍种类很多，而畅销品与不畅销品的物流量差异性非常大；另外，退货率高达 30%～40%；新出版的书籍、杂志，其中 80%是直接送货到书店，而 20%则送到库存与配送中心等待补货。

（三）配送商品的数量或库存量——Q

配送中心中商品的出货数量也是变幻莫测，例如，货款结算的问题、年节的高峰问题，以及由于忽然流行某种商品而造成出货量的波动等。

以货款结算的问题来说，一般而言，如果每月的 20 日是货款结算的截止日期，也就是 20 日以前订货算是这个月的货款，而 20 日以后订货算是下个月的货款，因此在 15～20 日的订货量就会明显降低，而后的订货量就会明显增加。

配送中心的库存量到底是以最多量来考虑，还是以最小量或者以平均量来考虑？若以最多量来考虑则低潮时的人力太浪费，若以最小量来考虑则高潮时的人力不足。

可见，如何确定平衡点非常重要，要做到既不会缺货也不会浪费空间，既不会人力不足，也不会人力过剩，必须要有一套有效的控制办法。例如，利用外面的协作仓库及临时作业人员的方式，同时必须事先分析了解客户的订货习性而对症下药。

对配送中心的库存量而言，进口商型的配送中心因进口船期的原因，必须有较长的库存量（约 2 个月以上）。

在通过型的配送中心，则完全不需要考虑库存量，但必须注意分货的空间及效率。

（四）配送的通路——R

物流配送的通路与配送中心的规划有很大的关系。因此，在规划配送中心之前首先必须了解物流配送的通路属于哪一种，然后再进行规划才不会失败。以下为目前物流配送的几种通路模式：

①工厂→营业所→零售商→消费者；

②工厂→配送中心→营业所→零售商→消费者；

③工厂→配送中心→零售店→消费者；

④工厂→配送中心→消费者。

（五）物流的服务品质——S

配送中心与传统的营业所、经销商最大的不同就是服务品质，改变了过去买商品必须增加亲自去取的局面，订购商品必须 3～5 天以后才会送达。但物流服务品质的高低恰恰与物流成本成正比，也就是物流服务品质越高则其成本也越高。但是站在客户的立场而言，希望以最经济的成本得到最佳的服务，所以原则上物流的服务水平应该是合理的物流成本之下的服务品质，也就是物流成本不会比竞争对手高，而物流的服务水平比它高一点即可。目前物流的服务内容包括订货交货时间，商品缺货率，流通加工的服务，商品店头陈列服务，紧急配送、夜间配送及假日配送，司机服务态度，提供的信息服务，顾问咨询服务等几种。以下针对物流的服务内容加以说明。

1. 订货交货时间

准确的交货时间是最基本的物流服务品质项目，是其他服务品质的前提。

2. 商品缺货率

商品缺货率也是物流服务品质之一，因为商品缺货往往会造成零售经营者很大的困扰及损失。商品的缺货率越低则代表其服务品质越好。

3. 流通加工的服务

流通加工业称为物流加工，它主要是针对零售商的需求所提供的进一步服务。流通加工的内容包括：①贴价格标签；②贴进口商品的中文说明；③贴进口商品税条；④年节的礼盒包装；⑤批发店的最低购买量的热缩包装；⑥商品品质检查等多种服务。在配送中心集中作业可以提高作业效率及降低成本。

4. 商品店头陈列服务

有的配送中心也提供商品店头陈列的服务，但是此种服务通常发生在店铺规模较小时，大型零售商偶尔也有此种服务要求。

5. 紧急配送、夜间配送及假日配送

当前配送中心的服务越来越多元化，为了提供更完善的服务品质，除全年无休 365 日提供服务外，甚至提供紧急配送、夜间配送及指定时间配送等项目，提供客户满意的服务。

6. 司机服务态度

在物流服务品质中司机服务态度也是重点项目之一，因为过去货运司机给人的感觉是粗鲁、礼貌不佳等印象，而现在的物流司机服务态度已经有了很大改善，对人彬彬有礼、穿制服、不摔货等，甚至会与客户联系，强化与客户的沟通交流，逐渐有业务司机的形象产生。

7. 提供的信息服务

在配送中心，另一种服务是信息的提供，因为物流信息的 EIQ 资料相当于零售商的 POS，它可以提供 POS 资料给零售商，零售商无须花费高额的经费去建置 POS 系统。另外，物流经营者也可以提供商品的情报给制造商，为制造商生产及经营策略提供参考。

8. 顾问咨询服务

物流经营者还可以向零售业及制造业提供商品选择方面的建议，尤其是对较小的零售业及制造业本身的经营管理能力不强时。例如，日本零食批发商为了提供给超市、便利店进一步的服务，在公司内部成立一个模拟的商店，然后把商品销售数据分析提供给零售业参考，以增进双方间的关系。另外，国内物流者也把物流运输中发现的供应商到货情况提供给客户，如供应商到货数量错误的统计、到货延迟的发生次数可为双方降低成本，增进彼此关系。

（六）物流的交货时间——T

在物流服务品质中物流的交货时间非常重要，交货时间太长或不准时都会严重影响零售商的业务，因此，交货时间的长短与守时成为物流经营者的重要评估项目。

物流的交货时间是指从客户下订单开始，经过订单处理、库存检查、理货、流通加工、装车直到卡车配送到客户手上的这一段时间；物流的交货时间按厂商服务水平的不同，可分为 4 小时、12 小时、24 小时、2 天、3 天、一周等几种。目前国内一般承诺自订货后 24～48 小时可以送达。一般物流的交货时间越短则其成本越高，因此最好的服务时间为 12～24 小时，稍微比竞争对手好一点，但成本又不会增加。

除了物流的交货时间外，还有物流的送货频度，也就是同一客户多长时间送一次货。目前根据各厂商商品特性的不同可分为：一天两次、一天一次、两天一次、三天一次、四天一次等几种。目前最常见的是一天一次及两天一次的配送频度。

当全部都是一天一次或两天一次的配送频度，但订货的数量又不多时，对物流经营者而言成本太高，因此目前的做法是以 EQ 分析的 ABC 分类来决定配送的频度，例如，A 级厂商的订货量较大就每天配送，B 级厂商的订货量中等则两天配送一次，而 C 级厂商的订货量较少则三天配送一次或四天配送一次。当然也有例外，当客户的配送量达到经济配送量时可以弹性调整，以达到客户满意的要求。

（七）配送商品的价值或建造的预算——C

在配送中心的设立中除了以上的基本要素外，还应该注意研究配送商品的价值和建造预算。因为如果没有足够的建造费用，那些理想的计划是无法实现的。

另外，与物流成本息息相关的是配送商品的价值，因为在物流成本计算方法中，往往会计算它所占商品的比例，如果商品的单价高则其百分比相对会比较低，客户比较能够负担得起；如果商品的单价低则其百分比相对会比较高，则客户负担感觉会比较高。

三、需求资料分析的内容

通过对基础资料的整理和分析，可以为规划设计阶段提供参考依据。分析方法包括定量化和定性化两种方法。

定量化的分析包括：

(1) 储位单位分析；

(2) 物品习惯分析；

(3) EIQ 分析。

定性化的分析包括：

(1) 作业时序分析；

(2) 人力需求分析；

(3) 作业流程分析；

(4) 作业功能需求分析；

(5) 业务流程分析。

一般规划分析者最容易犯的错误是无法确定分析的目的，仅将收集获得的资料做一番整理及统计计算，而最后只得到一堆无用的数据与报表，却无法与规划设计的需求相结合。因此，在资料分析过程中，建立合理的分析步骤并有效地掌握分析数据是规划成功的关键。

第二节　订单品项与数量分析

配送中心在出货特性上，常有出货日程不确定、前置时间短、出货量变化大等现象，如果面对出货品项繁多，订单资料量又大，规划分析者往往无从下手，一般分析者在无法深入分析的情形下，常用总量或平均量来概括估计相关需求条件，导致与实际的需求变动产生很大的差异。若能掌握数据分析的原则，通过有效的资料统计，以及进一步的相关分析，将使分析的过程简化，并可把握实际有用的信息。

EIQ 分析就是利用“E”“I”“Q”这三个物流关键要素，来研究配送中心的需求特性，为配送中心提供规划依据。日本铃木震先生积极倡导以订单品项数量分析法（EIQ）来进行配送中心的系统规划，即从客户订单的品项、数量与订购次数等观点出发，进行出货特性的分析。在配送中心的规划中，EIQ 确实是简明有效的分析工具。

下面介绍订单品项数量的分析方法和步骤。

一、订单出货资料的分解

收集到的企业订单出货资料，通常因其资料量庞大且资料格式不同而不能直接应用，最好能从企业信息系统的数据库中直接取得电子化数据，既便于数据格式转换，也便于借助计算机运算功能处理大量的分析资料。

在进行订单品项数量分析时，首先必须考虑时间的范围与单位。在以某一工作天为单位的分析数据中，主要的订单出货资料可分解成表 3－3 的格式，并由此展开 *EQ*、*EN*、*IQ*、*IK* 四个类别的分析步骤。主要分析项目及意义说明如下。

(1) 订单量（*EQ*）分析：单张订单出货数量的分析。

(2) 订货品项数（*EN*）分析：单张订单出货品项数的分析。

(3) 品项数量（*IQ*）分析：每单一品项出货总数量的分析。

(4) 品项受订次数（*IK*）分析：每单一品项出货次数的分析。

表 3-3　　EIQ 资料统计格式（单日）

出货订单	出货品项						订单出货数量	订单出货品项
	I_1	I_2	I_3	I_4	I_5	…		
E_1	Q_{11}	Q_{12}	Q_{13}	Q_{14}	Q_{15}	…	Q_1	N_1
E_2	Q_{21}	Q_{22}	Q_{23}	Q_{24}	Q_{25}	…	Q_2	N_2
E_3	Q_{31}	Q_{32}	Q_{33}	Q_{34}	Q_{35}	…	Q_3	N_3
⋮	…	…	…	…	…	…	…	…
单品出货量	$Q.1$	$Q.2$	$Q.3$	$Q.4$	$Q.5$	…	Q	N
单品出货次数	K_1	K_2	K_3	K_4	K_5	…	…	…

注：Q_1（订单 E_1 的出货量）$= Q_{11}+Q_{12}+Q_{13}+Q_{14}+Q_{15}+\cdots$

$Q.1$（品项 I_1的出货量）$= Q_{11}+Q_{21}+Q_{31}+Q_{41}+Q_{51}+\cdots$

N_1（订单 E_1的出货项数）＝计数（Q_{11}，Q_{12}，Q_{13}，Q_{14}，Q_{15}，…）>0 者

K_1（品项 I_1的出货次数）＝计数（Q_{11}，Q_{21}，Q_{31}，Q_{41}，Q_{51}，…）>0 者

N（所有订单的出货总项数）＝计数（K_1，K_2，K_3，K_4，K_5，…）>0 者

在分析资料过程中，要注意取值数量单位的一致性，必须将所有订单品项的出货数量转换成相同的计算单位，否则分析将失去意义。金额的单位与价值功能分析有关，常用在按货值进行分区管理的场合，体积与重量等单位则与物流作业有直接密切的关系，也将影响整个系统的规划，但是在资料分析过程中，需再将商品物性资料加入，才可进行单位转换。

上述 EIQ 格式是针对某一天的出货资料进行分析，另外，若分析资料范围为一时间周期内（如一周、一月、一年等），另需加入时间的参数，即为 EIQT 分析，如表 3-4 所示。

表 3-4 EIQT 资料分析格式（加入时间范围）

日期	客户订单	出货品项						订单出货数量	订单出货品项
		I_1	I_2	I_3	I_4	I_5	…		
T_1	E_1	Q_{111}	Q_{121}	Q_{131}	Q_{141}	Q_{151}	…	$Q_{1.1}$	N_1
	E_2	Q_{211}	Q_{221}	Q_{231}	Q_{241}	Q_{251}	…	$Q_{2.1}$	N_{21}
	⋮	…	…	…	…	…	…	…	…
	单品出货量	Q_{11}	Q_{21}	Q_{31}	Q_{41}	Q_{51}	…	Q_1	N_1
	单品出货品项	K_{11}	K_{21}	K_{31}	K_{41}	K_{51}	…	—	K_1
T_2	E_1	Q_{112}	Q_{122}	Q_{132}	Q_{142}	Q_{152}	…	$Q_{1.2}$	N_{12}
	E_2	Q_{212}	Q_{222}	Q_{232}	Q_{242}	Q_{252}	…	$Q_{2.2}$	N_{22}
	⋮	…	…	…	…	…	…	…	…
	单品出货量	Q_{12}	Q_{22}	Q_{32}	Q_{42}	Q_{52}	…	Q_2	N_2
	单品出货品项	K_{12}	K_{22}	K_{32}	K_{42}	K_{52}	…	—	K_2
⋮	⋮	…	…	…	…	…	…	…	…
合计	单品总出货量	Q_1	Q_2	Q_3	Q_4	Q_5	…	Q	N
	单品出货品项	K_1	K_2	K_3	K_4	K_5	…	—	K

注：Q_1（品项 I_1 的出货量）$= Q_{11} + Q_{12} + Q_{13} + Q_{14} + Q_{15} + \cdots$；

Q（所有品项的总出货量）$= Q_1 + Q_2 + Q_3 + Q_4 + Q_5 + \cdots$；

K_1（品项 I_1 的出货次数）$= K_{11} + K_{12} + K_{13} + K_{14} + K_{15} + \cdots$；

K（所有订单的总出货次数）$= K_1 + K_2 + K_3 + K_4 + K_5 + \cdots$。

二、EIQ 资料取样

要了解配送中心实际运作的物流特性，从单一的资料分析无法有效判断并得出结论，但是若分析一年以上的资料，往往因资料量庞大，使分析过程费时费力。因此，可就单日别的出货量先进行初步的分析，找出可能的作业周期及其波动幅度，若各周期内出货量大致相似，则可缩小资料范围，以一较小周期内的资料进行分析，若各周期内趋势相近，但是作业量仍有很大的差异，则应对资料做适当分组，再从某一群组中找出代表性的资料进行分析。一般常见的分布趋势如一周内出货量集中在周五、周六；一个月内集中于月初或月尾；一年中集中于某一季出货量最大等。实际分析过程如能找出可能的作业周期，则使分析步骤容易进行，如将分析资料缩至某一月份、一年中每月月初第一周或一年中每周的周末等范围。

但是，一般配送中心一天的订单可能有上百张，订货品项资料可能上千笔，要集中处理这么多的资料不是一件容易的事，因此需要资料的取样分类。若 EIQ 的资料量过大，不易处理时，通常可依据配送中心的作业周期性，先取一个周期内的资料加以分析（若配送中心作业量有周期性的波动），或取一个星期的资料分析。若有必要再进行更详细的资料分析。

同时也可依商品特性或客户特性将资料分成数个群组，针对不同的群组分别进行 EIQ 分析；或是以某群组为代表，进行分析后再将结果乘上倍数，以求得全体资料；或是采取抽样方式，分析后再将结果乘上倍数，以得全体资料。不管采用何种分类和抽样方式进行资料取样，都必须注意所取样的资料是否能反映、代表全体的状态。

三、资料分析使用的统计方法

EIQ 分析以量化的分析为主，常用的统计方法包括平均值、最大最小值、总数、柏拉图分析、次数分布及 ABC 分析等，以下分别说明几种常见的分析方法。

（一）柏拉图分析

在一般配送中心的作业中，如将订单或单品品项出货量经排序后绘图（*EQ*、*IQ* 分布图），并将其累积量以曲线表示出来，即为柏拉图，此为数量分析时最基本的绘图分析工具，如图 3－1 所示。其他只要可表示成项与量关系的资料，均可以柏拉图方式描述。

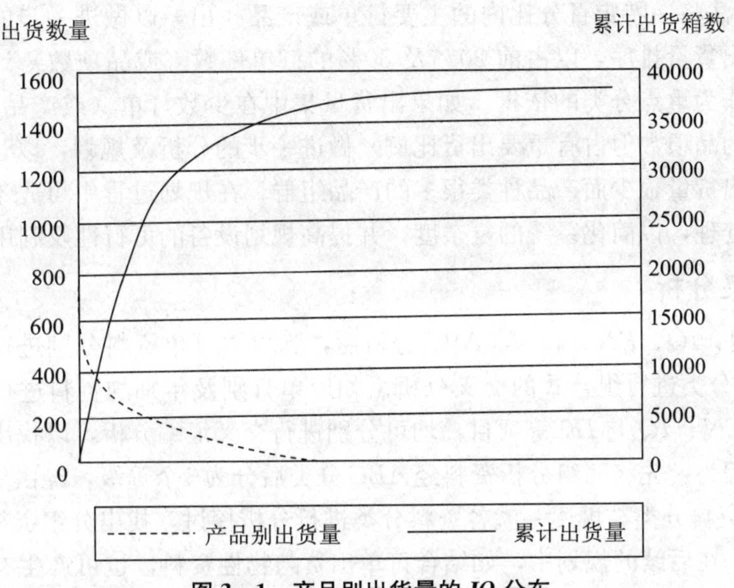

图 3－1　产品别出货量的 *IQ* 分布

（二）次数分布

绘制出 *EQ*、*IQ* 等柏拉图分布图后，若想进一步了解产品的出货量的分布情形，可将出货量范围做适当分组，并计算各产品出货量出现于各分组范围内的次数，如图3－2 所示。

由图 3－2 可知，次数分布图的分布趋势与资料分组的范围有密切关系，在适当的分组之下，将可得到进一步有用的信息，并找出数量分布的趋势及主要分布范围。但是在资料分组的过程中，仍有赖于规划分析者的专业素养和对资料认知的敏感性，以快速找出分组的范围。

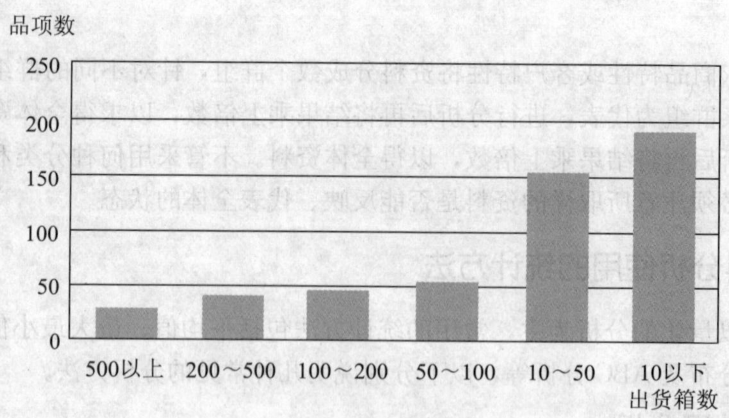

图 3－2 出货量的品项次数分布

（三）ABC 分析

在制作 *EQ*、*IQ*、*EN*、*IK* 等统计分布图时，除可由次数分布图找出分布趋势外，还可由 ABC 分析法将一特定百分比内的主要订单或产品找出，以做进一步的分析及重点管理。通常先以出货量排序，以占前 20％及 50％的订单件数（或品项数）计算所占出货量的百分比，并作为重点分类的依据。如果出货量集中在少数订单（或产品），则可针对此产品组（少数的品项数但占有重要出货比例）做进一步的分析及规划，以达到事半功倍的效果。相对的出货量很少而产品种类很多的产品组群，在规划过程中可先不考虑或以分类分区规划方式处理，以简化系统的复杂度，并提高规划设备的可行性及利用率。

（四）交叉分析

在进行 *EQ*、*IQ*、*EN*、*IK* 等 ABC 分析后，除可对订单资料分别进行分析外，也可以就其 ABC 的分类进行组合式的交叉分析。如以单日别及年别的资料进行组合分析，或其他如 *EQ* 与 *EN*、*IQ* 与 *IK* 等项目，均可分别进行交叉汇编分析，以找出有利的分析信息。其分析过程为：先将两组分析资料经 *ABC* 分类后分为 3 个等级，经由交叉汇编后，产生 3×3 的 9 组资料分类，再逐一就各资料分类进行分析探讨，找出分组资料中的意义及其代表的产品组。在后续的规划中，如结合订单出货与物性资料，也可产生有用的交叉分析数据。

第三节　订单变动趋势分析

一、订单变动趋势分析

所有利用历史资料的分析过程，均是利用过去的经验值来推测未来趋势的变化。在配送中心的规划过程中，首先需针对历史销售或出货资料进行分析，以了解销售趋势及变动。如能找出各种可能的变动趋势或周期性变化，则有利于后续资料的分析。

一般分析过程的时间单位需视资料收集的范围及广度而定，如要预测未来成长的趋势，通常以年为单位；如要了解季节变动的趋势通常以月为单位；而要分析月或周内的倾向或变动趋势，则须将选取的期间延展至旬、周或日等时间单位；如此将使分析资料更为充实，但是相对所花费的时间及分析过程也繁复许多。如果在分析时间有限的情形下，找出特定单月、单周或单日平均及最大、最小量的销货资料来分析，也是可行的方法。变动趋势分析常用的方法包括时间数列分析、回归分析等，读者可参考一般统计分析图书，以下就时间数列分析做简要说明。

针对一段时间周期内的销货资料进行分析时，通常先进行单位换算，以求数量单位统一，否则分析结果将无意义。常见的变动趋势包括：

(1) 长期趋势：长时间内呈现渐增或渐减的趋向，必须在时间序列中排除其他可能的变动影响因子。

(2) 季节变动：以一年为周期的循环变动，发生原因通常是由于自然气候、文化传统、商业习惯等因素。

(3) 循环变动：以一固定周期(如月、周)为单位的变动趋势。部分长期的循环(如景气循环)有时长达数年以上。

(4) 偶然变动：为一种不规则的变动趋势，可能为多项变动因素的混合结果。

如以各年度或月份别的时间单位为横轴，进行时间序列分析，常可得其变动形态，包括长期趋势的变动、季节变动、循环变动及不规则的变动。在不同的变动趋势下，可调整规划能力的策略及规划设置的规模。

依据不同的变动趋势可设定产能水平的目标，并制定必要能力的水平，通常以达成尖峰值的 80% 为基准，再视尖峰值出现的频率来调整。一般若曲线的山峰值与山谷值超过 3 倍时，要在同一个配送中心系统内处理，将使效率降低，营运规模的制定将更加困难，因此必须制定适当的营运量策略以取得经济效益与营运规模的平衡。不足的产能或储运量可借助外包、租用调拨仓库、订单平准化，或设计弹性功能较大的仓储物流设备类使用；至于多余的产能或储运空间，则可以考虑出租他人使用，或者开发与时间互补性的产品，以消化淡季时的剩余储运能力。

二、EIQ 图表分析应用

EIQ 图表分析是订单资料分析中最重要的步骤，通常须对各个分析图表进行认真分析，并配合交叉分析及其他相关资料做出综合判断的结论。以下为一些基本的分析准则及类型以供参考，至于较深入地判读技巧仍待规划分析者不断地从各类不同的产业类型及实务信息中汇总获得。

(一) *EQ* 分析

EQ 分析主要可了解单张订单订购量的分布情形，可用于决定订单处理的原则、拣货系统的规划，并将影响出货方式及出货区的规划。通常以单一营业日的 EQ 分析为主，各种 EQ 图形的类型分析如表 3－5 所示。

表 3－5 **EQ 分布图之类型分析**

EQ 分布图类型	分析	应用
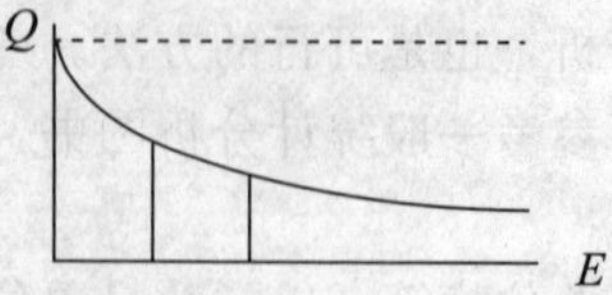 Q E	为一般物流中心常见模式，由于量分布趋两极化，可利用 ABC 做进一步分类	规划时可将订单分类，少数而量大的订单可作重点管理，相关拣货设备的使用亦可分级
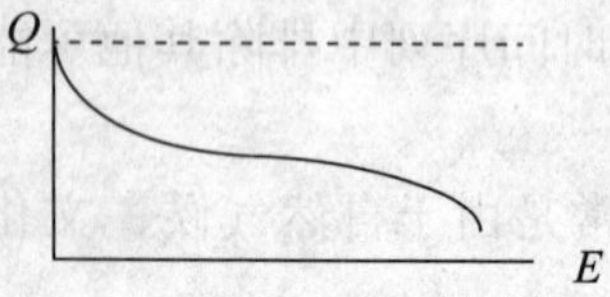 Q E	大部分订单量相近，仅少部分有特大量及特小量	可以以主要量分布范围进行规划，少数差异较大者可以特例处理，但须注意规范特例处理模式
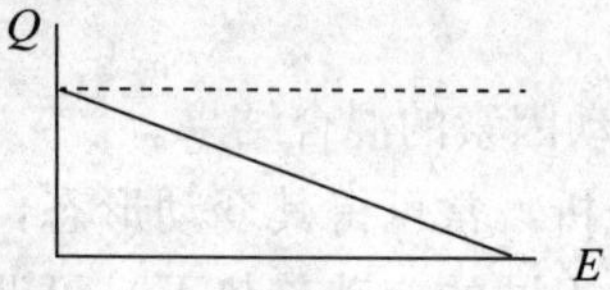 Q E	订单量分布呈渐减趋势，无特别集中于某些订单或范围	系统较难规划，宜规划通用的设备，以增加运用的弹性，货位亦以容易调者为宜
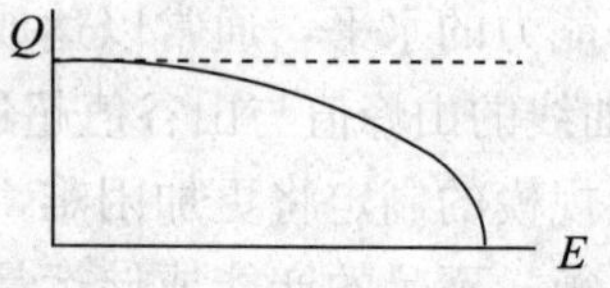 Q E	订单量分布相近，仅少数订单量较少	可区分为两种类型，部分少量订单可以批次处理或以零星拣货方式规划
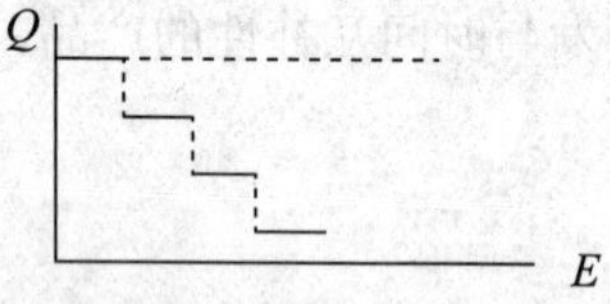 Q E	订单量集中于特定数量而无连续性渐减，可能为整数发货，或为大型物件的少量发货	可以较大单元负载单位规划，而不考虑零星发货

EQ 图形分布可作为决定储区规划及拣货模式的参考，当订单量分布趋势越明显时，则分区规划的原则越易运用，否则应以弹性化较高的设备为主。当 EQ 量很小的订单数所占比例很高时（>50%），将该类订单另行分类，以提高拣货效率；如果以订单拣取则需设立零星拣货区；如果采取批量拣取，则需视单日订单数及物性是否具有相似性，综合考虑物品分类的可行性，以决定是否于拣取时分类或拣出后于分货区进行分类。

品项数量（IQ）分析：主要了解各类产品出货量的分布状况，分析产品的重要程度与运量规模。可用于仓储系统的规划选用、储位空间的估算，并将影响拣货方式及拣货区的规划，各 IQ 图形的类型分析如表 3－6 所示。

表 3-6　*IQ* 分布图类型分析

IQ分布图类型	分析	应用
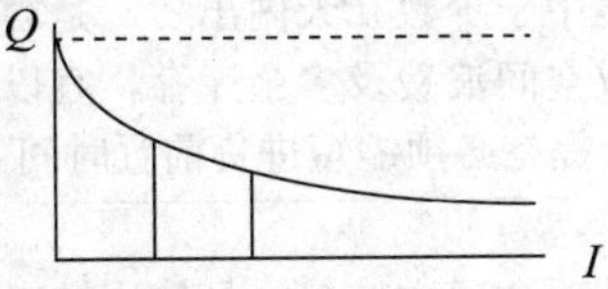	为一般配送中心常见模式，由于量分布趋两极化，可利用 *ABC* 作进一步分类	规划时可将商品按 ABC 分类进行存储，三类产品的存储单位、存货水平可以不同
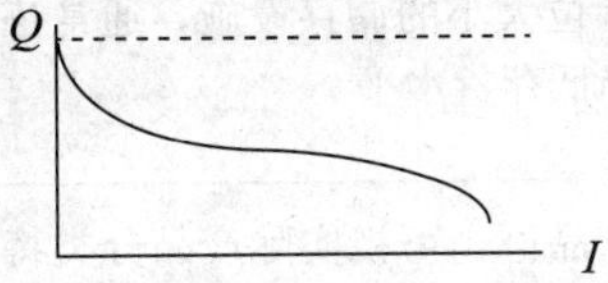	大部分产品发货量相近，仅少部分有特大量及特小量	可以以主要量分布范围进行规划，少数差异较大者可以特例处理，但须注意规范特例处理模式
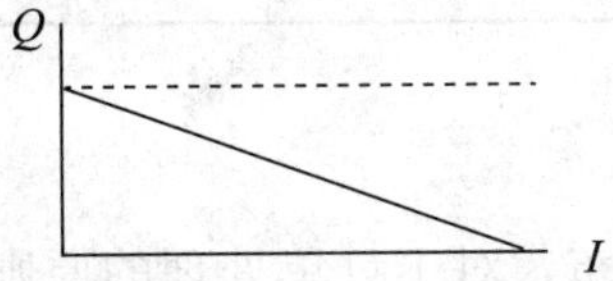	各产品发货量呈渐减趋势，无特别集中于某些订单或范围	系统较难规划，宜规划通用的设备，以增加运用的弹性，货位以容易调者为宜
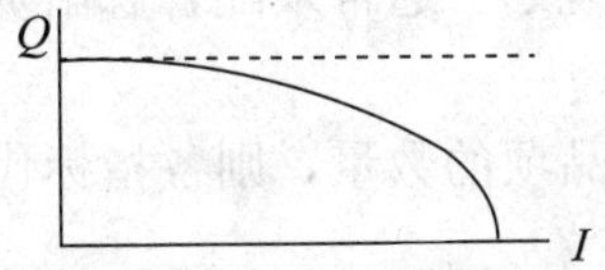	各产品发货量分布相近，仅部分品项发货量较少	可区分为两种类型，部分少量产品可用轻量型储存设备存放
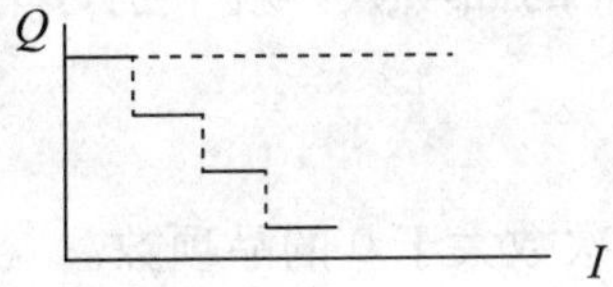	产品发货量集中于特定数量而无连续性渐减，可能为整数（箱）发货，或为大型物件，但发货量较小	可以较大单元负载单位规划，或重量型储存设备规划，但仍需配合物性加以考虑

在规划储区时应以一时间周期的 IQ 分析为主（通常为一年），若配合进行拣货区的规划时，则须参考单日的 IQ 分析；另外，单日 IQ 量与全年 IQ 量是否对称也是分析观察的重点，因为结合出货量与出货频率进行关联性的分析时，整个仓储拣货系统的规划将更趋于实际，因此可进行单日 IQ 量与全年 IQ 量的交叉分析。

若将单日与全年的 IQ 量进一步做 ABC 分析，依据出货量将品项分为 A、B、C（大、中、小）三类，并产生对照组合后进行交叉分析，则将其物流特性分成以下几类，如表 3-7 所示。

表 3-7　单日与全年 *IQ* 分析对照

分类	对比
Ⅰ	年出货量及单日出货量均很大，为出货量最大的主力产品群，仓储拣货系统的规划应以此类为主，仓储区以固定储位为佳，进货周期宜缩短而存货水平较高，以应付单日可能出现的大量出货，通常为厂商型配送中心或工厂发货中心
Ⅱ	年出货量大但单日出货量较小，通常出货天数多且出货频繁，而使累积的年出货量增大。可考虑以零星出货方式规划，仓储区可以固定储位规划，进货周期宜缩短并采取中等存货水平

续表

分类	对比
Ⅲ	年出货量小但单日出货量大，虽然总出货量很少，但是可能集中于少数几天内出货，是容易造成拣货系统混乱的可能因素。若以单日量为基础规划易造成空间浪费及多余库存，宜以弹性储位规划，基本上平时不进货，接到订单后再行进货，但前提是必须缩短进货前置时间
Ⅳ	年出货量小且单日出货量也小，虽然出货量不高，但是所占品项数通常较多，是使周转率降低的主要产品群。因此仓储区可以弹性储位规划，便于调整货位大小的储存设施，通常拣货区可与仓储区合并规划以减少多余库存，进货周期宜缩短并降低存货水平
Ⅴ	年出货量中等，但单日出货量较小，是分类意义较不突出的产品群，可视实际产品分类特性再归入相关分类中

(二) 订单品项数(*EN*)分析

订单品项数（*EN*）分析主要了解订单与订购品项数的分布，对于订单处理的原则及拣货系统的规划有很大的影响，并将影响出货方式及出货区的规划。通常须配合总出货品项数、订单出货品项累计数及总品项数三项指标综合参考。

以 Q_{ei}＝数量（订单 e，品项 i）符号表示单一订单订购某品项的数量，则各指标代表的意思如下。

(1) 单一订单出货品项数：计算单一订单中出货量大于 0 的品项数，就个别订单来看，可视为各订单拣取作业的拣货次数。

N_1＝COUNT（Q_{11}，Q_{12}，Q_{13}，Q_{14}，Q_{15}，…）＞0

(2) 总出货品项数：计算所有订单中出货量大于 0 或出货次数大于 0 的品项数。

N＝COUNT（Q_1，Q_2，Q_3，Q_4，Q_5，…）＞0 或

COUNT（K_1，K_2，K_3，K_4，K_5，…）＞0，且 $N \geqslant N_e$（总出货品项数必定大于单一订单的出货品项数）

此值表示实际出货的品项总数，其最大值即为配送中心内的所有品项数。若采用订单批次拣取策略，则最少的拣取次数即为总出货品项数。

(3) 订单出货品项累计次数：将所有订单出货品项数加总所得数值，即以 *EN* 绘制柏拉图累积值的极值。

$GN = N_1 + N_2 + N_3 + N_4 + N_5 + \cdots$

$GN \geqslant N$（当个别订单间的品项重复率越高，则 N 越小）

此值可能会大于总出货品项数甚至所有产品的品项数。若采用订单拣取作业，则拣取次数即为订单出货品项累计次数。

由以上说明，针对 *EN* 图与总出货品项数、订单出货品项累计次数两项指标，以及配送中心内总品项数的相对量加以比较，可整理如表 3－8 所示的模式。基本上图中各判断指标的大小，必须视配送中心产品特性、品项数、出货品项数的相对大小及订单品项的重复率来决定，并配合其他的因素综合考虑。

表 3－8　　**EN 分布图的类型分析**

EN 分布图类型	分析	应用
N品项数 N总品项数 GN出货品项累计数 N总出货品项数 EN=1	单一订单的出货项数较小，$EN=1$ 的比例很高，总品项数不大而与总出货项数差距不大	订单出货品项重复率不高，可考虑订单拣取方式作业，或采取批量拣取配合边拣边分类作业
N品项数　N总品项数 GN出货品项累计数 N总出货品项数 EN≥10 E	单一订单的出货项数较大，$EN \geqslant 10$，总出货项数及累积出货项数均仅占总品项数的小部分，通常为经营品项数很多的配送中	可以订单别拣取方式作业，但如果拣货区路线很长，可以订单分割方式分区拣货再集中，或以接力方式拣取

（三）品项受订次数（*IK*）分析

品项受订次数（*IK*）分析主要分析产品别出货次数的分布，对了解产品别的出货频率有很大的帮助，主要功能是可配合 *IQ* 分析决定仓储与拣货系统的选择。另外，当储存、拣货方式已经决定后，有关储区的划分及储位配置，均可利用 *IK* 分析的结果作为规划参考的依据，基本上仍以 ABC 分析为主，并从而决定储位配置的原则，各类型分析如表 3－9 所示。

表 3－9　　***IK* 分布图类型分析**

IK 分布图类型	分析	应用
K I	为一般配送中心常见模式，由于量分布趋两极化，可利用 ABC 做进一步分类	规划时可依产品分类划分储区及储位配置，A 类可接近出入口或便于作业的位置，以缩短行走距离，若品项多时可考虑作为订单分割的依据来分别拣货
K I	大部分产品出货次数相近，仅少部分有特大量及特小量	大部分品项出货次数“相近”，储位依据“货物属性”配置，少部分特异量仍可依 ABC 分类原则决定配置位置，或以特别储区规划

（四）IQ 及 IK 交叉分析

IQ 及 *IK* 交叉分析将 *IQ* 及 *IK* 以 ABC 分析分类后，可对拣货策略的决定提供参考依据，如图 3－3 所示。将 *IQ* 及 *IK* 以 ABC 分析分类后，所得交叉分析的分类整理如表 3－10所示。依其品项分布的特性，可将配送中心规划为以订单别拣取或批量拣取的作业形态，或者以分区混合处理方式运作。实际上拣货策略的决定仍需视品项数与出货量的相对量作为判断的依据。

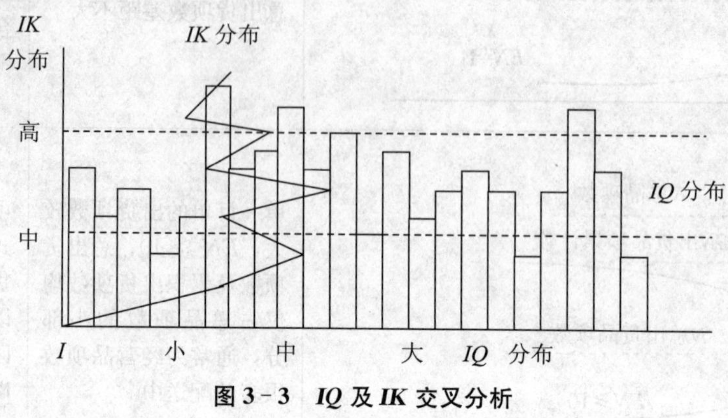

图 3－3　IQ 及 IK 交叉分析

表 3－10　IQ 及 IK 交叉类型分析

IK＼IQ	高	中	低
高	可采用批量拣货方式，再配合分类作业处理	可采用批量拣货方式，视出货量及品项数是否便于拣取时分类来决定	可采用批量拣货方式，并以拣取时分类方式处理
中	以订单别拣取为宜	以订单别拣取为宜	以订单别拣取为宜
低	以订单别拣取为宜，并集中于接近出入口位置处	以定案别拣取为宜	以订单别拣取为宜，可考虑分割为零星拣货区

三、EIQ 分析的用途

通过 EIQ 分析，可以得到许多有用的信息，对配送中心的规划和改善具有重要意义。EIQ 分析对配送中心规划的作用可以概括如下。

1. 可以了解物流特性

利用 EIQ 加以分析之后，可归纳出如下一些特征。

（1）订单内容。订单上的内容，即客户订购何种物品、多少数量，这些“种类”及“数量”为物流系统的基本要素。

（2）订单特性。不同的客户具有不同的特性，统计分析这些特性，可得出客户的订货特性。

（3）接单特性。对各个具有“订单特性”的客户而来的订单，加以收集和累积后，即成为一天的接单，长期分析可看出配送中心的“接单特性”。

（4）配送中心特性。除了接单特性外，再加上入库特性、保管特性，即构成配送中心特性。

（5）EIQ 特性。将客户订单（E）内容中的种类（I）、数量（Q）加以收集，得到一日、一个月、一年中的接单特性，当业务状态稳定时即形成一定的特性，此一特性就是 EIQ 特性。

2. 得出配合物流系统特性的物流系统模块

尽管配送中心的形态有许多变化，可是组成一个配送中心的子系统如自动仓库、高速自动分类机、拣货系统、流动货架、旋转货架、输送机等模块，台车、叉车等要素却有一定规则。从 EIQ 分析资料中可以得到选择子系统、模块、要素等的条件，再依据这些条件，选出候选的各个模块，这样可以节省许多设计时间。

3. 选择物流设备

事先建立物流设备选择时所需的条件，只要 EIQ 分析结果符合这些条件要求，即可得出所需的物流设备。

4. 仿真分析

EIQ 资料为日常物流资料，可用于仿真分析系统所需作业人员数、作业时间。

5. 进行物流系统的基础规划

在规划物流系统时有件重要的事必须加以确定：规模上的需求是什么？有多少的出货量？多少的入货量？由 EIQ 的分析可得出过去的需求状况，这些数据可以当作假定的需求，将这些数据与阶层式的系统设备条件加以对应，即可得到概略性的系统规格（系统轮廓）。这些方案可能有好几个可供选择，若将入库条件、库存条件、预算金额、建筑法规等条件列入考虑因素，即可进一步将系统的轮廓细致化，最后定案的系统规格也可以根据实际情况加以展开。

第四节　物品特征与储运单位分析

一、PCB 分析

考察物流系统的各个作业（进货、拣货、出货）环节，可看出这些作业均是以各种包装单位（P——托盘、C——箱子、B——单品）作为作业的基础。每一个作业环节都需要人员、设备的参与，即每移动一种包装单位或转换一种包装单位都需使用到设备、人力资源，而且不同的包装单位可能有不同的设备、人力需求。因此，掌握物流过程中的单位转换相当重要，因此也要将这些包装单位（P，C，B）要素加入 EIQ 分析。

所谓 PCB 分析，即以配送中心的各种接受订货的单位来进行分析，对各种包装单位的 EIQ 资料表进行分析，以得出物流包装单位特性。

进行EIQ分析时，如能配合相关物性、包装规格及特性、储运单位等因素，进行关联及交叉分析，则更容易对仓储及拣货区域进行规划。结合订单出货资料与物品包装储运单位的EIQ—PCB分析（P——托盘、C——箱子、B——单品），即可将订单资料以PCB的单位加以分类，再按照各类别进行分析。

一般企业的订单资料中同时含有各类出货形态，订单中包括整箱与零散两种类型同时出货，以及订单中仅有整箱出货或仅有零星出货。为适当地规划仓储与拣货区，必须将订单资料依出货单位类型加以分割，以正确计算各区实际的需求。常见的物流系统的储运单位组合形式如表3-11所示。

表3-11　储运单位组合形式

入库单位	储存单位	拣货单位
P	P	P
P	P，C	P，C
P	P，C，B	P，C，B
P，C	P，C	C
P，C	P，C，B	C，B
C，B	C，B	B

二、物品特性分析

其他性质的资料也是产品分类的参考因素，如依储存保管特性分为干货区、冷冻区及冷藏区，或依产品重量分为重物区、轻物区，也有依产品价值分为贵重物品区及一般物品区等。针对商品物性与包装单位的分析要素，整理如表3-12所示。

表3-12　商品物性与包装单位分析

特性	资料项目	资料内容
物料性质	1. 物态	□气味　□液体　□半液体　□固体
	2. 气味特性	□中性　□散发气味　□吸收气味　□其他
	3. 储存保管特性	□干货　□冷冻　□冷藏
	4. 温湿度需求特性	____℃，____%
	5. 内容物特性	□坚硬　□易碎　□松软
	6. 装填特性	□规则　□不规则
	7. 可压特性	□可　□否
	8. 有无磁性	□有　□无
	9. 单品外观	□方形　□长方形　□圆筒　□不规则形　□其他

续 表

特性	资料项目	资料内容
单品规格	1. 重量	____（单位：____）
	2. 体积	____（单位：____）
	3. 尺寸	长×宽×高（单位：____）
	4. 物品基本单位	□个 □包 □条 □瓶 □其他
基本包装单位规格	1. 重量	____（单位：____）
	2. 体积	____（单位：____）
	3. 外部尺寸	长×宽×高（单位：____）
	4. 基本包装单位	□个 □包 □条 □瓶 □其他
	5. 包装单位个数	____（个/包装单位）
	6. 包装材料	□纸箱 □捆包 □金属容器 □塑料容器 □袋 □其他
外包装单位规格	1. 重量	____（单位：____）
	2. 体积	____（单位：____）
	3. 外部尺寸	长×宽×高（单位：____）
	4. 基本包装单位	□托盘 □箱 □包 □其他
	5. 包装单位个数	____（个/包装单位）
	6. 包装材料	□包膜 □纸箱 □金属容器 □塑料容器 □袋 □其他

第五节 物流与信息流基本流程分析

在配送中心规划过程中，除了数量化信息的分析以外，一般物流与信息流传等定性化资料分析也有必要，包括如下内容。

一、作业流程分析

可针对一般常态性及非常态的作业加以分类，并整理出配送中心的基本作业流程。由于产业与产品别的不同，配送中心的作业流程也不尽相同，可依个别企业的特性找出原有作业流程，并逐步分析其必要性与合理性，经合理化分析以后再依序建立其作业流程的规划。一般配送中心作业流程内容分析如表 3－13 所示。

表 3 - 13　　　　一般配送中心作业流程内容分析

作业性质	作业分类	作业内容
1. 一般常态性物流作业	(1) 进货作业	车辆进货 进货卸载 进货点收 理货
	(2) 储存保管作业	入库 调拨补充
	(3) 拣货作业	订单拣取 拣货分类 集货
	(4) 出货作业	流通加工 品检作业 出货点收 出货装载
	(5) 配送作业	车辆调度指派 路线安排 车辆运送 交递货物
	(6) 仓储管理作业	定期盘点 不定期抽盘 到期物品处理 即将到期物品处理 移仓与储位调整
2. 非常态性物流作业	(1) 退货物流作业	退货 退货卸载 退货点收 退货责任确认 退货良品处理 退货瑕疵品处理 退货废品处理 其他
	(2) 换货补货作业	退货后换货作业 误差责任确认 零星补货拣取 零星补货包装 零星补货运送 其他
	(3) 物流配合作业	车辆货物出入管制 装卸车辆停泊 容器回收 空容器暂存 废料回收处理

二、业务流程分析

配送中心与仓储物流作业相对应的是相关业务流程的执行运作，作业过程中以结合物流、信息流及相关窗体流程为主。基本上可依个别企业的特性找出原有信息窗体流程步骤、输出/输入方式及资料接口传递方式等现况，并逐步分析其必要性与合理性，经窗体与信息接口合理化以后，再依序建立其作业流程的规划。

一般配送中心由于品项繁多，每日订单量又大，使处理订单和订单录入工作量非常大。目前许多物流企业已逐步朝无纸化作业方向努力，其关键就在于信息流程的分析与规划。配送中心业务流程内容分析如表 3－14 所示。

表 3－14　　配送中心业务流程内容分析

<table>
<tr><th>作业性质</th><th>作业分类</th><th>作业内容</th></tr>
<tr><td rowspan="5">1. 物流支持作业</td><td>（1）接单作业</td><td>客户资料维护
订单数据处理
货量分配计算
订单资料维护
订单资料异动
退货数据处理
客户咨询服务
交易分析查询
其他</td></tr>
<tr><td>（2）出货作业</td><td>出货数据处理
出货资料维护
出货与订购差异的处理
换货补货处理
紧急出货处理
其他</td></tr>
<tr><td>（3）采购作业</td><td>厂商资料维护
采购数据处理
采购资料维护
采购资料异动
货源规划
其他</td></tr>
<tr><td>（4）进货作业</td><td>进货数据处理
进货资料维护
进货与采购差异的处理
进货时程管制
其他</td></tr>
<tr><td>（5）库存管理作业</td><td>产品资料维护
储位管理作业</td></tr>
</table>

续 表

作业性质	作业分类	作业内容
1. 物流支持作业	(6) 库存管理作业	库存数据处理 到期日管理 盘点数据处理 移仓数据处理 其他
	(7) 订单拣取作业	配送计划制订 拣取作业指示处理 配送标签打印处理 分类条码打印处理 其他
	(8) 运输配送作业	运输计划制订 车辆调度管理 配送路径规划 配送点管理 货物运行基本资料维护 运输费用数据处理
2. 一般性业务作业	(1) 财务会计作业	一般进销存账务处理作业 成本会计作业 相关财务报表作业 其他
	(2) 人事薪资管理	差勤数据处理 人事考核作业 薪资发放作业 员工福利 教育训练 绩效管理 其他
	(3) 厂务管理作业	门禁管制作业 公共安全措施 厂区整洁维护 一般物流订购发送 设备财产管理 其他
3. 决策支持作业	(1) 效益分析	物流成本分析 营运绩效分析
	(2) 决策支持管理	车辆指派系统 配送点与道路网络分析

三、作业时序分析

在配送中心的规划过程中，需了解过去的作业形态及作业时间的分布。如目前大部分的便利店和超市已采用夜间进货，可避免日间车流量过大，也可在购物低谷时段处理进货点的收货作业。因此，基于服务客户的原则，配送时段的配合已成为必要的考虑因素。首先，配送中心内拣货及分货作业必须配合配送时段的需求，向前或向后调整，其次才考虑与厂商进货时段的限定。通常对商品或通路主导权较大的物流经营者约束厂商进货的时段，以有效规划作业人力及设施的利用。若不限定厂商进货时段进行则容易造成进出货同时进行，人力与设备调度困难及作业空间混乱等问题。

将配送中心一个正常工作天数内各项作业的工作时段进行逐一系列化描述及分析，较有利于观察配送中心的作业时序与特性，其作业时序分析如表 3-15 所示。

表 3-15　　配送中心作业时序

作业名称	作业时序																				
	7	8	9	10	11	12	13	14	15	16	17	18	19	20	21	22	23	24	1	…	6
订单处理			■	■	■	■	■	■	■	■											
派单		■									■										
理货												■	■	■	■						
流通加工				■	■		■	■	■	■	■					■					
出货		■	■																		
配送			■	■	■	■	■	■	■	■	■										
回库处理							■	■	■	■	■										
退货处理			■	■	■		■	■	■	■											
进货验收			■	■	■		■	■	■	■											
入库上架				■	■		■	■	■	■	■										
仓库管理		■	■	■	■		■	■	■	■	■										
资料传输															■	■	■	■	■	■	■

四、人力需求与素质分析

对配送中心使用人数、背景及各层级人数进行分析，并参考劳动人数及劳动程度，以作为后续规划物流系统经营效率、设备自动化与机械化程度的参考。

五、自动化水平分析

可对现有系统设备自动化程度进行分析及研究，查看是否有过度依赖人力现象或自动化设备过高配置的现象，其分析结果可作为后续规划物流系统设备的参考依据。配送中心自动化水平的分析如表 3-16 所示。

表 3-16 配送中心自动化水平分析

作业分类	作业内容	自动化水平				
		手动	手动＋机械	半自动	全自动＋人工监控	全自动
进货作业	车辆进货					
	进货卸载					
	进货点收					
储存保管	理货					
	入库					
	调拨补充					
拣货作业	订单拣取					
	拣货分类					
	集货					
出货作业	流通加工					
	品检					
	出货点收					
	出货装载					
配送作业	车辆调派					
	路线安排					
	车辆运送					
	交递作业					
仓储管理作业	定期盘点					
	不定期抽盘					
	到期物品处理					
	即将到期物品处理					
	移仓与储位调整					

在物流仓储自动化的分类上，可将人员、设备与作业互动的关系分成5级。

（1）手动：以人力完成相关作业的方式，如以人力手动堆码货物。

（2）手动＋机械：由机械化设备辅助操作完成作业，如以堆高机叉取货物等作业。

（3）半自动：人员进行简易的操作，自动化机械设备完成作业，但无任何控管作业。

（4）全自动＋人工监控：虽由机械设备自动完成相关作业，但需人员进行监视及核对作业。

（5）全自动：由自动化设备完成相关作业，自动核对修正，自动对资料进行收集反馈与监控。

本章小结

本章介绍了配送中心规划基础资料分析。第一节介绍了配送中心规划基础资料分析概述；第二节介绍了订单品项与数量分析；第三节介绍了订单变动趋势分析；第四节介绍了物品特征与储运单位分析；第五节介绍了物流与信息流基本流程分析。

第四章　配送中心设备选型和集成

物流配送中心的机械设备是指配送中心生产作业过程中所使用的设备，是实现物流活动的劳动手段，正确合理地配置和运用物流机械设备是实现物流配送中心良好效益的关键环节。配送中心设备的选型和集成是配送中心建设规划的重要内容，关系到配送中心的建设成本和运营费用，更关系到配送中心的生产效率和效益。根据设备在物流配送中心实现的作业活动的不同，可以把物流配送中心的机械设备分为储存设备、装卸搬运设备、输送分拣设备、包装加工设备、集装单元器具以及计量检验设备等。要选用何种搬运设备，才能使物品进出库快捷顺畅；要选用何种储存设备，才能使物品存取方便，并且能达到预期的储存效能；要选用何种输送设备，才能使物品从一个作业点高效、安全地移动到下一个作业点，这些都是物流配送中心规划时必须考虑的要点。

第一节　货架系统

配送中心保持一定储备量是非常重要的，其主要原因在于保持正常配送，防止缺货。为保持适当规模并提高配送能力，储存设备和设施不宜占用太大面积，因而常采用各种类型的货架，使存、取货物便利。

一、货架的定义和作用

据国家标准《物流术语》（GB/T 18354—2001）中 5.17：货架（goods shelf）是指用支架、隔板或托架组成的立体储存货物的设施。

货架的基本功能是既能够有效保护货物，又能够提高配送中心空间的利用率。

二、货架的类型

随着配送中心机械化和自动化程度的不断提高，货架技术也在不断完善，尽管出现了许多新型货架，但传统的层架、悬臂式货架、托盘货架等依然继续发挥作用。

（一）层架

层架由立柱、横梁和层板构成，层间用于存放货物。

层架的结构简单，适用范围非常广泛，还可以根据需要制作成层格架、抽屉式或橱柜式等形式，以便于存放规格复杂多样的小件货物或较贵重、怕尘土、怕潮湿的小件物品。

层架如果按存放货物的重量级分类，通常分为轻型、中型和重型。轻型层架主要适用于人工存取作业，其规格尺寸及承载能力都与人工搬运能力相适应，高度在 2.4 米以下，厚度在 0.5 米以下；中型和重型层架的尺寸较大，重型层架的高度可达 4.5 米，厚度达 1.2 米，宽 3 米，图 4－1 为某金属材料配送中心的卷板货架，该重型货架的每一货格可承载 5 吨。

图 4－1　重型层架

（二）悬臂式货架

悬臂式货架由 3～4 个塔形悬臂和纵梁相连而成。悬臂的尺寸根据所存放货物的外形确定。悬臂式货架用于储存长形货物，被配送中心广泛运用，如图 4－2 所示。

图 4－2　悬臂式货架

配置悬臂式货架的配送中心通常采用侧面叉车作业，这样可以大大地降低通道的占用面积，如图 4－3 所示。

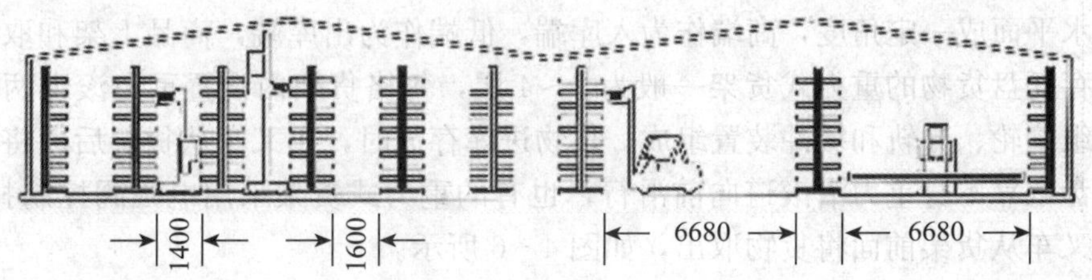

图 4－3　侧面叉车与平衡重式叉车的作业比较

（三）托盘货架

托盘货架也是比较传统的货架，专门用于存放堆码在托盘上的货物，其基本形式与层架相似，如图 4-4 所示。

图 4-4　托盘货架

（四）移动式货架

移动式货架的底部装有滚轮，通过开启控制装置，滑轮可以沿轨道滑动，如图4-5所示。移动式货架平时可以密集相连排列，存取货物时通过手动或电动控制装置驱动货架沿轨道滑动，形成通道，从而大幅度减少通道面积，配送中心面积利用率可达 80%，但由于成本较高，所以，主要在档案管理等重要或贵重物品的保管中使用。

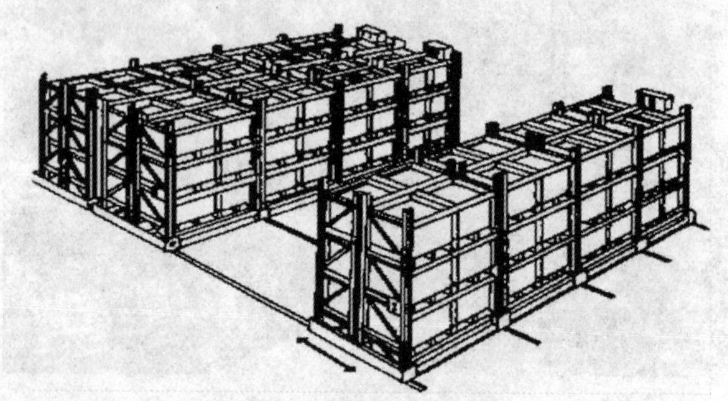

图 4-5　移动式货架

（五）重力式货架

重力式货架主要用于储存整批纸箱包装商品和托盘货物。储存纸箱包装商品的重力式货架比较简单，基本结构与普通层架类似，不同之处在于层板变为重力滚轮或滚筒输送装置，并与水平面成一定角度，高端作为入库端，低端作为出库端，商品上架和取出多采用人力。储存托盘货物的重力式货架一般为 2～4 层，每格货架内设置重力滚道两条，滚道由左右两组滚轮、导轨和缓冲装置组成。货物进库存放时，用叉车从货架后面将托盘送入货格，托盘依靠本身重力沿滚道向前滑行，也有的重力式货架采用电磁阀控制托盘定位；取货时，叉车从货架前面将货物取出，如图 4-6 所示。

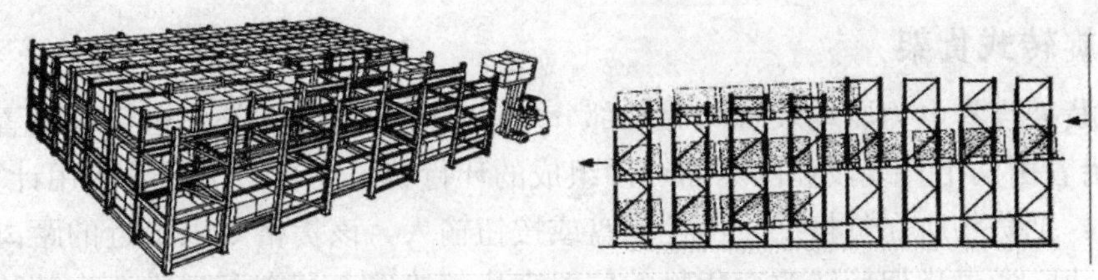

图 4-6　重力式货架

1. 重力式货架的优点

由于托盘货物或箱装货物可以利用自身重力自动向低端滑行，当前方货物被提取后，后面的货物会自动跟进，所以重力式货架的优点如下。

(1) 能保证货物先进先出。

(2) 货架密集配置，减少通道的占用，使储存密度增大，从而有效节约配送中心空间。

(3) 货物进出库作业时，叉车或堆垛机的行程最短。

(4) 货架的货位空缺得到有效控制。

(5) 货架密集排列，有利于配送中心的现场管理，有效防止货物丢失。

(6) 减少装卸搬运设备的投入。

2. 重力式货架的缺点

重力式货架的缺点突出表现在两方面。

(1) 投资成本高，一般重力式货架的成本约是普通托盘货架成本的 5～7 倍。

(2) 对托盘及货架的加工技术要求高，否则容易造成滑道阻塞，货架的日常维护保养要求也高。

(六) 驶入/驶出式货架

一般的自动化配送中心，有轨或无轨堆垛机的作业通道是专用的，在作业通道上不能储存货物。但驶入/驶出式货架配送中心的特点是作为托盘单元货物的储存货位与叉车的作业通道是合一的、共同的，这样就大大提高了配送中心的面积利用率。

驶入/驶出式货架采用钢结构，立柱上有水平突出的构件，叉车将托盘货物送入，由货架两边的构件托住托盘。驶入式货架只有一端可供叉车进出，而驶入/驶出式货架可供叉车从中通过，非常便于叉车作业，如图 4-7 所示。这种类型的货架通常都是密集布置，高度最大可达 10 米，库容利用率可达 90%，特别适用于在大批量、少品种的配送中心使用。

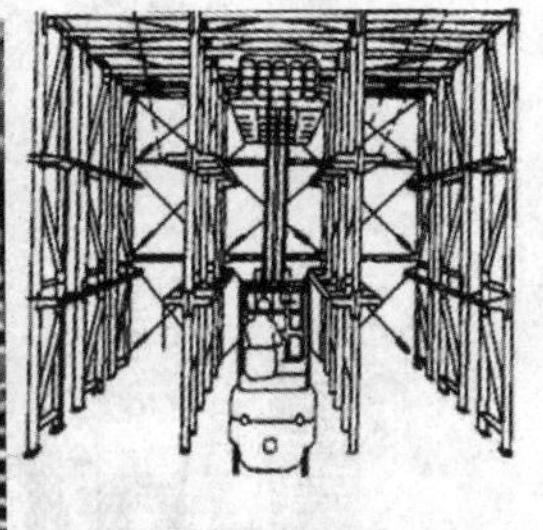

图 4-7　驶入/驶出式货架

（七）旋转式货架

旋转式货架设有电力驱动装置（驱动部分可以设置于货架上部，也可以设置于货架底部）。货架沿着由两个直线段和两个曲线段组成的环行轨道运行，由开关或用计算机操纵。存取货物时，把货物所在货格编号由控制盘或按钮输入，该货格则以最近的距离自动旋转至拣货点停止。通过货架旋转改变货物的位置来代替拣选人员在配送中心内的移动，能够大幅降低拣选作业的劳动强度，而且货架旋转选择了最短路径，所以，采用旋转式货架可以提高拣货效率。

旋转式货架的货格样式有很多，根据所存放货物的种类、形状和规格，可以是篮状、盆状或是盘状。货格可以用硬纸板、塑料板和金属制作，可以是敞开式货格，也可以是封闭式货格。

旋转式货架适用于小件物品的储存保管，尤其适用于多品种的小件货物。

旋转式货架之间没有通道，操作人员位置固定，不仅使储存密度增大、节约配送中心空间、节约投资，而且便于管理，还可以采用局部通风和照明来改善工作条件。

旋转式货架有多种形式，有整体旋转式——当有进出库活动发生时，整个货架做整体旋转；分层旋转式——各层分设驱动装置，形成各自独立的旋转体系，当有进出库活动发生时，只有指定货位所在层进行旋转。另外，按旋转角度还可以分为垂直旋转式和水平旋转式。垂直旋转式是指货架的旋转轨迹垂直于地面，水平旋转式是指货架的旋转轨迹平行于地面。

（八）自动货柜

自动货柜是集声、光、电及计算机管理为一体的高度自动化的全封闭储存设备。它充分利用垂直空间，最大限度地优化存储管理，在一些场所中，自动货柜就是一个高效、便捷的小型立体配送中心。

自动货柜的外形就像一个大柜子，主要由货柜框架、升降装置、输送小车、信息控制系统四部分组成。整体布局为前后布置，以充分利用现有存储面积。货柜按空间划分，可以分为前、中、后三部分，如图 4－8 所示，前部用于布置工作台和货架，中部为输送小车上下运动空间，后部为货架。

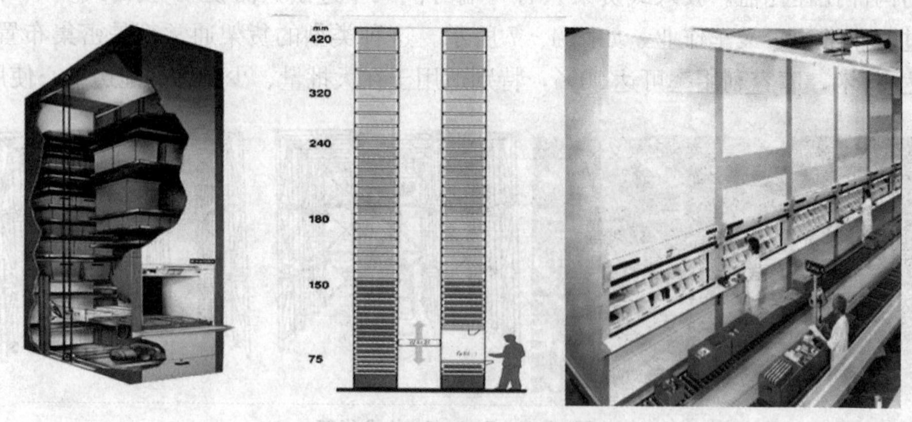

图 4－8　自动货柜结构和运用

自动货柜通过计算机、条码识别器等智能工具进行管理，使用非常方便，只要按动按键，内存货物即可到达进出托盘平台，可自动统计、自动查找，特别适用于体积小、价值高的物品的储存及管理，也适合于多品种、小批量的物品管理，在国外比较多地用于制造业、机场的备件配送中心。

自动货柜的工作过程如下：

首先将托盘放置在进出托盘平台上，然后通过操作终端键盘输入货柜号后，操作存取托盘按键，则钩盘电机带动钩盘传动链的钩爪将托盘送入输送小车，在托盘被送入输送小车的过程中，托盘测高度的光电开关自动检测托盘的高度，下位机对此信号进行采集，若托盘超过最大允许高度，则将托盘退回进出托盘平台；当托盘在允许高度范围内时，则经过一系列的运算后定出托盘的最佳位置，然后控制升降电机驱动输送小车将托盘送到经运算后所确定的货位处，再由钩盘电机驱动钩爪将托盘送入货位，同时对托盘的货位和托盘号进行记忆，以备查询和取盘。若想从货柜内取出托盘，可以输入要取出的托盘号，然后操作存取按键，下位机接到指令后就会在数据库中进行查询，找到要取托盘所在的货位，然后驱动升降电机使输送小车到达所取托盘的位置，再由钩爪将托盘从货位中取出放置在输送小车上，送到进出托盘平台出口处。

三、货架的选型

货架的选择是配送中心设计规划的重要环节之一，设备选型要与配送中心实现的服务功能相配套，要根据所存储货物种类、外形、尺寸、包装状态、出入库频率、出入库数量、保管要求、存储方式等情况进行评估与选择。

1. 货架的选型原则及考虑因素

一般来讲，选择货架的基本原则包括：①经济高效原则；②合理性原则；③及时性原则；④准确性原则；⑤适应性原则；⑥可持续发展原则；⑦充分利用空间原则；⑧安全可靠原则。

在货架选型时，一般要重点考虑经济高效原则，同时要综合分析各项因素，从而决定最适用的货架类型。通常考虑的因素包括货物属性、出入库情况、与相关设备的配套，以及库房构造等。

（1）货物属性。存储货物的外形、尺寸、重量等物理属性直接影响货架规格、强度的选择，不同的存储单元、容器应选择与之相适应的货架。

（2）出入库情况。出入库情况影响货架选型的策略，包括出入库的频率、出入库吞吐量、吞吐能力等。一般而言，货物的存取方便性与存储密度是相对立的，取得较高的存储密度，则会相对牺牲存储方便性。即使有些货架在存取方便性与存储密度两方面均有较好的效果，例如，重力式货架，但其投资成本高，日常维护与保养的要求高。出入库频繁、吞吐量大的仓库在选用货架时要充分考虑货物存取方便性。

（3）与相关设备的配套。货架的选择要考虑与物流配送中心其他相关设备的配套，尤其是装卸搬运设备。货架上存取货物的作业是由装卸搬运设备完成的，货架与搬运装卸设备的选择要一并考虑。

（4）库房构造。货架的选用与库房的构造紧密相关，决定货架的高度时必须考虑梁下有效作业高度，梁柱位置会影响货架的配置，地板承受的强度、地面平整度也与货架的设计及安装有关。另外，还要考虑防火设施和照明设施的安装位置。

2. 货架数量的确定

配送中心使用货架的数量可以利用公式计算，公式如下：

$$N=\frac{Q}{(l\cdot b\cdot h)\cdot k\cdot \gamma}$$

式中：

N——货架数量（个）；

Q——上架存放物品的最高储备量（吨）；

l，b，h——货架的长、宽、高（米）；

k——货架的容积充满系数（%）；

γ——上架存放物品的容重（吨/立方米）。

第二节　装卸搬运设备

装卸搬运设施和设备是进行装卸搬运作业的劳动工具或物质基础，其技术水平是装卸搬运作业现代化的重要标志之一。装卸搬运作业是物流配送中心的主要作业之一。随着物流业的发展，根据物流配送中心的实际需要，设计和生产的装卸搬运设备品种繁多，规格多样。物流配送中心的装卸搬运设备主要分为起重机械和搬运车辆。

物流配送中心中的装卸搬运设备主要完成货场、站台上的货物装卸，短距离搬运，以及在库房中从货架上存取货物。在货场、站台中采用的主要机械设备包括桥式起重机、龙门起重机、汽车起重机、门座起重机、叉车等；在库房中采用的主要机械设备包括起重设备中的堆垛起重机，搬运车辆中的叉车、手推车、自动导引车等。下面分别介绍库房中常用的装卸搬运设备。

一、起重机械

起重机械是一种最常见的装卸搬运机械，广泛应用于建筑工地、工厂、仓库、港口等场合和多种行业。在物流领域中，起重机械是物流作业机械化、自动化的重要物质基础。起重机械是周期性间歇动作的机械。例如，吊车的装卸货物的过程是：空钩下降至装货点，货物挂钩，然后把货物提升、运送到卸货点卸货，卸货完毕后空钩返回装货点进行下一次吊货。可以看出，在每个装卸货工作循环中都包括载货和空返的行程，即在一个工作循环中取料、运移、卸载等动作的相应机构是交替工作的，各机构经常处于启动、制动和正反方向运转的工作状态。起重机主要实现装卸功能，其搬运功能较差，搬运距离很短。就作业方式而言，起重机的作业是从货物上部起吊，需要较大的作业空间高度。起重机的种类很多：有轻小的起重设备，如千斤顶、起重葫芦、卷扬机等；有臂架式起重机，如轮胎起重机、门座起重机、汽车起重机、履带起重机等；有桥架式起重机，如桥式起重机（也称作天车、行车）、龙门起重机、装卸桥等；有升降机，如电梯、升降平台、缆车等；还有在立体仓库中使用的堆垛起重机。以下将主要介绍堆垛起重机的相关特点。

作为目前自动化立体仓库中最重要的起重运输设备，堆垛起重机的主要用途是在立体仓库的通道内来回穿梭运行，将位于巷道内的货物存入货格，或者取出货格内的货物运送到巷道口，并移交给其他输送设备。

堆垛起重机按照用途不同可分为巷道堆垛起重机和桥式堆垛起重机。

1. 巷道堆垛起重机

巷道堆垛起重机主要用于各种高度的高层货架和配送中心，可以实现半自动、自动和远距离集中控制。如图 4－9 和图 4－10 所示。

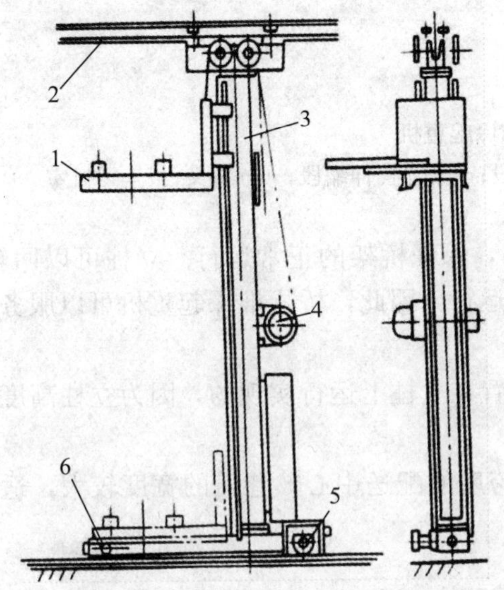

图 4－9　单立柱巷道堆垛起重机

1—载货台及货叉；2—上横梁（天轨）；3—立柱；4—升降驱动；5—行走驱动；6—下横梁（地轨）

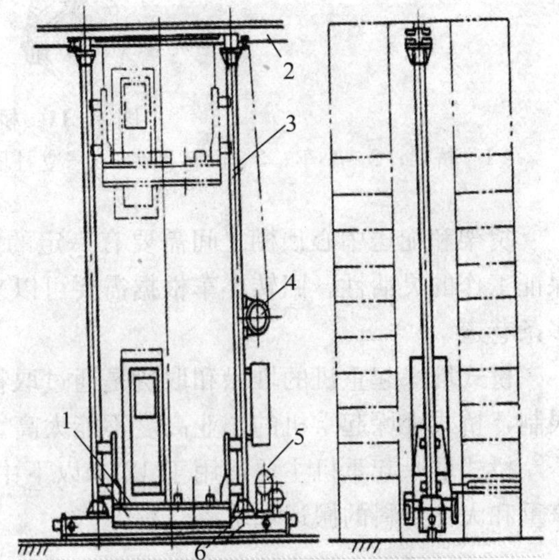

图 4－10　双立柱巷道堆垛起重机

1—载货台及货叉；2—上横梁（天轨）；3—立柱；4—升降驱动；5—行走驱动；6—下横梁（地轨）

巷道堆垛起重机的优点是沿货架配送中心巷道内的轨道运行，使作业高度提高；它采用货叉伸缩机构，货叉可以伸缩，从而可以使巷道宽度变窄，提高配送中心的利用率；一般采用半自动和自动控制装置，运行速度和生产效率都较高。

巷道堆垛起重机只能在货架巷道内作业，因此要配备出入库装置，而且机架除应满足一般起重机的强度和刚度要求外，还有较高的制造与安装精度要求。例如，起制动平衡、停车准确等。

2. 桥式堆垛起重机

桥式堆垛起重机具有起重机和叉车的双重结构特点。像起重机一样，具有桥架和回转小车。桥架在配送中心上方运行，回转小车在桥架上运行。同时，桥式堆垛起重机具有叉车的结构特点，即具有固定式或可伸缩式的立柱，立柱上装有货叉或者其他取物装置。如图 4－11 所示。

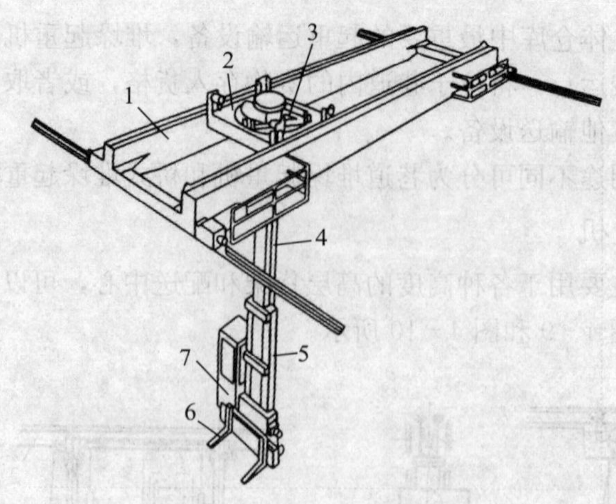

图 4－11　桥式堆垛起重机

1—桥架；2—小车；3—回转平台；4—立柱固定段；5—立柱伸缩段；6—货叉；7—司机室

货架和配送中心顶棚之间需要有一定的空间，保证桥架的正常运行。立柱可以回转，保证工作的灵活性。回转小车根据需要可以来回运行，因此，桥式堆垛起重机可以服务于多条巷道。

桥式堆垛起重机的堆垛和取货是通过取物装置在立柱上运行实现的，因为立柱高度的限制，桥式堆垛起重机的作业高度不能太高。

桥式堆垛起重机主要适用于 12 米以下中等跨度的配送中心，巷道的宽度较大，适于笨重和大件物料的搬运和堆垛。

二、搬运车辆

搬运车辆用于实现货物的短距离运输与装卸。随着对装卸搬运作业的要求日益提高，越来越多的场所使用搬运车辆，以保证装卸搬运工作的高效与安全。

(一) 叉车

1. 叉车的概念及作业特点

叉车又称铲车、叉式装卸车，是装卸搬运机械中最常用的具有装卸、搬运双重功能的机械。它以货叉作为主要的取货装置，依靠液压升降机升降货物，由轮胎式行驶系统实现货物的水平搬运。叉车除了使用货叉以外，还可以更换各类的取物装置以适应多种货物的装卸、搬运和堆垛作业。

叉车作为短距离运送、堆垛装卸货物的一种常用车辆，其独特的优点使其在物流装卸作业中具有非常重要的作用。叉车是一种能把水平运输和垂直升降有效结合起来的装卸机械，有装卸、起重及运输等方面的综合功能。具有工作效率高、操作使用方便、机动灵活等优点，其标准化和通用性也很高，被广泛应用于对成件、成箱货物进行装卸、堆垛以及短途搬运、牵引和吊装工作。

叉车种类很多，结构特点和功能也各不一样。在使用时，应根据物料的重量、状态、外形尺寸及叉车的操作空间、动力、驱动方式进行合理选择，同时应考虑选择适当的托盘配合使用。

2. 叉车的分类

叉车按其采用的动力方式的不同，可分为内燃式叉车和电动式叉车两种。内燃式叉车的动力装置是内燃机，根据动力不同又可分为汽油机式叉车、柴油机式叉车和液化石油气式叉车。其特点是机动性好，功率大，独立性强，应用范围非常广泛，一般情况下，大吨位的叉车采用内燃机作为动力；电动式叉车又称电瓶式叉车，以蓄电池为动力，用直流电机驱动。它和内燃叉车相比，具有结构简单，操作容易，动作灵活，无废气污染，噪声低，燃料费低（约为内燃叉车的1/3～1/4），维修费用少等优点，但电动式叉车的动力持久性差，需要专用的充电设备，它的行驶速度较低，对路面要求较高，因而，电动式叉车的应用受到一定的限制，主要适合在室内作业。

按照性能和功用进行分类，叉车可分为平衡重式叉车、前移式叉车、侧面式叉车、插腿式叉车、伸缩臂式叉车、托盘式叉车、高位拣选式叉车、窄通道叉车等。

（1）平衡重式叉车。平衡重式叉车是叉车中应用最广泛的一种，约占叉车总数的80%以上。它分为电瓶式叉车和内燃式叉车。平衡重式叉车不仅可通过司机单独操作完成货物的装卸、搬运和堆垛作业，并且还可通过变换属具扩大叉车的使用范围和作业效率。如图4-12所示。

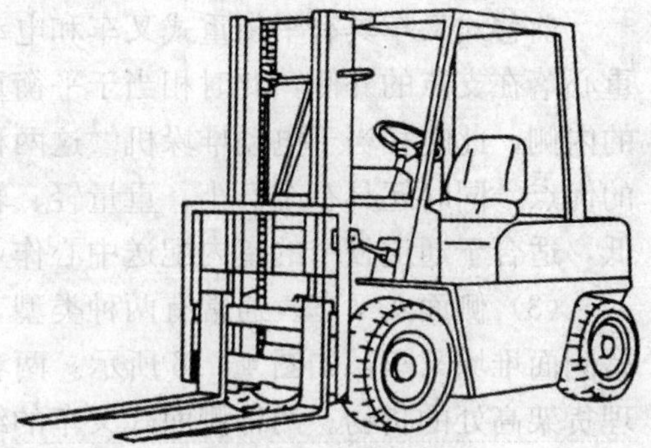

图4-12　平衡重式叉车

叉车的工作装置位于叉车的前端，货物载于前端的货叉上，为了平衡前端货物的重量，保持叉车的纵向稳定性，需要在叉车的后部安装平衡重。平衡重式叉车的前轮为驱动轮，后轮为转向轮，依靠叉车前后移动插卸货物。

平衡重式叉车由于没有支撑臂，需要较长的轴距和平衡重来平衡载荷，这样叉车的重量和尺寸都较大，需要较大的作业空间。同时，货叉直接从前轮的前方叉取货物，对叉取货物的体积一般没有要求；动力较大，底盘较高，具有较强的地面适应能力和爬坡能力，适用于室外作业。

（2）前移式叉车。前移式叉车具有两条前伸的支腿，支腿较高，支腿前端有两个轮子。支腿的作用是确保叉车在负载时的稳定性。前移式叉车起重量较小，采用电动机进行驱动。

从结构形式上看，前移式叉车分为叉架前移式叉车和门架前移式叉车两种，如图4-13和图4-14所示。

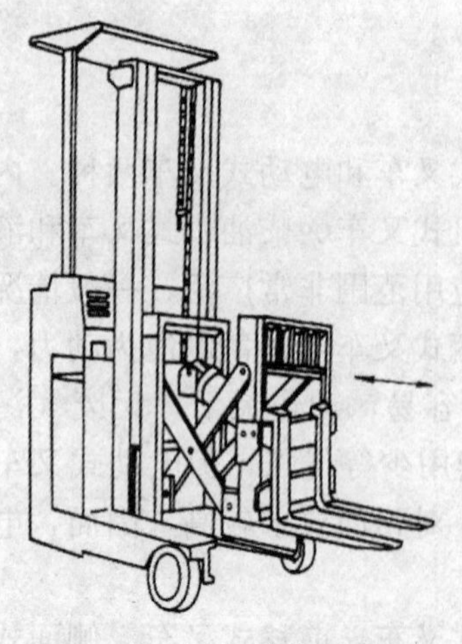
图 4－13　叉架前移式叉车

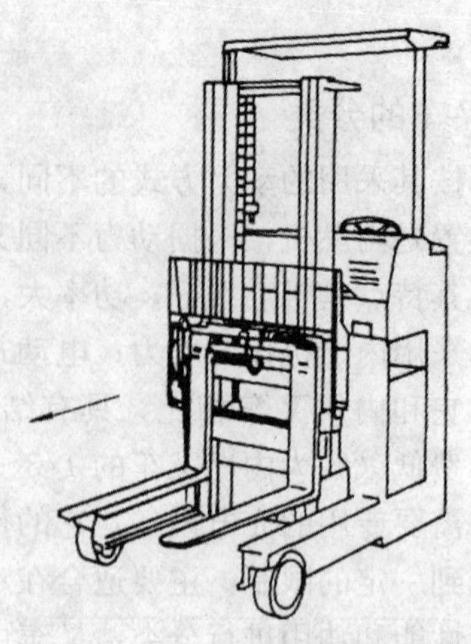
图 4－14　门架前移式叉车

前移式叉车具有平衡重式叉车和电动堆垛机的共同特征。当门架前升至顶端时，荷载重心落在支点的外侧，此时相当于平衡重式叉车；当门架完全收回时，荷载重心落在支点的内侧，此时相当于电动堆垛机。这两种性能的结合，使这种叉车具有操作灵活和高荷载的优点，同时还具有车身小、重量轻、转弯半径小、可以节省空间等优点，但行驶速度较低，适合于通道较窄的室内配送中心作业。

(3) 侧面式叉车。通常有两种类型，一种是侧面水平叉车，如图 4－15 所示，另一种是侧面堆垛叉车，如图 4－16 所示。两者的区别是侧面堆垛叉车有一定的举升高度，可处理货架高处的货物。两种侧面式叉车的结构及工作原理基本一致。

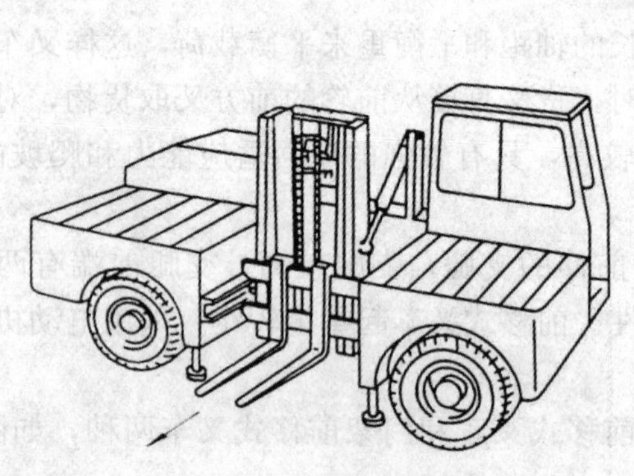
图 4－15　侧面水平叉车

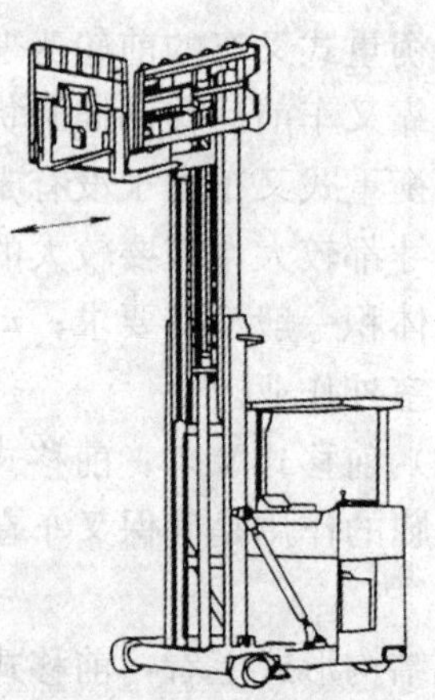
图 4－16　侧面堆垛叉车

侧面式叉车有两个主要的优点，一是在出入库作业的过程中，车体进入通道，货叉面向货架或货垛，这样，在进行装卸作业时不必先转弯再进行作业；二是有利于装搬长尺寸物，因为长尺寸物与车体平行，不受通道宽度的限制。因此，侧面式叉车适合于窄通道作业。

(4) 插腿式叉车。插腿式叉车的特点是叉车前方带有小轮子的支腿能与货叉一起伸入货板叉货，然后由货叉提升货物，如图 4－17 所示。一般由电动机驱动，蓄电池供电。它的优点是起重量小、车速慢、结构简单、外形小巧，适用于通道狭窄的配送中心内作业。

（5）伸缩臂式叉车。与平衡重式叉车相比，伸缩臂式叉车的优点是通过臂杆的移动而不需要车辆的移动来对准货位，利于提高堆垛的稳定性，整车重心后移，运行的稳定性好（见图 4－18）。伸缩臂式叉车适用的作业范围广，可以跨越障碍进行货物的堆垛作业，而且通过变换叉车属具还可进行多种作业。

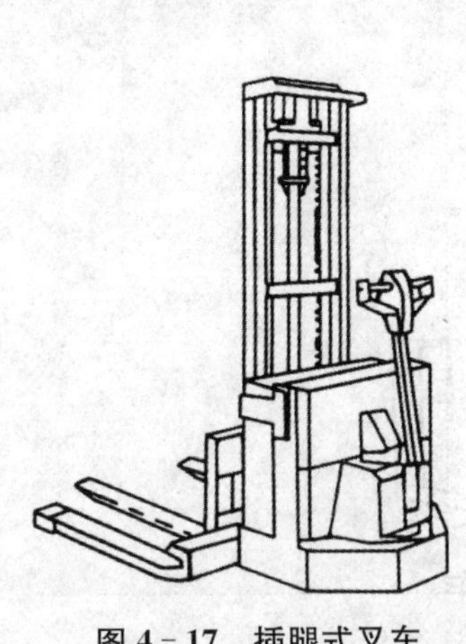

图 4－17　插腿式叉车

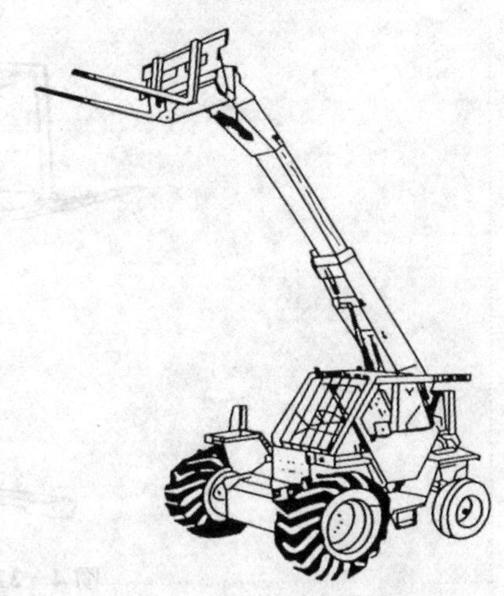

图 4－18　伸缩臂式叉车

（6）托盘式叉车。托盘式叉车又称为托盘搬运车，是以搬运托盘为主的搬运车辆。这种设备的作用是在配送中心内部货位之间搬运托盘，调整托盘与运输工具之间的装卸位置，在运输工具内部搬运托盘货体就位。托盘搬运车包括电动托盘搬运车（见图 4－19）和手动托盘搬运车（见图 4－20）。

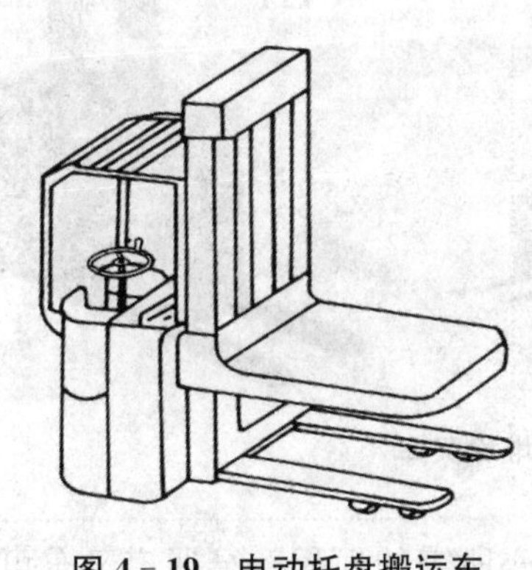

图 4－19　电动托盘搬运车

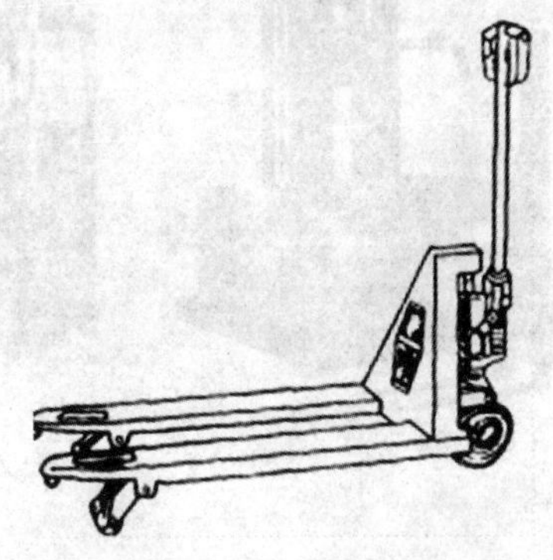

图 4－20　手动托盘搬运车

用托盘叉车叉取托盘时，先降低叉座的高度，使之低于托盘底座，叉入托盘叉入口后，再抬高叉座，将托盘抬起，利用搬运车的轮子移动托盘，到达目的地后，再降低叉座高度，从叉入口中抽出叉爪，将托盘放下。

托盘搬运车的优点是体形小、重量轻、作业灵活。适合于短距离搬运，主要用于装卸区域。采用人工操作时，负载不能太大。当搬运两吨以上的货物时，搬运起来就比较费力。当搬运距离加大时，应采用电动托盘搬运车。

（7）高位拣选式叉车。高位拣选式叉车的主要作用是高货位拣货。适用于多品种、小批量出入库的高层货架配送中心。如图 4-21 所示。

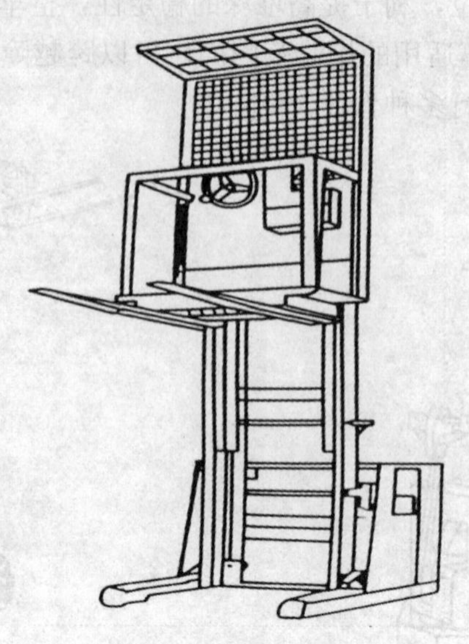

图 4-21　高位拣选式叉车

（8）窄通道叉车。窄通道三向堆垛叉车，如图 4-22 所示，具有高度的作业灵活性，可以极大地提高配送中心空间的利用率。

图 4-22　窄通道三向堆垛叉车

配送中心使用的叉车类型将极大地影响配送中心所需的面积。窄通道叉车可以节省空间，如表 4-1 所示。

表 4-1　窄通道叉车节省的空间对比

叉车类型	侧面叉车	旋转叉车	前移叉车	平衡叉车
节省的空间	45	70	33	—

3. 叉车的选用

叉车的选用要综合考虑作业量、作业高度、叉车的技术性能参数，以及空间利用率和成本等因素。叉车的主要性能参数包括：额定起重量、载荷中心距、叉车全高、最大起升高度、自由起升高度和最小转弯半径等。

最简单、最便宜的平衡重式叉车需要 3～4 米宽的通道，一台国产的平衡重式叉车费用为 10 万元左右，约是顶级进口同类叉车价格的 1/5，旋转叉车可以节省大约 70％的空间，价格是平衡重式叉车的 2 倍以上甚至更多。配送中心决策者必须权衡可用系统的成本，然后确定选择哪一种。

例如，某配送中心需采购 4 台叉车，他们对车型和厂家进行了综合性的比较，以便进行最合理的资金投入。表 4－2 列出了三种叉车的性能价格比较。

表 4－2　　三种叉车的性能价格比较

	甲电瓶叉车	乙电瓶叉车	丙内燃叉车
型号	CPD20B	FBA20P	CPCD20－W
设备采购单价	9.5 万元	19.5 万元	11 万元
充电机	1.2 万元	标准配置，采购价含	
备用电瓶	0.8 万元	90％～100％	—
电瓶寿命	2 年	6～10 年	—
开动率	40％～60％	90％～100％	—
单台总价	35 万元	19.5 万元	—
4 台总价	140 万元	78 万元	44 万元
备件单价	相对便宜	相对昂贵	相对便宜
维修难度	拆卸/分析/诊断	自动诊断	拆卸/分析/诊断
维修工时	多	少	多
人力资源投入	多	极少	多
备件储备量	多	少	多
电瓶保养	复杂	简单	多
噪声	大	极小	很大
操作灵便性	一般	好	差
外观	一般	好	一般
性能价格比	不好	最佳	一般

通过表 4－2 分析可知：各种设备所涉及的成本不仅包括首次的采购成本，还有运行成本和效率成本。如果选用乙电瓶叉车，单从有形的价格分析，总费用就减少了 62 万元人民币。用户真正需要的是工作效率高、运行成本低、可靠性高、开动率高和故障率低的

设备。如果仅仅因为设备采购单价、设备国产化、维修备件单价等因素而选择甲电瓶叉车，只会造成高成本、低效益。因此，选择故障率低、可靠性高、开动率高、操作方便的乙电瓶叉车，其性价比最高。

（二）搬运车

配送中心内可以选用的搬运车种类繁多，有手推车、手动托盘搬运车、手动叉车、无人搬运车等。

手推车是一种以人力为主、在路面上水平输送物料的搬运车。其特点是轻巧灵活、易操作、回转半径小。它广泛应用于工厂、车间、配送中心、站台、货场等处，是一种方便、经济的短距离输送轻型物料的输送工具。

手动托盘搬运车用来搬运装载于托盘（托架）上的集装单元货物，当货叉插入托盘（托架）后，上下摇动手柄，使液压千斤顶提升货叉，托盘（托架）随之离地。当物品搬运到目的地后，踩动踏板，货叉落下，放下托盘（托架）。它操作灵活、轻便，适合短距离的水平搬运。

手动叉车是一种利用人力提升货叉的装卸、堆垛、搬运的多用车。它操作灵活、轻便，用途广泛。

常用的手车和手推车如图 4-23 所示。

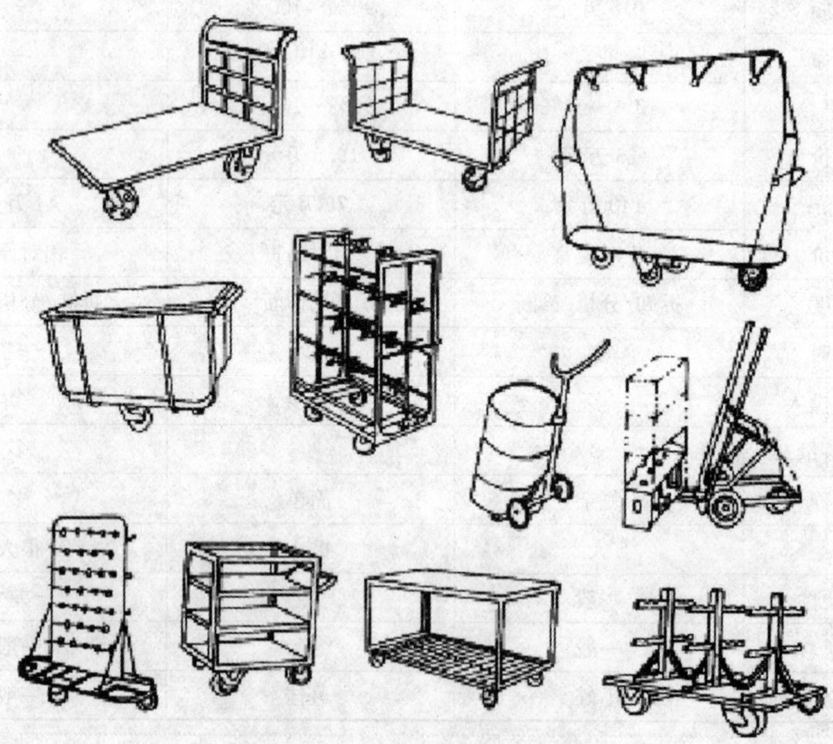

图 4-23 常用的手车和手推车

无人搬运车就是无人驾驶自动搬运车，它可以自动导向、自动认址、自动完成程序动作，具有灵活性强、自动化程度高、可节省大量劳动力等优点。目前无人搬运车有 AGV

（Automated Guided Vehicles）、LGV（Laser Guided Vehicles ）和 AHV（Autonomous Handling Vehicle ）三种。

1. AGV 和 LGV 系统的技术组成

AGV 和 LGV 系统具有 4 个子系统，即自动导向系统、动力系统、控制和通信系统，以及安全系统。

（1）自动导向系统。

AGV 和 LGV 系统的自动导向方法目前有 9 种可以选用，如表 4－3 所示。

表 4－3　　AGV 和 LGV 系统的导向方法

导向方法	注释
电磁感应导向	沿预定的运行路线埋设地下电缆。电缆在地下 30～40 毫米处，上面覆盖环氧树脂层，导线通以低频正弦波信号，使导线产生交变电磁场，在小车上的一对探头可以感应出与小车运行偏差成比例的误差信号，经放大处理后可驱动导向电机，由此带动小车的转向机构，使 AGV 沿预定的路线行驶
惯性导向	使用车载计算机驾驶小车按程序预定的路径行驶，利用声呐探测障碍物，使用陀螺仪检查方向
红外线导向	小车发射红外线光源，然后从配送中心屋顶的放射器中反射回来，再由像雷达那样的探测器把信号中转给计算机，经计算机和测量仪确定行走的位置
激光导向	激光扫描墙壁上安装的反光器，通过已知距离和小车前轮行走距离的测量，可以精确运行和定位
光学导向	光敏器（摄像机）读出并跟踪墙壁或地面上涂刷或粘贴的无色荧光粒子，然后驱动 AGV 行走
示教型导向	当程控小车沿着要求的路径行走一次后，即可记住新的行走路线，并通知主控计算机，主控计算机再把关于这条新路径的信息传递给其他的 AGV
磁性导向	在地面上铺设一条金属磁带，小车上则装备磁性传感器来检测磁带的磁场，通过磁场偏差测定器驱动转向电机，调整小车行走方向
直流感应电机	这是一种特殊形式的、有固定路线的自动搬运车
反射式导向	在地面上连续铺设一条发光材料制作的带子，或者用发光材料涂抹在规定的运行路线上。小车底部安装反射光传感器，通过偏差测定器驱动转向电机不断调整小车运行方向

（2）动力系统。

小车由电机驱动，以工业上常用的铅酸蓄电池为动力源。小车通常都有自动电源报告装置，通过与主控计算机的通信连接，在电源用完之前，由主控计算机下达指令到维修区充电或更换电池。

(3) 控制和通信系统。

AGV 和 LGV 控制由控制台完成，控制台主要包括通信管理设备和自动搬运车运行状态数据采集系统。控制台计算机在实时调度在线自动搬运车的同时，还显示系统工作状态，包括在线自动搬运车的数量、位置、状态。

控制台和自动搬运车间采用定点光导通信和无线局域网通信两种方式。

当自动搬运车需要和系统中其他装置接口时，还需配置货物自动装卸与定位机构，定位精度通常要求在±3 毫米，定位精度也由主控计算机控制。

(4) 安全系统。

为确保自动搬运车在运行过程中自身的安全，以及现场作业人员及各类设备的安全，在自动搬运车的前面设有红外光非接触式防碰传感器和接触式防碰传感器——保险杠。非接触式防碰传感器在预定范围内检测障碍物，并控制自动搬运车减速直至停车。在最大工作速度 70 米/分钟的情况下，直线段检测设定在 4 米以外，搬运车刹车距离不大于 2.5 米。如果红外传感器没有检测到障碍物，则由保险杠检测，保险杠受到一定压力后报警并控制搬运车停止。在自动搬运车的四角设有急停开关，任何时间按下开关，自动搬运车立即停止。自动搬运车安装醒目的信号灯和声音报警装置，以提醒周围的操作人员，一旦发生故障，自动搬运车就会用声光报警。

2. AHV 的工作原理

智能搬运车采用自律分散控制原理。其外形类似于 AGV 及 LGV，不同的是装有两只通用机械手，在工作时依靠起视觉作用的工业摄像机对物体的位置和大小进行判断，如同人一样用机械手自由地搬运重达 200～300 千克的物体。

AHV 的导向采用光纤陀螺仪，由陀螺仪判定行走方向以及行走距离的数据，由 IC 卡记录搬运路线指示图。在行走中，两者不断地相互比较，使 AHV 按既定路线运行。当路线变更时，只要更换 IC 卡中记入的路线指示图即可。由于在地面不铺设任何磁性导线或光反射带，路线变更非常方便。在导向系统中具有人工智能的特点，可以自动回避障碍物，并根据当时情况选择适当的迂回路线。

AHV 采用无线通信，在中央控制室可以通过显示屏幕观察工作情况，并可以用声音直接下达指令，比敲键盘输入命令方式方便很多。

AHV 之间也采用无线通信，可以进行“会话”，自行决定作业方式。例如，系统内 A 处要将某物搬运至 B 处，则 A 处发出信号：“A 处需要将某物在何时运至 B 处，请执行”。系统内各台 AHV 收到信号后立即对自身去执行此项任务的“优越性”进行评分。评分的依据是 A 处和自身位置的距离远近、现在是否正在作业、作业后去 A 处的可能性、去 A 处路线的通畅性等。最早评出分数的 AHV 立即发出信号，其他 AHV 接收后与自身的分数比较，如果分数较低则退出竞争，分数较高则报出自己的分数，最后由分数最高的 AHV 去执行此项任务。如果有两台以上 AHV 的分数相同时，可以采用随机方式决定执行者。

AHV 还可以具有协同作业的功能，搬运物过长、过重时，可以有两台以上的 AHV 协同作业进行搬运。这样可以大大减少 AHV 的规格型号，数台同一规格的 AHV 合作，其作业能力可提高很多。

（三）输送机

连续输送机的特点是在工作时连续不断地沿同一方向输送散料或重量不大的单件物品，装卸过程无须停车，因此生产率很高。其优点是生产率高、设备简单、操作简便。缺点是一定类型的连续输送机只适合输送一定种类的物品（散料或重量不大的成件物品），不适合搬运形状不规则的单元物料；只能沿着一定线路定向输送，因而在使用上有一定的局限性。

由于连续输送机在一个区间内能连续搬运大量货物，搬运成本非常低廉，搬运时间比较准确，货流稳定。因此，广泛用于现代物流系统中，成为生产加工过程中组成机械化、连续化、自动化的流水作业运输线中不可缺少的组成部分。

根据构造的特点，连续输送机可分为两大类：

一类是带有挠性牵引件的连续输送机，如皮带输送机、链板输送机、悬挂输送机以及斗式提升机。

另一类是没有挠性牵引件的输送机，如螺旋输送机、振动输送机、辊式输送机以及气力输送机等。

在选择连续输送机时，应根据物料的物理特性来进行。配送中心可以运用的输送机主要是辊式输送机、带式输送机、链板输送机和悬挂式输送机。

1. 辊式输送机

辊式输送机是由一系列以一定间距排列的辊子组成的用于输送成件货物或托盘货物的输送机械。包装件、托盘等成件物料在辊道上输送，辊道可以有动力，也可以无动力。用人工推送时设备可有一定的倾斜度，依靠重力输送（注意防止碰撞）。若输送距离较长则可分成几段。在动力驱动下，辊子可以在原处不停地转动，以带动上置货物移动，也可以在无动力情况下，以人力或货物的重力在辊子上移动。辊式输送机分为固定式辊式输送机（见图 4－24）和移动式辊式输送机两种。

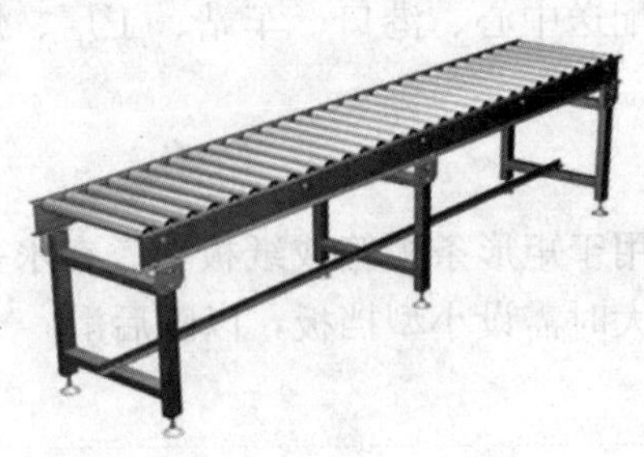
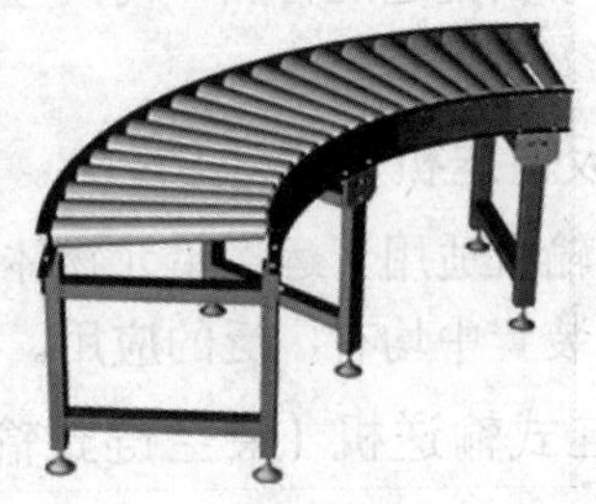

图 4－24　固定式辊式输送机

与其他输送机相比，辊式输送机除了结构简单、运转可靠、布置灵活、输送平稳、使用方便、经济、节能之外，最突出的优点是它与生产过程和装卸搬运系统能很好地衔接和配置，而且功能多样化，易于组成流水线作业，可并排组成大宽度的输送机，承载能力很强，常用于输送包装货物、托盘集装货物等大型成件物品。因此，辊式输送机在配送中心、港口、货场得到了广泛应用。

2. 带式输送机

带式输送机是以封闭无端的输送带作为牵引构件和承载构件的连续输送货物的机械。输送带的种类很多，有橡胶带、帆布带、塑料带和钢芯带四大类，其中以橡胶输送带应用最广泛。采用橡胶带的输送机一般称为胶带输送机（或皮带输送机）。

皮带输送机主要用来搬运成件或散装物料，或供总装用的部件，也可进行挑选、分类、检验、包装贴标签等作业。一般倾角大于16度（要设置挡板）。

根据工作需要，带式输送机可做成工作位置不变的固定式输送机或可以运行的移动式输送机（图4-25为移动式带式输送机），也可做成输送方向能改变的可逆式输送机或做成机架伸缩以改变距离的可伸缩式带式输送机。

图4-25　移动式带式输送机

带式输送机主要用于水平方向或坡度不大的倾斜方向连续输送散粒货物，也可用于输送重量较轻的大宗成件货物。其特点是输送距离大；输送能力大，生产率高；结构简单，基建投资少，营运费用低；输送线路可以呈水平、倾斜布置或在水平方向、垂直方向弯曲布置，因而受地形条件限制较小；工作平稳可靠；操作简单，安全可靠，易实现自动控制。正是由于其优越的特点，使其应用场合有配送中心、港口、车站、工厂、煤矿、建筑工地等。

3. 链板输送机

链板运输机适用于运送单元物体，特别适用于矩形条板箱或纸板箱。在水平、倾斜或复合平面的装置中均有广泛的应用。当装置较大时需设小型挡板，以防后滑。

4. 悬挂式输送机（架空链式输送机）

悬挂式输送机从建筑物的顶部安装悬挂轨道，再装上连续的链条，链条上悬挂的吊钩下垂，在吊钩上吊上货物，在空间进行立体搬运，也称作高架式输送机（见图4-26）。悬挂式运输机能在三维空间中使用，可运送各种类型的物料。其运送范围很广，能适应各种尺寸的物件，并具有不同的输送能力。还可以采用各种附件，如钩盘、斗、桶等，其使用范围几乎不受限制。另外，链条的全部长度均可利用。

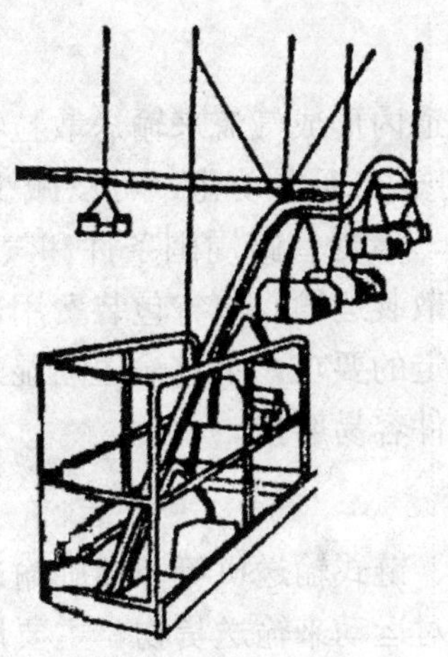

图 4－26　悬挂式输送机

悬挂输送机的优点是可自由地利用建筑空间；货物分类容易；长度不受限制，链绳处理容易；能够一边运送货物，一边进行检查和分类作业等。其缺点是速度慢，重量大的物品较难输送。广泛用于生产工厂加工过程中的运搬。

5. 斗式提升机

斗式提升机是连续垂直或大倾角提升货物或物料的输送机械（见图 4－27）。

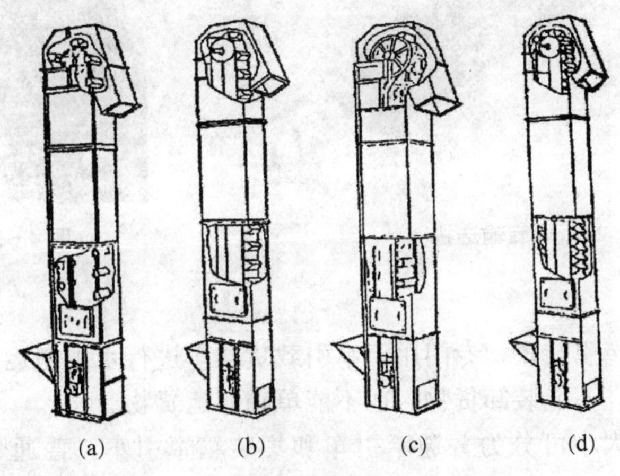

图 4－27　各种类型的斗式提升机

根据牵引构件的不同，斗式提升机可分为带斗式提升机和链斗式提升机。带斗式提升机有很快的工作速度，但其强度较低，适用于粉末或块度较小磨损性的物料；不能用于承载力很大、工作繁忙的场合。链斗式提升机工作速度较慢，但具有很高的强度，可用于提升中等或大块度的物料，大型货场采用的卸煤机、卸矿石机及装沙机等都采用链斗式提升机。

斗式提升机的优点是结构比较简单，外形尺寸小，占地面积少，提升高度和输送能力大，有较好的封闭性能，耗用动力小。缺点是过载时容易出现堵塞故障，需要均匀供料，料斗容易磨损。在配送中心、粮食加工厂、油厂、食品厂等得到了广泛应用。

6. 气力输送机

气力输送机是采用风机使管道内形成气流来输送散粒物料的机械。其优点是可以改善劳动条件，提高生产效率，有利于实现自动化；可以减少货损，保证货物质量；结构简单，没有牵引构件；生产率较高，不受管路周围条件和气候影响；输送管道能灵活布置，适应各种装卸工艺；有利于实现散装运输，节省包装费用，降低成本。其缺点是动力消耗较大，噪声大；被输送物料有一定的要求，不宜输送潮湿的、黏性的和易碎的物料；在输送磨损性大的物料时，管道等部件容易磨损。

7. 其他输送机

其他输送机还有螺旋输送机、链式输送机等。螺旋输送机是利用带有螺旋叶片的螺旋的转动，使物料沿螺旋面产生相对运动来输送货物，主要用于输送各种粉状、粒状、小块状物品（见图 4-28）。链式输送机是将链结成环形，直接用链条或在其上面安装平板进行货物的输送（见图 4-29）。

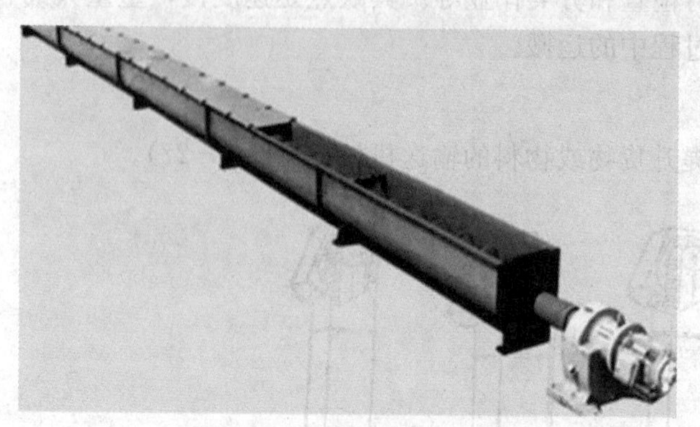

图 4-28　螺旋输送机

图 4-29　链式输送机

（四）牵引车

牵引车是指具有牵引装置，专门用于牵引载货挂车进行水平搬运的车辆。牵引车没有取物装置和载货平台，不能装卸货物，也不能单独搬运货物。

牵引车根据动力大小可分为普通牵引车和集装箱牵引车。普通牵引车可以拖挂平板车，用于装卸区内的水平搬运（见图 4-30）；集装箱牵引车用于拖挂集装箱挂车，用于长距离搬运集装箱。当平板车或集装箱挂车被拖到指定的地点装卸货物后，牵引车就会脱开这些挂车，与其他挂车结合。

图 4-30　电动牵引车

根据所提供的动力不同，牵引车可分为内燃牵引车和电动牵引车。

内燃牵引车一般采用经济性良好的柴油机进行驱动，只有小型牵引车才采用汽油机进行驱动。内燃牵引车的底盘结构形式与普通汽车类似，主要用于室外的牵引作业；电动牵引车采用蓄电池和直流电动机进行驱动，主要用于室内的牵引作业。

（五）电瓶搬运车

电瓶搬运车（见图 4－31）是以蓄电池为动力的工业车辆。它以直流电动机驱动，广泛用于车站、码头、配送中心、工厂等地短距离搬运货物，不仅本身可以载重运输，还可用作牵引车，进行厂内运输，具有降低环境污染、运行费用较低等优点。但由于蓄电池不能经受强烈的震动，所以，常需在平坦的路面上行驶，行驶速度一般在 10 千米/小时左右。

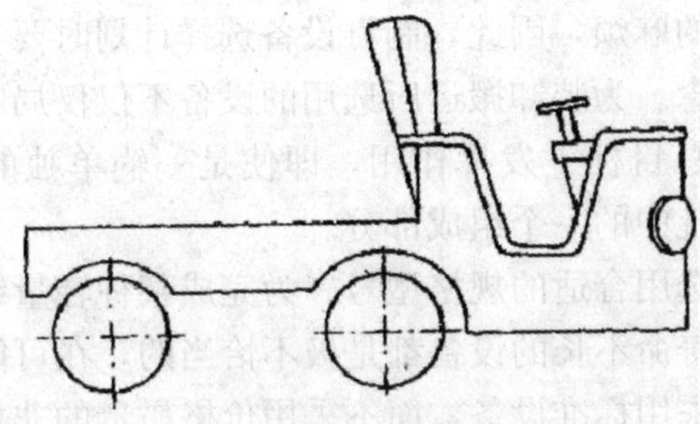

图 4－31　电瓶搬运车

（六）光电拣选车

由于信息技术的进步和快速拣选的需要，传统的以手推车为主的拣货车已无法满足现在的系统要求，而光电拣选车装备了影像盘和控制盘，影像盘指示存储货架及应拣取货品的数量，让操作人员根据指示来进行拣选。

1. 系统组成

光电拣选车由拣选车本体、终端机、光电通信装置、拣货作业控制单元、货架控制器子系统构成。

（1）拣选车本体。它是提供其他各单元系统模块安装固定的载具。

（2）终端机。显示并收集所有拣选资料，并通过周边界面控制电子标签的动作与光电发收器的资料传输。

（3）光电通信装置。安装在拣选车下方，与货架的光电收发器一样，并与之配合。

（4）拣货作业控制单元。拣货作业控制单元包括电子标签和拣货开始控制器。电子标签通常由 4 位数字显示器组成，配置在每一容器前方；拣货开始控制器是开始拣货作业的启动装置，并显示拣选总数。

（5）货架控制器子系统。它包括货架控制器、货位显示器、光电发收器等单元。货架控制器安装在货架下方，提供拣选车货位识别询问的自动回应功能。货位显示器位有红色或绿色信号灯，配置在每个货位的下方正前方，信号灯亮起时表示该货位有货待拣。光电发收器是光电信号的转换界面，是与各拣选车子系统的资料传输通道。

2. 拣选车的操作程序

客户所下的订单由主电脑输入，电脑将资料传输到拣选车的终端机上，利用拣选车下方的光电通信装置，发送到货架底部的光电发收器，使配置于每个货位上方的货位显示信号灯亮起，当该货位拣选作业完毕后信号灯熄灭。

三、装卸搬运设备的选型

1. 选型关注依据

选择恰当的设备或设备系统是项复杂的工作，通常可以从以下方面入手。

（1）明确是否确实需要进行这个搬运步骤。

（2）考虑长远发展的需要。随意地布置一台运输机械或增添一排货架可能会解决目前问题，但也许会导致更大的麻烦，因此，制订设备选择计划时要考虑长远发展的需要。

（3）牢记系统化的观念。为装卸搬运所选用的设备不仅仅局限于配送中心作业的某一环节，它要在整个系统的总目标下发挥作用，即使是一辆单独的叉车或一台单独的输送机，也是整个装卸搬运系统中的一个组成部分。

（4）遵循简化原则，选用合适的规格型号。为完成某种轻量级工作而购买价格昂贵的重量级设备，或选用使用寿命不长的设备都是极不恰当的，在可能的条件下应尽可能利用重力输送的长处，尽可能采用标准设备，而不采用价格昂贵的非标准设备。同时，在增加投资前一定要确信现有设备得到了充分利用。

（5）进行多方案的比较。不要只依靠一家设备商去选择完成某项搬运工作的设备与搬运方法，要想到可能会有更好、更低廉的设备与搬运方法。

2. 选型关注因素

装卸搬运设备种类繁多，各种设备的使用环境、适用货物和作业要求各不相同，在选择设备时，应根据实际的用户需求进行综合评价与分析。在通常情况下，关注的因素主要包括货物属性、货流量、作业性质、作业场合、搬运距离、堆垛高度等。

（1）货物属性。货物所具有的不同的形状、包装、物理化学属性，都对装卸搬运设备有不同的要求。在配置选择装卸搬运设备时，应尽可能地符合货物特性，以保证作业合理，货物安全。

（2）货流量。货流量的大小关系到设备应具有的作业能力。货流量大时，应配备作业能力较强的大型专用设备；货流量小时，可以采用构造简单、造价相对较低的中小型通用设备。

（3）作业性质。需要明确作业类型是单纯的装卸作业或搬运作业，还是同时兼顾装卸搬运作业，在此基础上选择合适的装卸搬运设备。

（4）作业场合。作业场合不同，所配备的装卸搬运设备也不同。对于作业场合，应主要考虑以下因素：室内、室外或者室内外作业，作业环境的温度、湿度等，路面情况、最大坡度、最长坡道、地面承载能力，货物的存放方式是货架还是堆叠码放，通道大小、通道最小宽度、最低净高等。

（5）搬运距离。搬运路线的长度、每次搬运装卸的货物量，也影响着设备的选择。为了提高装卸搬运设备的利用率，应结合设备种类的特点，使行车、货运、装卸、搬运等工作密切配合。

(6) 堆垛高度。堆垛高度的大小，直接影响装卸搬运设备最大起升高度的选择。

在选择装卸搬运设备时，应注意尽量选择同一类型的标准机械，便于维护保养。整个物流配送中心的设备也应尽可能避免多样化，这样可以减少这些设备所需要的附属设备，并简化技术管理工作。在作业量不大而货物品种复杂的情况下，应尽量发展一机多用，扩大机械适用范围。

3. 设备选择方法

(1) 根据距离与物流量指示图，确定设备的类别。如图 4－32 所示。

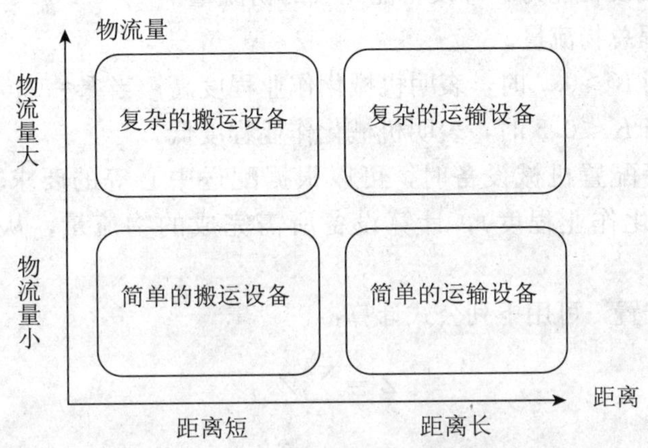

图 4－32　距离、物流量和搬运运输设备

图 4－32 显示：简单的搬运设备适合距离短、物流量小的搬运需要；复杂的搬运设备适合距离短、物流量大的搬运需要；简单的运输设备适合于距离长、物流量小的运输需要；复杂的运输设备适合距离长、物流量大的运输需要。

根据设备费用数据，装卸搬运设备可以分成四类——简单的搬运设备、复杂的搬运设备、简单的运输设备、复杂的运输设备。简单的搬运设备如二轮手推车，复杂的搬运设备如狭窄通道带夹具的叉车、AGV 自动制导车、LGV 激光制导车、AHV 智能搬运车；简单的运输设备如机动货车，复杂的运输设备如电子控制的无人驾驶车辆。

(2) 根据设备的技术指标、货物特点以及运行成本、使用方便等因素，选择设备系列型号，甚至品牌。

在设备选型时要注意：

①设备的技术性能。能否胜任工作及设备的灵活性要求等。

②设备的可靠性。在规定的时间内能够工作而不出现故障，或出现一般性故障能够立即修复且安全可靠。

③工作环境的匹配性。工作场合是露天还是室内，是否有振动，是否有化学污染及其他特定环境要求等。

④经济因素。包括投资水平、投资回收期及性能价格比等。

⑤可操作性和使用性。操作是否易于掌握，培训的复杂程度等。

⑥能耗因素。设备的能耗应符合燃烧与电力供应情况。

⑦备件及维修因素。设备条件和维修应方便、可行。

4. 装卸搬运设备数量的确定

装卸搬运设备的配置数量主要根据配送中心作业量确定，并使配送中心有较高的设备配置系数。配置系数可按下式计算：

$$K=\frac{Q_c}{Q_t}$$

式中：

K——仓储设备配置系数，一般取 $k=0.5\sim0.8$；

Q_c——仓储机械设备能力，即设备能完成的物流量；

Q_t——仓储过程总物流量。

通常情况下，当 $K>0.7$ 时，表明机械化作业程度高；当 $K=0.5\sim0.7$ 时，表明机械化作业程度中等；当 $K<0.5$ 时，表明机械化作业程度低。

在为配送中心等配置机械设备时，可以根据配送中心等的要求预先规定一个 K 值（即要求达到的机械化作业程度），计算设备所需完成的物流量，从而进行设备的配置计算。

机械设备数量配置，可用下列公式计算：

$$Z=\sum_{i=1}^{m}Z_i$$

式中：

Z——配送中心内机械设备总台数；

m——机械设备类型数；

Z_i——第 i 类机械设备台数。

$$Z_i=\frac{Q_{ci}}{(q\beta\eta\delta\gamma)_i}$$

式中：

Q_{ci}——第 i 类机械计划完成的物流量；

q——设备的额定起（载）重量；

β——起重系数，即平均一次吊装或搬运的重量与 Q_c 的比值；

η——单位工作小时平均吊装或搬运次数，由运行距离、运行速度及所需辅助时间确定；

δ——时间利用系数，即设备年平均工作小时与 γ 的比值；

γ——年工作日小时，一班制工作取 7 小时乘以工作日数。

机械设备能力的评价参数 β、η、δ 值应根据作业场所的性质、物品种类以及机械设备类型进行实测确定。

总物流量 Q_t 可由下式计算：

$$Q_t=\sum_{i=1}^{n}(H\alpha)_i$$

式中：

n——作业场所的数目；

α_i——第 i 个场所的倒搬系数，根据物品的重复搬运次数确定，无二次搬运时 $\alpha_i=1$。

机械设备计划完成的总物流量，可由总物流量 Q_t 乘以设备配置系数 K 求得：

$$Q_c=KQ_t$$

计算某类机械设备数量时，Q_{ci} 可由 Q_c 分配决定。

第三节　输送分拣设备

一、输送设备

本节的输送设备主要是指连续输送机。连续输送机是自动化物流配送中心不可缺少的重要搬运设备，是沿着一定的输送路线以连续的方式运输货物的机械，连续输送机根据所运货物的种类分为成件货物输送机和散装货物输送机；按结构特点分为有挠性牵引构件和无挠性牵引构件的连续输送机。有挠性牵引构件的连续输送机运送货物时，是在牵引构件的作用下，利用牵引构件的连续运动使货物沿一定方向运输，包括带式输送机、链式输送机、斗式提升机等。无挠性牵引构件的连续输送机是利用工作构件的旋转或震动等方式，使货物沿一定方向运输，包括气力输送机、螺旋输送机、振动输送机等。

（一）连续输送机的特点

连续输送机与其他机械设备相比，它的特点是可以沿一定的线路不停地输送货物；其工件的装载和卸载都是在运动过程中进行的，无须停车，启动、制动次数少；被输送的散货以连续形式分布于承载构件上，输送的成件货物也同样按一定的次序以连续的方式移动。

1. 连续输送机的优点

（1）可采用较高的运动速度，且速度稳定；

（2）具有较高的生产率；

（3）在同样生产率条件下，自重轻，外形尺寸小，成本低，驱动功率小；

（4）传动机械的零部件负荷较低而冲击小；

（5）结构紧凑，制造和维修容易；输送货物线路固定，动作单一，便于实现自动控制；工作过程中负载均匀，所消耗的功率几乎不变。

2. 连续输送机的缺点

（1）只能按照一定的路线输送，每种机型只能用于一定类型的货物，一般不适于运输重量很大的单件物品，通用性差。

（2）连续输送机不能自行取货，需要采用一定的供料设备。

（二）连续输送机的参数

一般根据物料搬运系统的要求、物料装卸地点的各种条件、有关的生产工艺过程和物料的特性等来确定各主要参数。

1. 输送能力

输送机的输送能力是指单位时间内输送的物料量。在输送散状物料时，以每小时输送物料的质量或体积计算；在输送成件物品时，以每小时输送的件数计算。

2. 输送速度

提高输送速度可以提高输送能力。在以输送带作牵引件且输送长度较大时，输送速度日趋增大。但高速运转的带式输送机需注意振动、噪声和启动、制动等问题。对于以链条作为牵引件的输送机，输送速度不宜过大，以防止增大动力载荷。同时，进行工艺操作的输送机，输送速度应按生产工艺要求确定。

3. 构件尺寸

输送机的构件尺寸包括输送带宽度、板条宽度、料斗容积、管道直径和容器大小等。这些构件尺寸都直接影响输送机的输送能力。

4. 输送长度和倾角

输送线路长度和倾角大小直接影响输送机的总阻力和所需要的功率。

（三）连续输送机的分类

1. 成件货物连续输送机

成件货物连续输送机主要用于固定路径的输送。输送机输送的是托盘、纸箱货固定尺寸的物品。输送机按动力源可分为重力式和动力式两种。重力式输送机就是利用输送物品的本身重量为动力，在倾斜的输送机上由上往下滑动；动力式输送机就是以马达为动力。另外，在规模较大的工厂中经常采用立体输送机，作为车间之间和车间内部的机械化、自动化连续输送设备。大型物流配送中心一般采用动力输送机，根据实际需要还可选择立体输送机等。成件货物连续输送机的主要工作参数是搬运货物的最大宽度和长度，以及最大重量；此外，单位时间的搬运量也是重要参数。在物流配送中心中，使用最普遍的输送机包括辊道式输送机、滚柱式输送机、链式输送机、带式输送机。

（1）辊道式输送机。

辊道式输送机是由一系列以一定间距排列的辊子组成的用于输送成件货物或托盘货物的输送机械。包装件、托盘等成件物料在辊道上输送，辊道可以有动力，也可以无动力。用人工推送时设备可有一定的倾斜度，依靠重力输送（注意防止碰撞）。若输送距离较长则可分成几段。在动力驱动下，辊子在原处不停地转动，以带动上置货物移动，在无动力情况下，可以以人力或货物的重力在辊子上移动。辊式输送机分为固定式和移动式两种。

与其他输送机相比，辊式输送机除了结构简单、运转可靠、布置灵活、输送平稳、使用方便、经济、节能之外，最突出的优点是它与生产过程和装卸搬运系统能很好地衔接和配置，而且功能多样化，易于组成流水线作业，可并排组成大宽度的输送机，承载能力很强，常用于输送包装货物、托盘集装货物等大型成件物品。因此，辊式输送机在配送中心、港口、货场得到了广泛应用。

按驱动方式的不同，辊道式输送机分为无动力辊道式输送机和动力辊道式输送机。按无动力辊道输送机的曲线段形式不同，分为柱形辊子式、锥形辊子式、差速辊子式、短转子差速式等。按转辙装置的形式不同，分为曲线段转辙、岔道分流、平面分流、小车转辙、直角转辙、回转台转辙、辊子输送机升降装置转辙等。

（2）滚柱式输送机。

滚柱式输送机是采用滚柱来取代辊道的输送机。其特点是结构简单，一般用于无动力驱动，适用于成件包装货物或者整底面物料的短距离搬运。

（3）链式输送机。

链式输送机是利用链条牵引、承载，或由链条上安装的板条、金属网、辊道等承载物料的输送机。根据链条上安装的承载面的不同，可分为链条式、链板式、链网式、板条式、链斗式、托盘式、台车式等。此外，链式输送机也常与其他输送机、升降装置等组成各种功能的生产线。

链式输送机适用于运送单元物体，特别适用于矩形条板箱或纸板箱。在水平、倾斜或复合平面的装置中均有广泛的应用。当装置较大时需设小型挡板，以防后滑。

（4）带式输送机。

带式输送机是一种利用挠性输送带连续地输送物料的输送机。它可以输送各种散状物料；也可以输送单位重量不太大的成件物品。

2. 散装货物连续输送机

在现实生活中，某些货物如煤、化肥、粮食等的散装、散卸、散储、散运，是重要的物流活动。散装货物连续输送机在其中发挥了重要的作用。常见的散装货物连续输送机包括带式输送机、刮板输送机、斗式提升机、螺旋输送机、气力输送机、振动输送机等。

（1）带式输送机。

在带式输送机中，输送带作为货物承载件和连续牵引件。根据摩擦传动原理，由驱动鼓轮带动输送带，可以在水平方向和小倾斜角度的倾斜方向上运输货物。

按安装方式不同可分为固定式和移动式两种，其结构基本相似，由输送带、驱动鼓轮、导向鼓轮、张紧鼓轮、张紧装置、支撑滚柱、减速装置、机架等部件构成。

按输送带的不同，可分为织物芯胶带、织物芯 PVC 带、钢带、网带等。织物芯又可分为棉帆布、尼龙帆布（NN）、聚酯尼龙交织帆布（EP）等。

带式输送机是应用最广泛、最典型的连续输送机。在各种连续输送机中，它的生产率最高、输送距离最长、工作平稳、能耗小、自重轻、噪声小、操作管理容易，最适合水平或小倾斜角度的倾斜方向上连续输送散货或者小型成件货物。

（2）刮板输送机。

刮板输送机可以水平、倾斜和垂直输送粉尘状、小颗粒及小块砖等散货。输送物料时，刮板链条全埋在物料之中，它主要由封闭断面的机槽（机壳）、刮板链条、驱动装置以及张紧装置等部件组成，刮板链条既是牵引构件，又是承载构件。工作时，物料可以由加料口进入机槽内，也可在机槽的开口处由运动着的刮板从料堆取料。

刮板输送机分为固定式、移动式和吊装式；固定式刮板输送机多用于仓库和厂中输送物料；移动式刮板输送机长度较小，多用于汽车、飞机等场合的物料装卸以及清理等过程中的加料；吊装式刮板输送机多用于港口卸船。

刮板输送机结构简单、造价低、密封性好，便于中间进料或卸料，但由于物料与刮板、机槽有摩擦，功率消耗大而且磨损严重，也易磨损物料。

(3) 斗式提升机。

斗式提升机可在垂直或接近垂直的方向上连续提升粉粒状物料。其牵引构件绕过上部和底部的滚筒或链轮，牵引构件上每隔一定距离有一个料斗，由上部转轮或链轮驱动，形成具有上升的载重分支和下降的空载分支的无端闭合环路。物料从载重分支的下部进料口进入，由料斗把物料提升至上部卸料口卸出。

按牵引构件的不同分为链式和带式两种。链式多用于油脂和矿石运输。带式多用于粮食运输。按卸料方式的不同分为离心卸载、重力卸载和混合卸载。

斗式提升机构造简单、横向尺寸小，提升高度高，生产能力大，并可以在全封闭下工作，减少灰尘对环境的污染。但它对过载较为敏感，必须均匀进料。

(4) 螺旋输送机。

螺旋输送机是没有挠性牵引构件的输送设备。它利用螺旋叶片的旋转推动物料运动，在输送物料的过程中能起到掺和、搅拌和松散物料的作用，可分为水平螺旋输送机和垂直螺旋输送机。螺旋输送机适用于输送粉状、颗粒状或小块物料。不宜输送大块、磨损性强、易破碎、黏性大、易结块的物料。

螺旋输送机结构简单、紧凑，没有空返分支，可多点装卸物料，工作可靠，可实现封闭输送。由于物料与螺旋和料槽的摩擦以及物料的搅拌，使得螺旋输送机功率消耗大，螺旋和料槽易磨损、物料易破碎，螺旋输送机对超载较敏感，容易产生堵塞现象。

(5) 气力输送机。

气力输送机是运用风机使管道内形成气流来输送散粒状物料。气力输送机分为吸气式、压气式和混合式。与其他输送机相比，气力输送机操作简单，生产率较高，易于实现自动化；其结构简单，易于装卸，机械故障少，维修方便，有利于实现散装运输。但是，气力输送机功率消耗大，鼓风机噪声大，弯管等部件容易磨损，物料的块度、黏度、湿度受到一定限制，输送过程中物料易破碎。

(6) 振动输送机。

振动输送机可把块状、粉粒状物料均匀连续地输送到卸料口。振动输送机料槽磨损小，可以实现水平、倾斜或垂直输送，同时，可对物料进行干燥、冷却作业。广泛用于冶金、煤炭、建材、化工、粮食等行业，按工作原理的不同分为电磁振动输送机和机械振动输送机。

二、分拣设备

(一) 设备组成与功能

配送中心的作业流程包括入库、保管、拣货、分拣、暂存、出库等作业活动，其中分拣作业是一项非常繁重的工作。尤其是面对零售业多品种、小批量的订货，配送中心的劳动量大大增加，若无新技术的支撑将会导致作业效率下降。与此同时，对物流服务和质量的要求也越来越高，致使一些大型连锁商业公司把拣货和分拣视为两大难题。

随着科学技术日新月异的进步，特别是感测技术（激光扫描）、条码及计算机控制技术等的导入使用，自动分拣机已被广泛用于配送中心。我国的邮政快递等系统已使用自动分拣设备许多年。自动分拣机的分拣效率极高，通常每小时可分拣物品 6000～12000 箱。在日本和欧洲一些国家，自动分拣机的使用很普遍。特别是在日本的连锁商业（如西友、日生协、高岛屋等）和宅急便（大和、西浓、佐川等）中，自动分拣机的应用更是普遍。可以肯定，随着物流大环境的逐步改善，自动分拣系统在我国流通领域大有用武之地。

自动分拣机种类很多，而其主要组成部分相似，基本上由下列各部分组成。

(1) 输入装置：被拣物品由输送机送入分拣系统。

(2) 货架信号设定装置：被拣物品在进入分拣机前，先由信号设定装置（键盘输入、激光扫描条码等）把分拣信息（如配送目的地、客户名等）输入计算机中央控制器。

(3) 进货装置：或称喂料器，它使被拣物品依次、均衡地进入分拣传送带，与此同时，还使物品逐步加速到分拣传送带的速度。

(4) 分拣装置：是自动分拣机的主体，包括传送装置和分拣装置两部分。前者的作用是把被拣物品送到设定的分拣道口位置上；后者的作用是把被拣物品送入分拣道口。

(5) 分拣道口：是从分拣传送带上接纳被拣物品的设施。可暂时存放未被取走的物品，当分拣道口满载时，由光电管控制阻止分拣物品不再进入分拣道口。

(6) 计算机控制器：是传递处理和控制整个分拣系统的指挥中心。自动分拣的实施主要靠它把分拣信号传送到相应的分拣道口，并指示启动分拣装置，把被拣商品送入道口。分拣机的控制方式主要是采用脉冲信号跟踪法。

随着经济和信息技术的不断发展，自动分拣设备的发展十分迅速，自动分拣系统的应用范围日益广泛。自动分拣系统特别适用于分拣量较大、一次性分拣单位较多、被分拣的货物适应自动分拣机的货物分拣工作场合。其优点是分拣准确、迅速、吞吐能力大。缺点是系统设施复杂，投资和运营成本较高，需要计算机信息系统、作业环境等一系列配套设施和外部条件与之相适应。

（二）常见的分拣设备

在选用分拣设备时，为了取得最有效的应用，一般需要考虑以下因素：物品包装的大小、包装形式、物品的重量、易碎性、物品分拣的预期能力、分拣数量、批数、操作环境等。分拣设备有许多不同的类型，常见的分拣设备按照其分拣机构的结构不同，可以分为挡板型、浮出型、倾翻型、滑块型。

1. 挡板型

挡板型分拣设备是利用一个挡板（或挡杆）挡住在输送机上向前移动的物品，将物品引导到一侧的滑道排出。挡板的另一种形式是挡板一端作为支点，可作旋转。挡板动作发生时，像一堵墙似的挡住物品向前移动，利用输送机对物品的摩擦推力使物品沿着挡板表面移动，从主输送机上排出至滑道。平时挡板处于主输送机一侧，可让物品继续前移，如挡板作横向移动或旋转时，则物品就排向滑道。

挡板一般安装在输送机的两侧，和输送机上平面不接触，即使在操作时也只接触物品而不触及输送机的输送表面，因此它对大多数形式的输送机都能适用。

就挡板本身而言，也有不同形式，如有直线形、曲线形，也有在挡板工作面上装有辊管或光滑的塑料材料，以减少摩擦阻力。

2. 浮出型

浮出型分拣设备是把物品从主输送机上托起，而将物品引导出主输送机的一种结构形式。从引离主输送机的方向看，一种是引出方向与主输送机成直角；另一种是成一定夹角（通常是30°～45°）。一般是前者比后者生产率低，且对物品容易产生大的冲击力。浮出型分拣机大致有以下几种形式。

（1）胶带浮出式。这种分拣结构用于辊筒式主输送机上，将有动力驱动的两条或数条狭胶带或单个链条横向安装在主输送辊筒之间的下方。当分拣机构接受指令启动或链条向上提升时，接触物品底面把物品托起，并将其向主输送机一侧移出。

（2）辊筒浮出式。这种分拣机构用于辊筒式或链条式的主输送机上，将一个或数个有动力的转向辊筒安装在主输送机表面下方。分拣机构启动时，斜向辊筒向上浮起，接触物品底部，将物品斜向移出主输送机。这种上浮式分拣机，有一种是采用一排能向左或向右旋转的聚氨酯辊筒，以气动提升，可将物品向左或向右排出。

3. 倾翻型

倾翻型分拣设备大致有两种形式：倾斜式、翻盘式。

（1）倾斜式。这是一种特殊的条板输送机，物品装载在输送机的条板上，当物品移动到需要分拣的位置时，条板的一端自动升起，使条板倾斜，将物品移离主输送机。物品使用的条板数随不同物品的长度而定，占用的条板如同一个单元，同时倾斜。因此，这种分拣机对物品的长度无太多限制。

（2）翻盘式。这种分拣机是由一系列的盘子组成，盘子为铰接式结构，可向左或向右倾斜。物品装载在盘子上到达一定位置时，盘子倾斜，将物品翻倒于旁边的滑道中。为减轻物品倾倒时的冲击力，有的分拣机能控制物品以抛物线状来倾倒出物品。这种分拣机对分拣物品的形状和大小可以不限制，但以不超出盘子为限。对于长形物品可以跨越两只盘子放置，倾倒时两只盘子同时倾斜。易碎物品通常不选用此设备。

4. 滑块型

这也是一种特殊形式的条板输送机。输送机的表面由金属条板或管子构成，如竹席状，而在每个条板或管子上有一枚用硬质材料制成的滑块，能沿条板横向滑动，而平时滑块停在输送机的侧边。滑块的下部有销子与条板下导向杆联结，通过计算机控制，滑块能自动、有序地向输送机的对面一侧滑动，因而物品就被引出主输送机。这种方式是将物品侧向逐渐推出，并不冲击物品，故物品不易损伤；它对分拣物品的形状和大小要求不高，是目前国外一种最新型的高速分拣机。

三、输送分拣设备的选型

1. 输送设备的选型

输送设备是提高物流配送中心作业效率的重要设备，应结合相关作业环节进行系统分析和整体规划。选择输送设备时通常关注货物属性、输送量大小、输送距离和方向、工艺流程，以及安装场地等因素。

（1）货物属性。货物是成件货物还是散装货物，成件的货物是托盘还是纸箱包装，成件货物的外形、尺寸、单位重量，散装货物粒状大小、表面状态、容重、散落性、外摩擦系数、破碎性等特性，都会影响输送设备的选用。形状不规则的成件物品可以选用链板式输送机；辊式输送机适用于底部是平面的成件货物，可输送单件较大重量的货物；对于表面粗糙、坚硬的散装货物应选用耐磨材料构件的输送设备；为提高散装货物的输送量，防止货物散落，可选用深槽型带式输送设备。

（2）输送量大小。输送量与输送物品的最大重量、输送速度相关。在输送物品最大重量相同的情况下，输送速度越快，对应的输送量越大，在选择速度时要考虑输送稳定性、电耗增大比例、设备机械性能、货物属性等因素。

（3）输送距离和方向。长距离、小倾斜角度的货物输送可选用带式输送机；垂直输送可选用斗式提升机输送，有垂直输送的场合可选用刮板输送机或螺旋输送机。

（4）输送中的工艺流程。输送过程中，接收和发送货物的环境、接口设备、进料或出料点的数量，都会影响输送机的选用。工艺流程不同，对输送机的要求也不同。例如，如果在输送的过程中需要搅拌，可以选用螺旋输送机。

（5）安装场地。不同的安装场地，不同的位置条件，需要根据实际情况配置合适的输送设备。

总之，选用输送设备时要综合考虑上述各方面的因素，进行系统的评估和综合分析比较，从而选择出经济合理的输送设备。同时，在选用输送设备时应注意考虑一些主要的技术性能参数，包括生产率、输送速度、充填系数、输送长度、输送宽度、提升高度、最大输送倾角、输送物品最大重量、单驱动机最大长度、安全系数、制动时间、启动时间、发动机功率、轴功率、工作环境要求等。

2. 分拣设备的选型

在选用分拣设备时，应根据物流配送中心的货物种类、分拣方式、作业条件、作业环境等条件综合考虑分析，同时还应注意遵循以下原则。

（1）符合所分拣货物的特性原则。所分拣货物的物理、化学性质及其外部形状、重量、包装等特性千差万别，必须根据这些基本特性来选择分拣设备，如浮出式分拣设备只能分拣包装质量较高的纸箱等。这样才能保证货物在分拣过程中不受损失，保证配送作业的安全。

（2）适应分拣方式和分拣量需求原则。分拣作业的生产效率取决于分拣量大小及设备自身的分拣能力，也与分拣方式密切相关。因此，在选择分拣设备时，首先，要根据分拣方式选用不同类型的分拣设备。其次，要考虑分拣货物批量大小，若批量大，应采用分拣能力高的大型分拣设备，并可选用多台设备；而如果批量小，则适合采用分拣能力较低的中小型分拣设备。

（3）经济实用性。设备选用时不应一味强调高技术、高性能和自动化，应结合实际的情况，以提高经济效益为目的，同时应注意选用操作和维护方便、安全可靠、能耗小、噪声低、成本低、能保证操作人员安全和货物安全的设备。

（4）整体匹配性。分拣设备的选用应与物流配送中心相关的设备相配套，只有整个物流配送中心的设施设备运行相互协调，才能使各环节达到均衡作业，从而使整个物流配送中心的物流作业过程最经济。

第四节　包装加工设备及集装单元

一、包装加工设备

包装是产品进入流通领域的必要条件，是配送中心流通加工环节最为重要的内容。根据国际标准化组织制定的包装机械国际标准（草案）和我国制定的包装机械有关国家标准，包装机械是指完成全部或部分包装过程的机器。包装过程包括充填、裹包、封口、贴标等主要工序，以及与其相关的前后工序，例如，清洗、干燥、杀菌、计量、成形、标记、紧固、多件集合、集装组装、拆卸及其他辅助工序。

包装设备种类繁多，分类方法也很多。例如，按包装设备的自动化程度分类，可分为全自动包装设备与半自动包装设备；按包装产品的专业化程度分类，可分为专用包装设备、多用包装设备和通用包装设备。一般常用的包装设备分类方法是按功能分类的，主要可分为以下几种。

（一）充填机械设备

包装机械中的充填装置，通常是指在包装过程中完成充填工序，即将经计量装置定量好的货物充填到包装容器内的机械。按充填方法分类，可将充填机械分为重力流送式充填机、强制推送式充填机和拾放式充填机；按计量方法可将其分为容积式充填机、称重式充填机和计数充填机。下面重点阐述按计量方法分类的充填机械。

1. 容积式充填机

将产品按预定容量充填到包装容器内的机器称为容积式充填机。其形式有量杯式、可调容量式、气流式、柱塞式、螺旋式、计量泵式、插管式、定时式等。这类机器构造简单，工作速度快，常用于密度相对不变的物料或体积要求比质量要求更严格的物料。

2. 称重式充填机

将产品按预定重量填充到包装容器内的机器称为称重式充填机。充填过程中，事先称出预定重量的产品，计量精度较高，适宜于充填易吸潮、易结块、流动性差、密度变化大的物料。

3. 计数充填机

将产品按预定数量填充到包装容器内的机器称为计数充填机。这类机器适用于充填块状、片状、条状、棒状、针状、颗粒状的产品，例如，香皂、药片、糖果、卷烟、铅笔、缝纫针、钢珠等商品。

计数定量的方式分为两类：一类是被包装物品呈规则排列，常见计数形式有长度式、容积式、堆积式等；另一类是从混乱的被包装物品的集合中直接取出一定个数，常见的有转盘、转鼓、推板等形式，主要用于颗粒状、块状物品的计数。

（二）灌装机械设备

灌装机械的主要作用是将定量的液体物料充填到包装容器内，用于在食品领域中对啤酒、饮料、乳品、酒类、植物油和调味品的包装，以及洗涤剂、矿物油等化工类液体产品的包装。包装所使用的容器主要有桶、瓶、听、软管等。

灌装机械的种类繁多，但其主要由包装容器的供送装置、灌装物料的供送装置、灌装阀三部分组成。

包装容器供送装置的作用主要是将容器间隔地送至灌装工位，待灌装后，再将容器（例如，瓶子）送出灌装机。

灌装物料供送装置的作用主要是将物料提供给灌装阀，再灌装入包装容器内。常压供料装置是在常压下利用物料的重力使其向处于低位的灌装阀流进，物料装在处于高位的储液箱中，这种供料装置主要用于黏度低、流动性好的物料。

对于中等黏度、流动性不好的物料，例如，果酱、牙膏、洗发膏等，在重力作用下流动，利用活塞或柱塞的往复运动来压送液料。真空供料装置需要先将包装容器（例如，瓶子）抽成真空，然后进行灌装。

灌装阀的作用主要是根据灌装工艺要求切断或沟通液室、气室盒、待灌装容器之间物料流通的通道，它是灌装机械控制灌装的关键部件。不同的灌装方式采用不同的灌装阀，相应地，有常压灌装阀、负压灌装阀和等压灌装阀。

（三）缠绕机械设备

缠绕机又称缠绕包装机。广泛使用于外贸出口、食品饮料、塑胶化工、玻璃陶瓷、机电铸件等产品的集装，既能提高生产效率，又能防止货物在搬运过程中损坏，并起到防尘、防潮及保洁作用。缠绕机可以分为托盘缠绕机、无托盘缠绕机、水平缠绕机等。

1. 托盘缠绕机

通过转台旋转带动托盘货物转动，进而实现对货物缠绕的设备。适用于使用托盘装运的货物包装（如用于大宗货物的集装箱运输及散件托盘的包装等），广泛应用于电子电器、造纸、食品饮料、建材等行业，能够提高物流效率、减少装运过程中的损耗，具有防尘、防潮、降低包装成本等优点。

2. 无托盘缠绕机

无托盘缠绕包装机是专为体积较小的单包装物品设计的，是托盘缠绕机的补充产品，特别适合单件纸箱或不同形状、规格的货物聚拢后包装，并且可通过人工反转 90°实现六面裹包。目前已广泛应用于服装、食品等行业。

3. 水平缠绕机

水平缠绕包装机是指通过回转臂系统围绕水平匀速前进的货物做旋转运动，同时通过拉伸机构调节包装材料的张力，把物体包装成紧固的整体，并在物体表面形成螺旋式规则包装的设备。广泛应用于塑料型材、铝材、板材、管材、染织品等行业。

（四）封口机械设备

包装机械中的封口装置，通常是指在包装过程中完成对装有内装物的容器进行封口和密封封口工序的工作机械。封口装置按封口材料分类，可分为热压封口（无封口材料）的封口机、带封口材料和带封口辅助材料的封口机三种，并受封口工艺、操作方法、容器种类等因素影响。

1. 热压封口机

热压封口机是用热封合的方法封闭包装容器的机器，封合时被封接面被热板压在一起，待封接材料在封接温度下充分黏着后，卸压冷却而完成封口操作。这种封口方法主要用于复合膜和塑料杯，不适于受热易收缩、易分解的塑料薄膜袋的封合。常见的热压封口机有手压式封口机、脚踏式封口机、超声波封口机等。

2. 带封口材料的封口机

带封口材料的封口机进行封口不是通过加热，而是通过加载使封口材料变形或变位来实现封口。常见的带封口材料的封口机有压纹封口机（例如，压塑性小纸袋的封口机）、牙膏管封口的折叠式封口机、广口玻璃瓶的滚压封口机、压力封口的酒瓶压盖机、旋盖封口机等。

3. 带封口辅助材料的封口机

带封口辅助材料的封口机采用各种封口辅助材料完成包装容器的封口。常见的带封口辅助材料的封口机有使用缝线缝合纤维织物袋或纸袋的缝合式封口机。

使用金属钉或V形钉封闭纸箱、纸盒、纸袋的钉合机；使用胶带封闭纸箱等包装容器的胶带封口机；使用线、绳等结扎材料封闭包装容器的结扎封口机；使用胶黏剂封闭包装容器的黏结封口机等。

（五）贴标机械设备

贴标机械是将事先印刷好的标签粘贴到包装容器的特定部位的机械。其完成的工艺过程包括取标签、送标签、涂胶、贴标签、整平等。

贴标机的种类很多，这里主要是按贴标部件的特征分为如下几种。

1. 龙门式贴标机

这种贴标机有一个类似门框的龙门架，容器由输送带输送，直线通过龙门架，标签仓位于龙门架上方，标签经涂胶后送入龙门架，由导轨自由下落，正好遇到送来的容器并粘贴其上，再经毛刷平。

2. 真空转鼓式贴标机

这种贴标机的机型很多，应用广泛，其共同点是均有一个真空转鼓，即圆柱形构件，其柱面上等分为几个贴标区段，上面钻有无数起着取标作用的真空孔眼，其真空的通断靠转鼓中的滑阀实现。当转鼓绕其轴线回转时，依次完成取标、涂胶、贴标等工艺操作。这种贴标机生产能力大，效率高，每小时贴标可达两万件以上。

3. 多标仓转鼓贴标机

这种贴标机的主要结构与真空转鼓式贴标机有许多相似之处，其主要部件为一个多标仓转鼓。这种转鼓亦为圆柱形，在径内等分设置了多个结构形式相同的标仓，内放裁切好的标签。当转鼓回转时，先通过涂胶辊标签背面，在转至待贴容器时，把标签粘贴其上，最后将其整平贴牢。

4. 滚压式贴标机

这种贴标机有一个直径较大的转盘，转盘周边等分有许多圆弧形缺口，以容纳截面为圆形的容器，转盘轴线垂直于地面。当容器由供料装置送入转盘并随其回转时，先由涂胶辊在其贴标面上滚涂胶液，此时吸标爪因真空作用由标仓中吸标，随之摆向容器，把标签压向容器涂胶面，接着转盘带动容器转到涂胶辊处，由涂胶辊将标签滚压贴牢在容器上。

5. 压标贴标机

这种贴标机采用的是压敏胶标签，即标签背面涂有压敏黏胶，贴标时直接将其压贴到包装件贴标位置。在粘贴压敏胶标签时，需用剥离装置将标签从隔离纸上剥离下来。再由压贴滚轮压贴到待贴标包装件上。该类贴标机不但适用于瓶罐类曲面的贴标，而且适用于箱（盒）类平面的贴标。

（六）其他机械设备

根据包装的基本流程，还可以划分出以下几种包装加工机械。

1. 清洗机械

清洗机械是指清洗包装材料、包装件等使其达到预期清洗程度的机器。按清洗方式不同可分为机械式、电解式、化学式、干式、湿式、超声波式、静电式；按使用的清洗剂不同可分为干式清洗机、湿式清洗机、机械式清洗机、电解式清洗机、电离式清洗机。

2. 干燥机械

干燥机械是减少包装材料、包装件中的水分，使其达到预期干燥程度的机器。按干燥方式可分为机械式干燥机、加热式干燥机、化学式干燥机。

3. 杀菌机械

杀菌机械是用来清洗或杀死包装材料、产品或包装件上的微生物，使其降到卫生许可的范围内的机器。按杀菌方法可分为热杀菌法、冷杀菌法；按操作性质不同可分为间歇式杀菌机、连续式杀菌机；按操作原理特征不同可分为静止式、回转式、摇动式、水封式、静水压式、热流层式、喷淋式；按结构特征不同可分为隧道式、滚筒刮面式、螺旋泵式、板式和管式。

4. 捆扎机械

捆扎机械是通过捆扎或结扎封闭包装容器的机器。按自动化程度不同可分为全自动捆扎机、半自动捆扎机、手提式捆扎机；按捆扎带材料不同可分为绳捆机、钢带捆扎机、塑料带捆扎机。

5. 多功能包装机械

多功能包装机械是指具有两种或两种以上功能的包装机。主要种类有充填封口机、成型充填封口机、定型充填封口机、真空包装机、真空充气包装机。

除了上述这些设备外，还有数台包装机和其他辅助设备组成的能完成一系列包装作业的包装生产线。包装设备在物流作业中起着重要的作用，它可以改善劳动条件，降低劳动强度和产品成本，降低包装费用，提高包装质量，延长物料保质期和便于物料储运等。

二、集装单元

（一）集装单元的概念

集装单元就是把各式各样的物料集装成一个便于储运的单元。集装单元化是指将货物整合成集装单元，从发货地到收货地尽可能以集装单元进行输送的方式。即货物以单元为单位进行机械装卸，利用有效的输送手段进行输送的方式。集装单元化是物料搬运、物流作业的革命性改革，是物流现代化的标志。其实质就是要形成集装单元化系统，它是由货物单元、集装器具、装卸搬运设备和输送设备等组成的高效、快速地进行物流服务的人工系统。

集装单元化技术是随着物流管理技术的发展而发展起来的。集装单元化技术是物流管理硬技术（物流设备、器具及随属器具等）与软技术（为完成物流作业的系列方法、程序和制度等）的有机结合。

采用集装单元化技术后，物流费用大幅度降低，同时，也使传统的包装方法和装卸搬运工具发生了根本变革。集装单元化不能单纯看作一个容器，它是物料的载体，是物流机械化、自动化作业的基础，标准化后单元化容器也是物流设备、物流设施、物流系统设计的基础，是高效联运、多式联运的必要条件。以集装单元为基础来进行装卸、运输、保管等作业的集装单元化运输是现代物流运输的常见形式，例如，托盘运输、集装箱运输和柔性集装袋运输等。

在推广应用集装单元化技术的过程中必须注意三个问题：①集装单元化系统中必须具有配套的装卸搬运设备和运送设备；②集装箱和托盘等集装器具的合理流向及回程货物的合理组织；③实行集装器具的标准化、系列化和通用化。

根据 GB/T 15233—94《包装　单元货物尺寸 Packaging Unit load size》，单元货物（unit load）是指通过一种或多种手段将一组货物或包装件固定在一起，使其形成一个整体单元，以利于装卸、运输、堆码和储存，外形如图 4－33 所示。

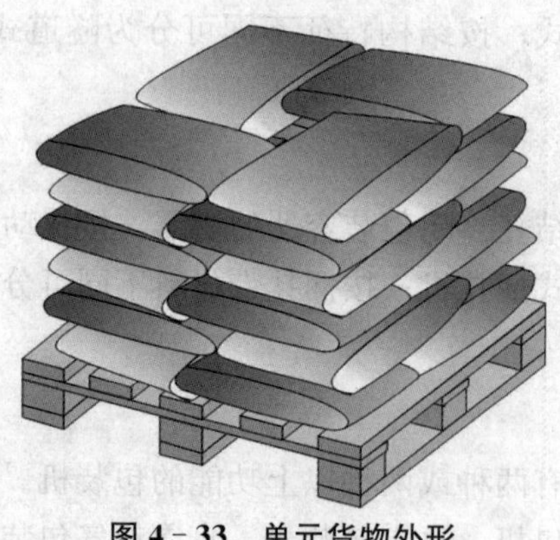

图 4－33　单元货物外形

该标准还规定了货物流通过程中包装单元货物的最大底平面尺寸，如表 4－4 所示。

表 4-4　　单元货物外形尺寸　　单位：毫米

序号	尺寸（a×b）	允许偏差
1	1200×1000	0～40
2	1200×800	0～40
3	1140×1140	0～40

此外，为了规范汽车制造商和汽车货运市场，国家制定了有关标准，规定了汽车的载货空间和运输包装件的最大外廓尺寸。根据国家标准《运输包装件尺寸界限》（GB/T 16471—1996），公路运输包装件通用尺寸长、宽、高分别小于 3540 毫米、1600 毫米、1650 毫米，常用货运汽车车厢尺寸范围如表 4-5 所示。

表 4-5　　常用货运汽车车厢尺寸范围　　单位：毫米

<table>
<tr><th>车型</th><th>长度</th><th>宽度</th><td rowspan="6">厢式货车
高度：1803～2160
门宽：1600～2220
门高：1700～1900
厢式挂车
高度：1800～3300
门宽：1900～2300
门高：1650～1800</td></tr>
<tr><td>中型货车</td><td>3540～7950</td><td>2205～2490</td></tr>
<tr><td>重型货车</td><td>4900～8100</td><td>2250～2500</td></tr>
<tr><td>挂车</td><td>3800～12160</td><td>2100～2500</td></tr>
<tr><td>厢式货车</td><td>3750～7300</td><td>1920～2490</td></tr>
<tr><td>厢式挂车</td><td>6900～12142</td><td>2200～2490</td></tr>
</table>

根据国家标准，铁路运输包装件通用尺寸长、宽、高应分别小于 2300 毫米、700 毫米、1782 毫米。装车后包装件长、宽、高不得超过车厢尺寸范围，超过范围的商品要作为特种商品运输。铁路主要货车车厢尺寸范围如表 4-6 所示。

表 4-6　　铁路主要货车车厢尺寸范围　　单位：毫米

车型	长度	宽度	高度	门宽	门高
棚车	13050～15490	2400～2870	2000～2819	1540～2964	1900～2647
保温车	13238～19030	2300～2829	1950～2995	700～2700	1782～2300
平车	6200～13000	2400～3070	—	—	—
敞车	10240～13020	2620～2930	—	—	—

（二）集装单元的类型

1. 集装箱

（1）集装箱的概念。

根据 GB/T 1992—1985，集装箱（Container）是一种运输设备，应满足下列要求：①具有足够的强度，可长期反复使用；②适于一种或多种运输方式运送，途中转运时，箱内货物无须换装；③具有快速装卸和搬运的装置，便于从一种运输方式转移到另一种运输方式；④便于货物装满和卸空；⑤具有1立方米及以上的容积。集装箱这一术语不包括车辆和一般包装。

通用集装箱也可以定义为用于运输和储存单元货物、包装货物或散货的矩形箱体。它可以限制和防止发生货损货差，可脱离运输工具，作为单元货物进行装卸和运输，无须倒装箱内货物。通用集装箱既可以承受货物重量和冲击外力，也可以防止货物日晒雨淋。

（2）集装箱的优点。

集装箱作为一种集合运输包装，有着其他包装形式所无法比拟的优点，主要表现如下。

①保护被包装物品。对被包装物品施以相当可靠的保护，对贵重、易碎、怕潮的高档商品尤为可贵。可有效防止货损、货差、偷盗，保证安全运输，最大限度地防止在流通中丧失生产中创造的价值。

②节约包装材料和包装费用。据调查，使用集装箱后易碎物品的破损率大大降低，平板玻璃自8%降到1%，铁锅由33%降到0.5%，暖水瓶由2.5%降到零。

③大大提高劳动生产率。尤其是杂货的运输，用机械搬运代替人工搬运，为装卸运输和管理的自动化提供了必要条件。

④加快车船周转，提高货物运送速度。

⑤减少理货工作的复杂性，与散货相比能降低装卸费。

（3）集装箱的特点。

①标准化、系列化。集装箱规格尺寸已形成国际标准，各种配套的运输工具、装卸器具和货物包装尺寸都以集装箱的标准规格作为设计依据，使各种设备的能力得到充分利用，达到高效能、低消耗的效果。

②大型化、专用化。集装箱由载重5吨向10吨、30吨发展，尺寸由20英尺向40英尺发展，并为适应各种货物特点设计制造了各种专用集装箱，有冷藏集装箱、框架集装箱、开盖集装箱、动物集装箱、汽车集装箱等各种类型。

③运输专业化、电子化。许多国家集装箱运输已自成体系，如配有集装箱的专用车辆、专用船只、码头等，并开办定时、定点、定编组的集装箱直达列车和专列。此外，各种装卸器具和运输设备配套，使集装箱作业和管理可以采用现代电子技术。

④联运化。集装箱和各种运输设备规格配套，扫除了联运的技术障碍。如今，联运规模已从两种运输方式扩大到“海陆空”立体联运和国际复合运输，大大减少了倒装搬运的次数，既降低在途的货物损耗，又加快了货物周转。

（4）集装箱的选择。

集装箱种类繁多，一般可按以下步骤选择合适的集装箱：

①根据货物特性、货物种类与货名、货物包装尺寸、货物重量、集装箱运输过程选择箱型。

②合理计算集装箱的数量。特别是对于拼装的货物，应当轻、重货物配搭，为使配装效果较好，配装货物的品种宜少，以一种重货与另一种轻货配装为宜。拼装货物应是发至同一到达站的货物。

③使所装货物的加权平均单位体积重量等于或接近于集装箱的单位容重，从而使集装

箱的容积装满，标记载重量也得以充分利用。

（5）集装箱的分类型号。

集装箱的分类是经过长期发展而成的，根据ISO 668：1995，集装箱分类型号如下：

①箱长为1219.2厘米（40英尺）的集装箱，其型号确定为A型；

②箱长为914.4厘米（30英尺）的集装箱，其型号确定为B型；

③箱长为609.6厘米（20英尺）的集装箱，其型号确定为C型；

④箱长为304.8厘米（10英尺）的集装箱，其型号确定为D型。

（6）集装箱的种类。

集装箱的种类很多，根据用途分为以下几种。

①通用干货集装箱。干货集装箱也称杂货集装箱，是用来运输无须温度控制的一般件杂货集装箱，多用于装布匹、服装、玻璃、陶瓷、电视机、收录机、钟表仪器、自行车、缝纫机、工艺美术品、书籍等百货。

通用集装箱强调装运货物的通用性，是使用最为广泛的集装箱。

②保温集装箱。保温集装箱是为了运输需要冷藏和保温的货物，能进行适度温度控制的集装箱，其内部有温度控制设备，箱壁都用导热率低的材料隔热制成。保温集装箱又分为冷藏集装箱、低温恒温集装箱和隔热集装箱三类。

冷藏集装箱是能保持−5℃以下温度，适用于各类易腐物品运用的集装箱。一般采用电力制冷，主要用于装运冷冻肉、冰淇淋等冷冻食品，以及胶卷、药品、乳制品、糖果等需低温的物品。

低温恒温集装箱是能保持一定低温（如3℃～10℃），但不达到冰点，保证箱内物品能在低温下保质、保鲜而不使其冻结的集装箱，适合装运高档水果、蔬菜、鲜肉鱼类、药品及某些化工制剂等。

隔热集装箱是能防止温度升降过大，以在短时间内保持一定温度及保鲜的集装箱。这种集装箱有很好的隔热保温性能，装箱完毕后内置制冷剂或预冷，有其很强的隔热保温能力，一般有效时间在2～3天，主要用于短途冷冻货物的物流，如城市内冷冻食品运输，也用于较长距离的水果、蔬菜等物品的装运。

③通风集装箱。它是具有空气调节能力的集装箱，内设排风扇等通风装置，或在集装箱上装设通风孔、通风栅栏，甚至采用金属网等通风材料制造。主要在需要满足动植物呼吸作用、保持空气更新的场合下使用，适合于动植物的装运。

④罐式集装箱。罐式集装箱是为运输酒类、油类和化学品类等液体货物而设置的集装箱。

⑤干散货集装箱。干散货集装箱是为运输粉状或粒状货物而设有特殊结构的集装箱，主要装谷物、煤、盐、化学品等。

⑥开顶集装箱。开顶集装箱是箱顶及侧壁和端壁上面的一部分可以打开，货物能从上面装卸的集装箱，主要用于装木材、钢材、大型货物和重物。

⑦台架式集装箱。台架式集装箱是没有箱顶和侧壁，甚至连端壁也去掉而只有底板和四个角柱的集装箱。平台式集装箱是在台架式集装箱上再简化而只保留底板的一种特殊结构集装箱。此类集装箱的特点是可利用各种机械从前后、左右及上方进行装卸作业，如图

4-34所示。

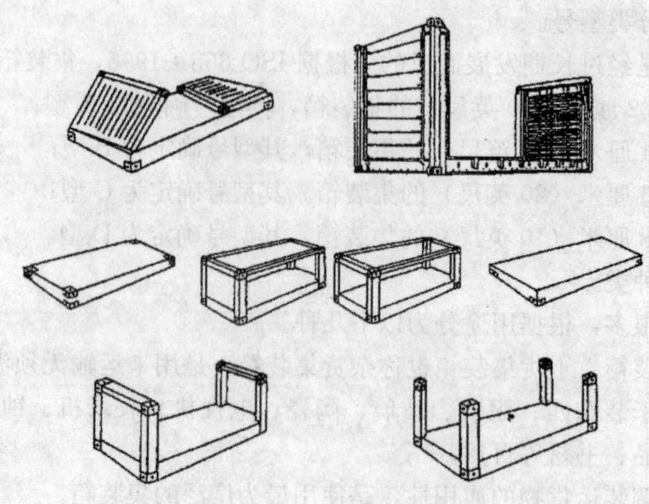

图4-34 各种台式集装箱

⑧汽车集装箱。汽车集装箱是一种运输小型轿车的专用集装箱。箱内有支撑车辆的支架，组装好的车辆可立置于箱内。

⑨动物集装箱。动物集装箱是载运牛、羊、猪、马匹等家畜及其他活动物用的集装箱。其箱壁用金属丝网制造，通风良好，并设有喂食结构。

⑩航空集装板和集装箱。空运的货品几乎都是成组装运的，航空集装板单元尺寸如表4-7所示，常用航空集装箱尺寸如表4-8所示。

表4-7 航空集装板单元尺寸 单位：毫米

型式	长度	宽度	高度
P6P	3175	2438	1626
P1P	3175	2235	1626

表4-8 航空集装箱尺寸 单位：毫米

型式	箱内长	箱门宽	箱门高
LD-3	1514	1460	1400
LD-2	1514	1000	1400

2. 托盘

(1) 托盘的概念。根据GB/T 4122.1—1996，托盘（pallet）是用于集装、堆放、搬运和运输的放置作为单元负荷的货物和制品的水平平台装置。

托盘是一种重要的集装器具，托盘的发展与叉车同步，叉车与托盘共同使用所形成的有效装卸系统大大促进了装卸活动的发展。

（2）托盘的特点。托盘和集装箱在许多方面可以优缺点互补，因而可以在难以利用集装箱的地方利用托盘，托盘难以完成的工作则可由集装箱来完成。托盘主要有以下几个特点。

①自重小。用于装卸、运输时，托盘本身所消耗的劳动量较小，无效运输及装卸比集装箱少。

②返空容易，返空时占用运力很少。由于托盘造价不高，又很容易互相代用，互以对方托盘抵补，所以无须像集装箱那样必有固定归属者，返空比集装箱容易。

③装盘容易。不需要像集装箱那样深入箱体内部，装盘后可采用捆扎、紧包等技术处理，使用简便。

④装载量有限。托盘装载量虽较集装箱小，但也能集中一定数量，比一般包装的组合量大得多。

⑤保护性差。托盘保护性比集装箱差，露天存放困难，需要有配送中心等配套设施。

托盘包装在国际贸易中已经使用了很多年，被认为是经济效益较高的运输包装方式之一，它不仅可以简化包装，降低成本，使包装可靠，减少损失，而且易机械化，节省人力，实现高层码垛，充分利用空间。

（3）托盘的类型。托盘多以钢、木或塑料制成，其中，托板一般由金属制成；滑板是由波状纤维或塑料制成，是将单元货物拉到滑板上；专用堆放架由钢材或木料制成，可盛放专用件或特殊形状的物品。托盘根据其结构特征可分为平托盘、柱式托盘、箱式托盘、轮式托盘、特种专用托盘等。

①平托盘。平托盘结构简单，使用方便，是托盘中使用量最大的一种，也是托盘中的通用型托盘。按台面和叉车叉入方式，可以将平托盘分成如图 4－35 所示的各种形式的托盘。平托盘按制造材料的不同，有木制、塑制、钢制、竹制、塑木复合等。

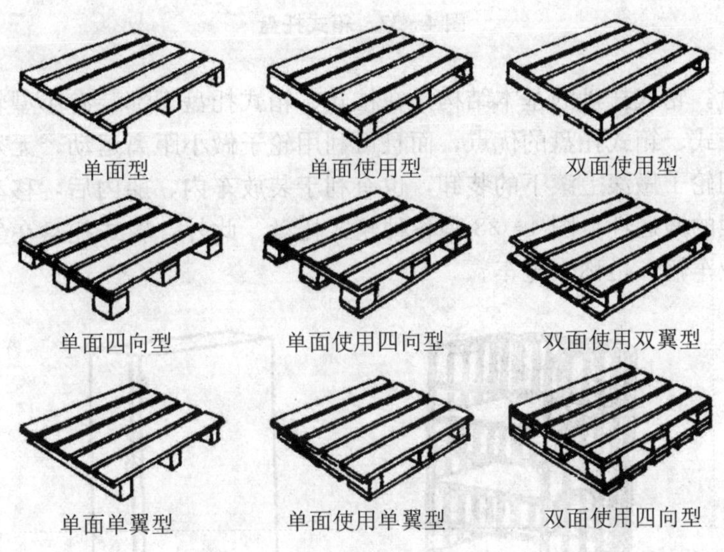

图 4－35　各种平托盘形状构造

②柱式托盘。柱式托盘的基本结构如图 4－36 所示，托盘的四个角有固定式或可卸式

的柱子，这种托盘的进一步发展又可从对角的柱子上端用横梁连接，使柱子呈门框形。柱式托盘的柱子部分用钢材制成，按柱子固定与否分为固定柱式和可卸柱式两种。柱式托盘可以防止托盘上置货物在运输、装卸等过程中发生塌垛；利用柱子支撑承重，可以将托盘码垛存放，而不用担心压坏下面的货物。

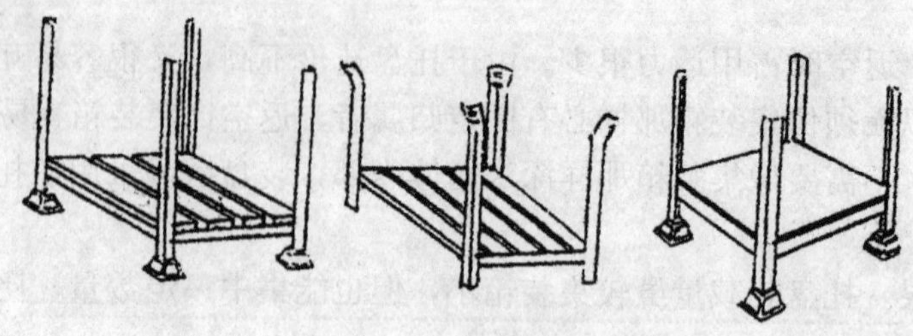

图 4-36 柱式托盘

③箱式托盘。箱式托盘的基本结构是沿托盘四个边有板式、栅式、网式等各种平面组成箱体，有些箱体上有顶板，有些箱体上没有顶板。箱板有固定式、折叠式和可卸式三种。如图 4-37 所示。箱式托盘不仅防护能力强，可有效防止塌垛、货损，而且装运范围较大，多用于散件或散装物料的集装，也可用于热加工车间集装热料。

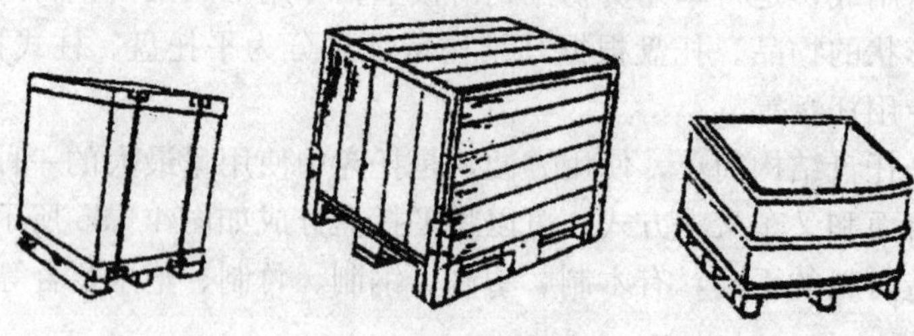

图 4-37 箱式托盘

④轮式托盘。轮式托盘的基本结构是在柱式、箱式托盘下部装有小型轮子，这种托盘不仅具有一般柱式、箱式托盘的优点，而且可利用轮子做小距离运动，无须搬运机就可实现搬运。可利用轮子做滚上滚下的装卸，也有利于装放车内、船内后，移动其位置，所以轮式托盘有很强的搬运性。图 4-38 是各种轮式托盘。此外，轮式托盘在生产物流系统中还可以兼做作业车辆，也称为笼车。

图 4-38 各种轮式托盘

(4) 特种专用托盘。特种专用托盘，例如，航空货运或行李托运用托盘使用的航空托盘、能支撑和固定立放的平板玻璃集装托盘（见图 4-39)、专门装运标准油桶的异型平托盘（见图 4-40)、专门用于装运长尺寸材料的托盘、轮胎专用托盘等。

图 4-39　平板玻璃集装托盘

图 4-40　桶型物专用托盘

3. 集装袋

柔性集装袋又称柔性集装箱，是集装单元器具的一种，配以起重机或叉车就可以实现集装单元化运输。集装袋用各种高强度纺织材料做成，它的特点是结构简单、自重轻、可以折叠、密闭隔绝性强、价格低廉等。

集装袋的适用型式有重复使用型、一次使用型；形状有圆桶形、方形、圆锥形等；提升方式有顶面提升、底盘提升、侧面提升；有些有排料口，有些无排料口；所使用的材料有橡胶、塑料、帆布等；容积和充填重量规格多。

集装袋主要用于装运大宗散状、粉粒状物料，如水泥、粮食、石灰、化肥、树脂类等易变质、易污染物品的装运。在液体物品方面，适用于装运液体肥料、表面活性剂、动植物油等。

第五节　计量检验设备

对于进入配送中心的货物，要进行外观、重量、数量、规格等方面的检验，以保证货物的质量和数量与供货合同相符。

现代的检测计量设备主要以电子检测和识别装置为主导。进行重量检测的设备主要有电子台秤、吊钩电子秤、地中衡、轨道衡等；用于规格尺寸检测的设备主要有光电检测装置、激光检测装置等；对于粉料、液体等货物的检测主要使用电子流量计；成件包装或单元化货物则使用电子计数装置等。

一、电子收货系统

配送中心电子收货系统——当货物到达配送中心时，管理员持扫描器扫描托盘或包装箱上的条码，系统自动取消接收单证，从而使货物信息进入配送中心管理系统（WMS），与订单进行电子核对。该系统实现货物快速登记，缩短收货时间，由于信息无须人工输入，提高了效率和准确率。

二、电子秤

电子秤是一种现代化的衡器，具有操作简单、称量速度快的特点，可以数字显示并自动记录称重结果。

（一）电子秤的构成和称重原理

1. 电子秤的构成

电子秤一般由承重和传力机构、称重传感器、测量显示仪以及电源等组成。

承重和传力机构是将物体的重量传递给称重传感器的机械系统，包括承重台面、秤桥结构吊挂连接单元等。

称重传感器称为一次变换元件，它可将作用在上面的重量按一定的函数关系转化为电量（电压、电流、频率等）输出。

测量显示仪称为二次显示仪表，用于测量称重传感器输出的电信号值，并以数码形式直接显示出来，还可通过打印装置进行打印。

电源是向称重传感器测量桥路馈电的、稳定性较高的稳压电源。

2. 电子秤的称重原理

电子秤的称重原理如图 4 - 41 所示。

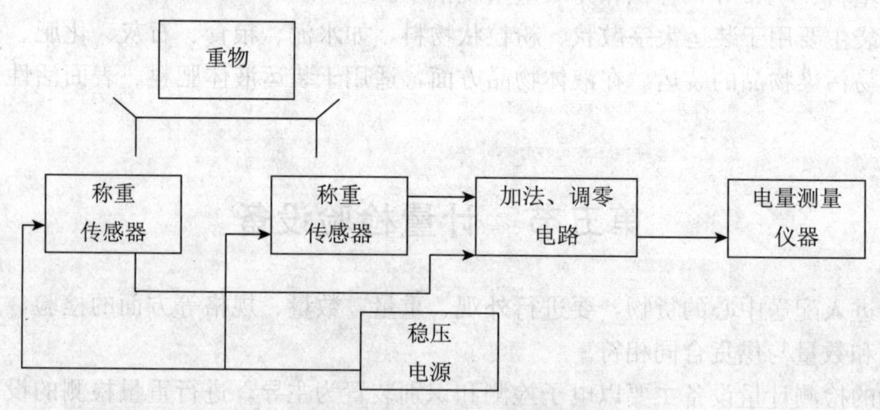

图 4 - 41　电子秤的称重原理

电子秤的核心部件是称重传感器，也就是说电子秤的性能在很大程度上取决于称重传感器。电阻应变式传感器是一种较常采用的转换元件，其原理是：当金属丝受拉或受压发生弹性变形时，其电阻值发生相应的变化，电阻值的变化导致电压、电流发生变化，把这种变化用仪表显示，就能实现对物体的称量。

（二）称重传感器的特性参数

称重传感器是电子秤的核心部件，它的性能指标在很大程度上决定了电子秤的精度和稳定性，因此有必要了解称重传感器的特性参数。

（1）额定载荷。额定载荷是指称重传感器称量的上限值，或称为称重传感器允许的最大称量。

（2）输出灵敏度。输出灵敏度亦称传感器系数，用额定载荷状态电桥的输出电压与输入激励电压的比值表示。

（3）非线性误差。传感器承受载荷的重量与其相应输出之间并非成直线关系，由此造成的误差称为传感器的非线性误差。如图 4－42 所示，将无负荷输出与额定载荷输出之间连一条理想直线 A，将逐渐加负荷的输出连成 B 线。

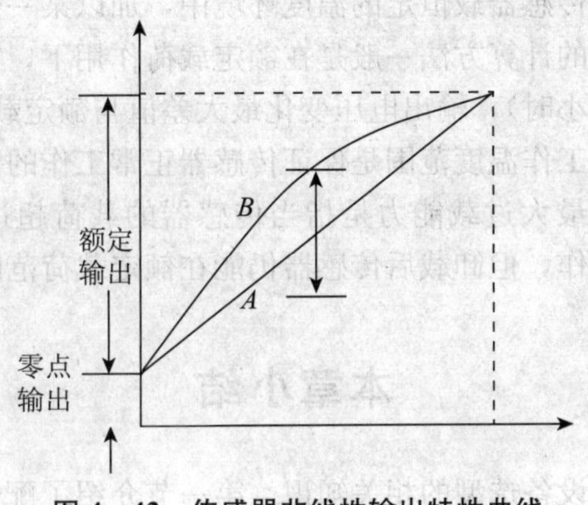

图 4－42　传感器非线性输出特性曲线

（4）滞后。滞后是指在相同的工作条件下，传感器由零负荷逐渐加载到额定负荷，然后再逐级卸载到零时，输出特性曲线 B、C 并不重合，如图 4－43 所示。

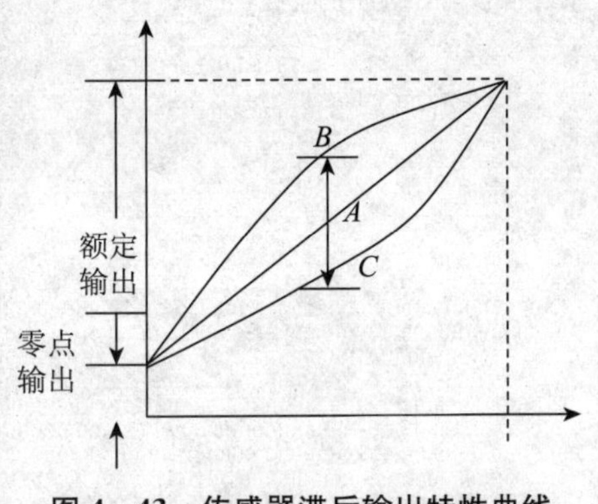

图 4－43　传感器滞后输出特性曲线

（5）不重复性。不重复性指在同一环境下，对传感器反复施加某载荷时，每次输出电压值不尽相同。不重复性的计算是取传感器的三次加载输出特性曲线在同一载荷下的最大偏移量与额定输出电压的比值，如图 4-44 所示。

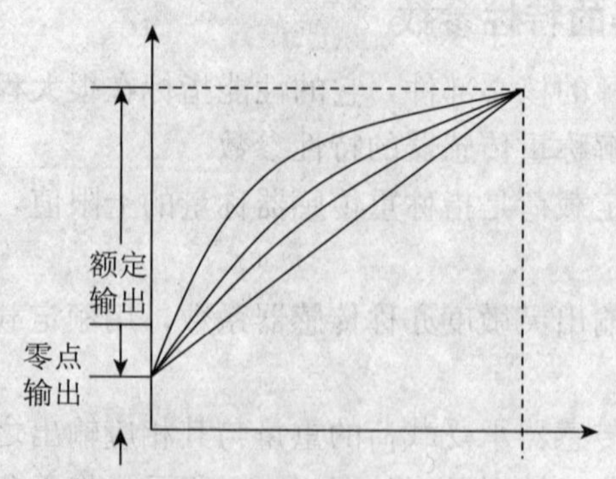

图 4-44　传感器不重复性输出特性曲线

（6）蠕变。蠕变是指传感器载恒定的温度环境中，加以某一恒定的载荷时，其输出电压随时间发生变化。蠕变的计算方法一般是在额定载荷作用下，在恒温的环境中，以及在规定的时间内（一般为半小时），输出电压变化最大差值与额定载荷输出电压值的比值。

（7）工作温度范围。工作温度范围是保证传感器正常工作的温度上下限。

（8）最大过载能力。最大过载能力是指当传感器的载荷超过额定载荷而达到某一值时，传感器已不能正常工作，但卸载后传感器仍能在额定载荷范围内恢复正常工作。

本章小结

本章介绍了配送中心设备选型的相关知识。第一节介绍了配送中心内存储设备——货架的类型及选型；第二节从起重机械和搬运车辆的角度介绍了装卸搬运设备的基本概况；第三节对输送分拣设备予以了详细描述；第四节分别介绍了包装加工的具体设备以及以集装箱和托盘为主的集装单元；第五节介绍了计量检验设备。

第五章　配送中心内部布局优化

在对配送中心内部进行布局设计时，力争便于商品的装卸、搬运、保管、流通加工等各项工作的进行，并使之高效、机动。同时设计上还要满足易于管理、经济性高，以及柔性化等要求。配送中心内部布局规划主要是估算各项作业区域的大小，包括进货区、储存区、拣货区、出货区等，并依各区域间的作业关联性来决定各作业区域的位置设置。

第一节　配送中心建筑设计基本要求

一、配送中心的设计原则

配送中心一旦建成就很难再改变，所以，在规划设计时，必须切实掌握以下四项基本设计原则。

（一）系统工程原则

配送中心的工作包括收验货、搬运、储存、装卸、分拣、配货、送货、信息处理，以及与供应商、连锁商场等店铺的连接，如何使它们之间均衡、协调地运转是极为重要的。其关键是做好物流量的分析和预测，把握住物流的最合理流程。由于运输的线路和物流据点交织成网络，配送中心的选址也非常重要。

（二）价值工程原则

在激烈的市场竞争中，配送的准时和缺货率低等方面的要求越来越高；在满足服务高质量的同时，又必须考虑物流成本。特别是建造配送中心耗资巨大，必须对建设项目进行可行性研究，并做多个方案的技术、经济比较，以求最大的企业效益和社会效益。

（三）工艺、设备、管理科学化的原则

近年来，配送中心均广泛采用电子计算机进行物流管理和信息处理，大大加速了商品的流转，提高了经济效益和现代化管理水平。同时，要合理地选择、组织、使用各种先进的物流机械化、自动化设备，以充分发挥配送中心多功能、高效率的特点。

（四）发展的原则

规划配送中心时，无论是建筑物、信息处理系统的设计，还是机械设备的选择，都要考虑具备较强的应变能力，以适应物流量的扩大、经营范围的拓展。在规划设计第一期过程时，应将第二期工程纳入总体规划，并充分考虑扩建时的业务工作需要。

二、配送中心的经营定位

配送中心是以开展配送业务活动为核心的经济实体，具有一般企业的特征。因此，配送中心与其他类型企业一样，其经营定位就是确定企业在市场中的位置，即根据行业发展特点和自身条件，选择和调整经营模式，制定企业的战略目标，并为实现企业的战略目标采取一系列经营和管理措施，确保企业在竞争中的地位。配送中心可以从市场需要出发，对本身的功能、经营商品范围、选址区位及建设规模等方面进行决策和定位，并且在实践中不断调整以适应市场发展的需要。

（一）配送中心的功能定位

配送中心的功能是根据其开展的配送业务活动并以相应的配送作业环节为基础来确定的。根据配送作业的基本环节和作业流程，配送中心具有采购、储存、加工、分拣、配货、配送运输等多项功能。但不同类型的配送中心的核心功能不完全相同，因此，在配送中心的规划建设中，从设施建设到平面布局，以及组织管理等方面也会因其功能不同而产生差异。

储存型配送中心以储存功能为主，以尽可能降低其服务对象的库存为主要目标，具有较强的库存调节功能，因此，在建设中应规划较大规模的仓储空间和设施；流通型配送中心以快速转运为核心，大批进货，快速分装或组配，并及时地分发到各客户指定的地点，因此，在建设中应以配备适应货物高速流转的设施为主；加工型配送中心以对商品进行如拆包、分解、整理、再包装等流通加工为主，因此，在规划建设中应适应加工的需要，配备必要的加工设施、场地，引进相应的加工技术。

专业型配送中心应主要针对商品特性，体现处理专项商品的技术与特色，因此，必须配置特定商品的处理设施，开发适用于特定商品的物流技术。综合型配送中心的技术和设施则必须具备适应处理多类商品的通用性。

在城市范围内或面向城市区域配送的配送中心，一般需将商品直接送到消费者手中，实现“门到门”服务，因此，要求具有快速反应的配送运输设施，特别是在形成公路、配送运输网的基础上，重点加强运输车辆和运输组织方面的管理，适应快捷配送的需要；区域性配送中心的辐射范围广，配送规模较大，有些甚至开展全国、跨国配送业务，这类配送中心通常以销售功能为主，通过配送服务促进商品销售，因此，其设施和建设通常具备多种流通功能，特别是必须具有高效的信息网络传输系统，既适应商流，也适应物流的需要。

（二）配送中心经营商品定位

经营商品定位主要是根据市场需求来确定的。对于一般商业连锁体系来说，通常配备经营一般消费品的配送中心，负责连锁体系内大部分商品的配送，以形成规模效应，获得规模经济效益；一些由传统批发机构改组而形成的专业型配送中心，通常以其批发经营的传统商品为主，开展配送业务，其品种较为单一，批量较大。例如，英国的香蕉流通主要由三大公司控制，他们不仅积累了丰富的香蕉养护与流通技术和经验，而且通过几十年的配送实践，能高效地进行香蕉配送，满足不同客户的需要。不论哪一类配送中心，其经营商品的定位都是一种市场定位，即以满足市场需求为前提。因此，配送中心的投资经营必须在市场有需求的情况下，投资和经营主体通过对市场形势的调查和分析，明确自身的经营目标，给本企业在市场竞争中以恰当的定位。

(三) 配送区域的确定

配送区域是指配送中心辐射的范围，即以某一点为核心建立配送中心，其配送的距离和区域的大小不仅关系配送中心的投资规模，也影响配送中心的运作方式。

通常对于连锁商业体系来说，其零售店铺的分布范围和数量多少，决定配送中心的辐射区域和配送能力。连锁商业体系组建配送中心的方法，可以按照适当的比例，即根据商圈范围内顾客分布、分店数量与配送中心的适当比例，来确定配送中心的位置、规模与数量，例如，日本的全家便利商店公司，其配送中心的物流半径为 30 千米，在半径为 30 千米的范围内平均设有 70 家店铺，由一个配送中心负责。有些连锁体系则按照商品类别来建立不同的配送中心。例如，日本最大的零售商大荣公司在组建配送中心时就是根据商品的不同类别建立了衣料和杂货配送中心、电器和家具配送中心、食品配送中心等，这些根据商品类别不同而设置的专业型配送中心分别负责不同商品的配送。

无论何种形式的配送中心，其区位的确定，都是以其服务对象所形成的区域为基本前提，在一定商圈范围内选址的。建设规模越大，经营能力越强，其辐射范围越广，服务的商圈也就越大。反之，服务商圈越大，配送中心在投资建设和经营组织等方面，就必须考虑使自身形成足够的配送能力，以满足市场需要。在配送中心的区位选择中，除了考虑配送商品种类与数量外，交通运输条件、用地条件等问题也应该详细分析和论证，以确定配送的区域和范围。

(四) 配送中心建设规模的确定

1. 建设规模的"成本—收益"分析

通常配送中心规模越大，其服务能力越强，而规模越大，投资成本也将会增加。从"成本—收益"的角度来分析，配送中心建设规模与其服务能力和单位配送成本之间的相关关系如图 5-1 所示。

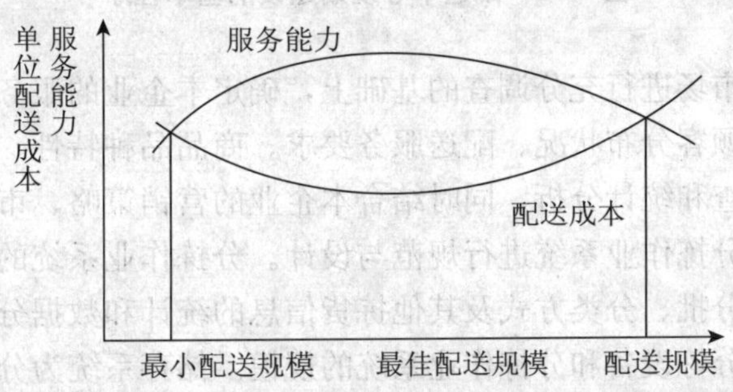

图 5-1 配送中心建设规模与其服务能力和单位配送成本之间的相关关系

"配送规模"与"单位配送成本"之间的关系是：在一定配送规模范围内，随着投资建设规模的不断扩大，单位配送成本随之不断降低，而当规模扩大到一定程度，单位配送成本则会开始随规模的扩大而上升，规模不经济性开始发生作用；“配送规模”与“服务能力”之间的关系则表现为：随着配送规模的扩大，配送中心的服务能力不断增强，但当规模扩大到一定程度时，其服务能力受规模的影响则不断减小。也就是说，配送中心的建设和经营规模并不是越大越好，从理论上说，其规模最好在“服务能力曲线”与“单位配送成本曲线”的两个交点内决策，这样才可能在最佳规模范围内获得较低的配送成本和较高的服务能力、服务水平。

2. 配送中心规划建设的基本程序

在配送中心的投资建设中，其规划的起点是在市场调查的基础上，对顾客及订单进行分析处理，其规划程序如图 5-2 所示。

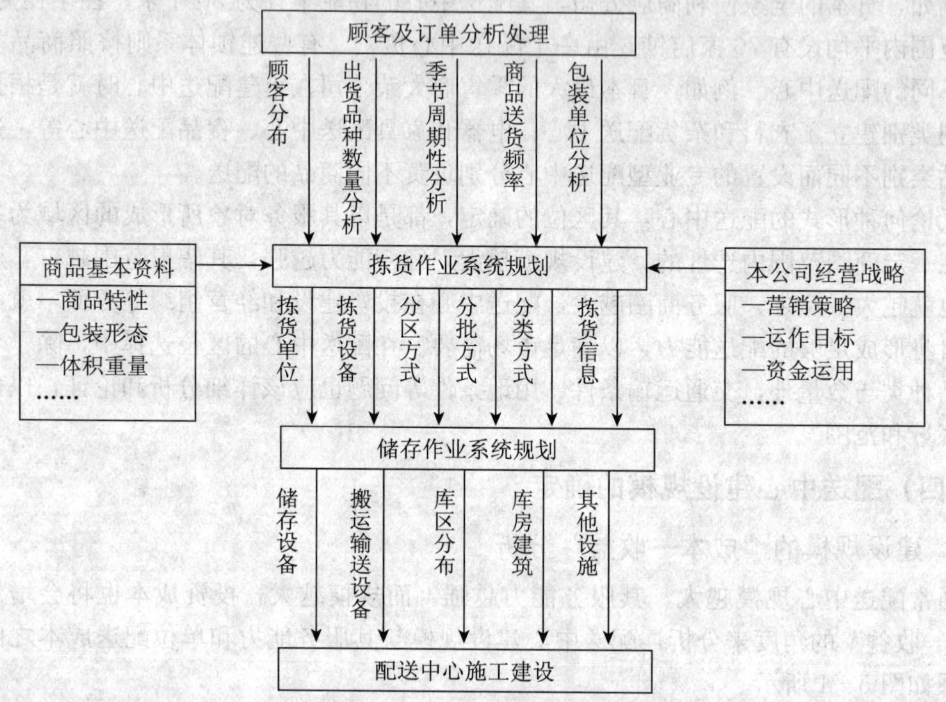

图 5-2　配送中心规划建设的基本程序

该程序就是在对市场进行充分调查的基础上，确定本企业的服务对象、辐射范围及经营品种，对本企业的顾客分布状况、配送服务要求、商品品种特性、包装形态、体积重量等方面进行详细的调查和统计分析，同时结合本企业的营销策略、市场目标及资金运用等情况，先对配送中心分拣作业系统进行规范与设计。分拣作业系统的规划包括拣货时商品的包装单位，出货时分批、分类方式及其他拣货信息的统计和数据分析，在确定作业方式的基础上确定相应的分拣设备和分拣作业系统的规模。储存系统为分拣作业提供商品保障和作业基地，储存作业系统的规划包括储存、搬运以及其他设备的选定，储位分布，库区布置及库房建筑等方面的内容。因此，配送中心建设与规划的整体程序是在市场定位的基础上，先对分拣作业系统进行规划，再设计储存作业系统，最后，以储存和分拣作业系统为核心综合规划整个配送中心的整体布局与建设方案。

三、配送中心规划的基本规范

根据中华人民共和国国家标准《通用仓库等级》（GB/T 21072—2007）规定，具备连续两年营运历史，并且正在营运的库区可以参加通用仓库的等级评定。这里的通用仓库指除冷藏冷冻物品、危险物品等具有特殊要求的物品外，能满足一般储存要求的仓库。库区指由同一单位实施管理、由一栋或多栋仓库及附属设施组成的独立区域。通用仓库的等级以独立库区为单位，以其设施条件、服务功能、服务质量、管理制度等划分，同一企业的不同库区分别评定等级。通用仓库划分为五级，一星级为最低，五星级为最高，由全国仓储行业组织设立专门机构具体实施评定。

物流配送中心各种设施的建设应符合国家及所属地方相关法规的规定。同时，在考虑防洪排泄、防火因素等要求的基础上，配套建设相适应的电力、供排水、通信、道路、消防和防汛等基础设施。

物流配送中心应根据所属地电网规划的要求，建设符合中华人民共和国国家标准《城市电力规划规范》（GB/T 50293—2014）和《供配电系统设计规范》（GB 50052—2009）要求的电力设施和内部应急供电系统。

在遵守节约用水原则的基础上，提供满足生产经营需要的供水设施，并编制符合中华人民共和国国家标准《城市给水工程规划规范》（GB 50282—2016）规定的用水规划。应建设完善的排水设施，编制符合《城市排水工程规划规范》（GB 50318—2017）规定要求的排水规划，并与所属城市总体规划相适应。当暴雨发生时，能够将暴雨所产生的地面水流及时排除，而不发生地面积水现象。

物流配送中心如需建设供热设施，应符合中华人民共和国行业标准《城市热力网设计规范》（CJJ 34—2002）的规定要求。如需建设燃气设施，应符合中华人民共和国国家标准《城镇燃气设计规范》（GB 50028—2006）的规定要求。

物流配送中心应统一建设消防设施和防洪除涝设施。其消防设施工程应由具有消防工程施工资质单位建设，各类建筑的建设应符合中华人民共和国国家标准《建筑设计防火规范》（GB 50016—2014）的要求。根据中华人民共和国国家标准《防洪标准》（GB 50201—2014）的规定，确定防洪标准的重现期，如采用100年或50年不等；再结合当地实测和调查的暴雨、洪水、潮位等资料分析研究确定标高要求。物流配送中心应统一建设自然灾害应急设施。

物流配送中心各种基础设施的地下管线敷设，应符合中华人民共和国国家标准《城市工程管线综合规划规范》（GB 50289—2016）的要求。

在物流配送中心内，同时还应适当分配绿色户外空间，以创造一个良好的工作环境。

第二节　影响配送中心总体布局的主要因素和基本原则

一、影响配送中心总体布局的因素

影响配送中心总体布局的因素主要有以下几个方面。

（1）周围环境。配送中心周围的环境包括四邻及附近产生有害气体、固体微粒、震动等情况，以及交通运输条件和协作方的分布等。

（2）存货特点。存货特点指配送中心建成后存放的物品的性质、数量以及所要求的保管条件。

（3）配送中心类型。配送中心类型指配送中心本身的性质特点，例如，综合配送中心与专业配送中心就会有明显的不同。

（4）作业流程。作业流程指配送中心作业的构成及相互关系。

（5）作业手段。自动化、机械化和人工作业在布局方面会有质的差别。

二、总体布局的基本原则

在进行总体布局时应遵循以下基本原则。

1. 便于储存保管

配送中心的基本功能是对库存进行储存保管。总体布局要为储存保管创造良好的环境，提供适宜的条件。

2. 利于作业优化

配送中心作业优化指提高作业的连续性，实现一次性作业，减少装卸次数，缩短搬运距离，使配送中心完成一定的任务时所发生的装卸搬运量最少。同时，还要注意各作业场所和科室之间的业务联系和信息传递。

3. 保证配送中心安全

配送中心安全是一个重要的问题，其中包括防火、防洪、防盗、防爆等。总体布局必须符合安全部门规定的要求。

4. 节省建设投资

配送中心的延伸性设施——供电、供水、排水、供暖、通信等设施对基建投资和运行费用的影响都很大，所以应该尽可能集中布置。

第三节　配送中心的生产作业区域布局

一、生产作业区域布局的原则

生产作业区域布局规划主要是估算各项作业区域的大小，包括进货区、储存区、拣货区、出货区等，并依各区域间的作业关联性来决定各区的相对位置。

（1）作业流程原则。由入库开始至出库为止，各项作业必须能依顺序处理，以减少中间不当的搬运或停顿所产生的浪费。

（2）整合原则。库存物、人、设备之间能有机结合，整体配合、协调，以方便作业。

（3）易于管理原则。为便于管理监督，各项作业最好能做到可视化管理。

（4）柔性的原则。作业区域设计必须能满足高低峰的拣货配送作业，也能适应季节的变化及商品的调整。

二、作业区布局的通用原则和常规经验

1. 通用原则

配送中心作业区布局需要遵循的通用原则主要包括以下几个方面。

(1) 尽可能使用单层设施，因为这样可以提供和节约更大的空间，并且建造费用也很低廉；

(2) 货物进出配送中心仓库要采取直线型，避免迂回和无效活动；

(3) 使用高效的装卸搬运工具来提高作业效率；

(4) 制订有效的存储计划，为商品提供必要的保管措施，使现有的空间得到完全而有效的利用；

(5) 在装卸搬运设备和存储的约束范围内将通道空间最小化；

(6) 最大限度利用建筑物的高度来增加可用空间。

显然，这些原则是相互关联的，各原则之间的相对重要性由配送中心所在地区的商业情况、存储商品类型和管理者的战略眼光来决定。

2. 常规经验

一些配送中心作业区布局的常规经营是值得借鉴的。

(1) 周转频率高的商品应当尽可能地放置在出库作业区附近。另外，类似商品、相关商品应放置在同一区域。

(2) 应尽量减少商品的装卸次数，力争卸货后“一步到位”进入预定的存储区。

(3) 入库区和出库区分散布局，若能错峰作业，则入库区与出库区可共用场地。

(4) 配送中心内柱间距以可以码放最大数量的托盘为标准，减少柱间的空间浪费。

(5) 配送中心的高度可以用托盘货物的码放高度为依据。

(6) 为了保证零散、小批量商品不丢失，应当预留一定的封闭保管空间。

(7) 休息室、办公室等不需要作业高度的设施，应当设计在二层。

(8) 作业区域必须能适合高低峰的拣货配送作业，也能适应季节的变化及商品的调整。

(9) 如果考虑今后业务的扩大，在设计之初应预留一定空间。

三、作业区域的基础分析

1. 各类商品数量分析

(1) 将出入库货物的频率进行分析整理、排队，把频率相近的货物分为同一组。

(2) 确定各组货物的作业量。

(3) 将货物的种类 P 作为横轴，货物的数量 Q 作为纵轴，按作业量的大小顺序进行排列画图，此表称作为 $P-Q$ 表。

2. 商品流向分析

在配送中心内部，货物的流向方式有很多种。一般可以通过利用以上分析得出的数

据，对货物量与出入库频率进行分析，做出商品流向计划。

在制订配送中心内部作业区域布局计划时，应依据作业流程原则将收货区、保管区、流通加工区及配送区等根据业务活动的顺序以及相关性，尽可能地将相关设施靠近，提高效率。

3. 相关必要设施分析

进行作业区域与其他相关必要设施的相关性分析，如办公室、接待区、洗手间等。

4. 业务活动相关性

虽然所列各项设施无特殊要求，但对于性质相似的设施，还是以汇总分析为好，所以对上述总的各项业务活动应作相关性分析。所谓相关性分析是指不仅要研究产品的流程，还要研究单据的流程、作业人员的管理范围，以及卡车的出入和货物装卸系统等，从不同角度进行合理的判断。这里以建筑物内部为例加以说明，如图 5－3 所示。

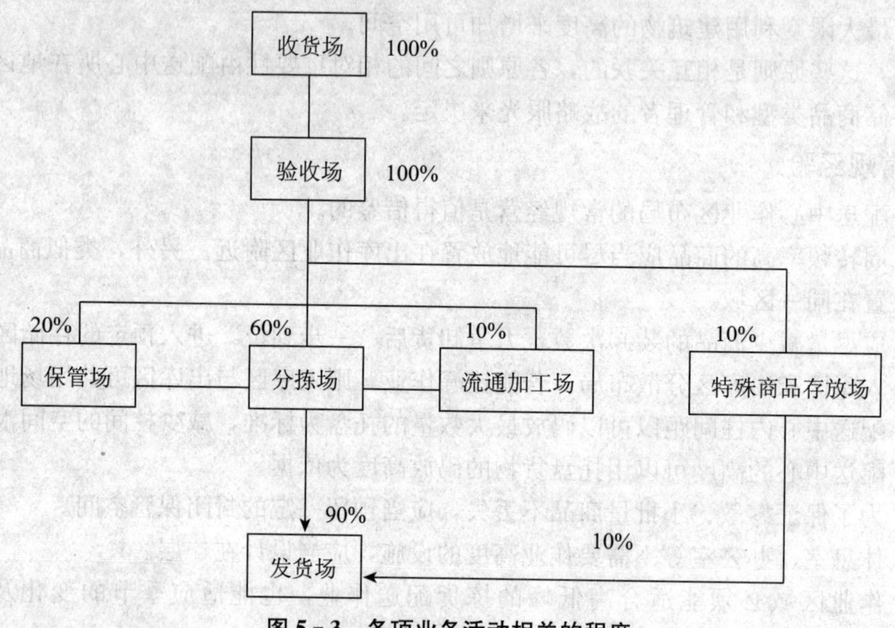

图 5－3　各项业务活动相关的程度

5. 业务活动线路图

关于各业务活动相互位置的关系，根据前项评价的结果进行一般的设计。图 5－4 中以粗线代表关联程度非常重要，以细线代表关联程度重要，形成设施设计的基本图形。该图形是根据“产品的流程”决定各项设施的相互位置的。如果要修正图形，则要对相互关联表进行修正，经过反复研究、评价，直到得出最优设施关联方案为止。

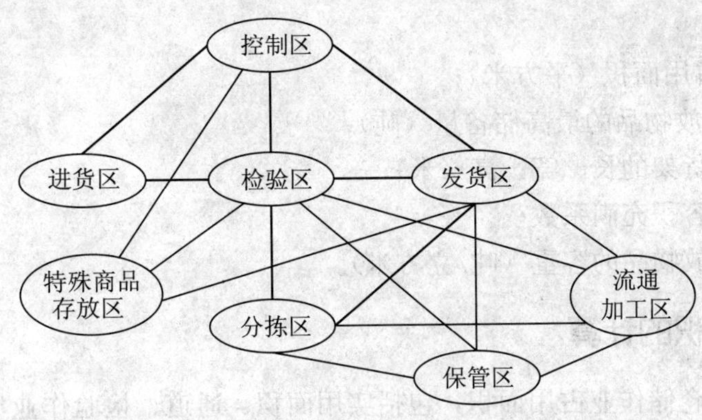

图 5－4　业务活动线路示意

第四节　生产作业区域及配送中心面积的确定

一、实用面积的计算

实用面积指配送中心中货垛或货架占用的面积。实用面积的计算方法主要有 3 种。

1. 计重物品就地堆码

计重物品就地堆码，实用面积按仓容定额计算，公式为：

$$S_{实}=\frac{Q}{N_{定}}$$

式中：

$S_{实}$——实用面积（平方米）；

Q——该种物品的最高储备量（吨）；

$N_{定}$——该种物品的仓容定额（吨/平方米）。

仓容定额是某配送中心中某种物品单位面积上的最高储存量，单位是吨/平方米。不同物品的仓容定额是不同的，同种物品在不同的储存条件下，其仓容定额也不相同。仓容定额的大小，受物品本身的外形、包装状态、配送中心地坪的承载能力和装卸作业手段等因素的影响。

2. 计件物品就地堆码

计件物品就地堆码，实用面积按可堆层数计算，公式为：

$$S_{实}=单件底面积\times\frac{总件数}{可堆积层数}$$

3. 上架存放物品

上架存放物品要计算货架占用面积，公式为：

$$S_{实}=\frac{Q}{(l\cdot b\cdot h)\cdot k\cdot \gamma}\cdot(l\cdot b)=\frac{Q}{h\cdot k\cdot \gamma}$$

式中：

$S_{实}$——货架占用面积（平方米）；

Q——上架存放物品的最高储备量（吨）；

l、b、h——货架的长、宽、高（米）；

k——货架的容积充满系数；

γ——上架存放物品的容重（吨/立方米）。

二、有效面积的计算

有效面积是指仓储作业占用面积，包括实用面积、通道、检验作业场地面积之和。计算方法主要有以下几种。

1. 比较趋势类推法

比较趋势类推法是以现已建成的同级、同类、同种配送中心面积为基准，根据储量增减的比例关系，加以适当调整来推算新建库的有效面积。公式为：

$$S = S_0 \cdot \frac{Q}{Q_0} \cdot k$$

式中：

S——拟新建配送中心的有效面积（平方米）；

S_0——参照配送中心的有效面积（平方米）；

Q——拟新建配送中心的最高储备量（吨）；

Q_0——参照配送中心的最高储备量（吨）；

k——调整系数（当参照配送中心的有效面积不足时，$k>1$；当参照配送中心的有效面积有余时，$k<1$。）

2. 系数法

系数法是根据实用面积及配送中心有效面积利用系数计算拟新建配送中心的有效面积。公式为：

$$S = \frac{S_{实}}{\alpha}$$

式中：

S——拟新建配送中心的有效面积（平方米）；

$S_{实}$——实用面积（平方米）；

α——配送中心有效面积利用系数，即配送中心实用面积占有效面积的比重。

3. 直接计算法

直接计算法即先计算出货垛、货架、通道、收发作业区、垛距、墙距所占用的面积，然后将它们相加求出总面积。

三、建筑面积的计算

如果要求出配送中心的建筑面积，还要除以建筑系数，这与采用的建筑形式密切相关。

1. 配送中心常用建筑结构

(1) 单层配送中心。单层配送中心有的需要配置起重设备，有的则不需要，所以这两种配送中心在建筑结构等方面会有一些不同，单层配送中心特点如表 5-1 所示。

表 5-1 单层配送中心特点

配送中心类型	建筑结构	优点	缺点	适用范围
无起重机	1. 砖木结构 2. 钢筋混凝土结构 3. 钢木混合结构	1. 结构简单 2. 建造容易 3. 造价低 4. 使用方便	1. 占地多 2. 空间利用困难	适用于存放一般中小件物品和单元化货物
有起重机	1. 钢筋混凝土结构 2. 钢结构	1. 结构简单 2. 装卸作业机械化，效率较高 3. 使用方便	1. 占地多 2. 空间利用率低	适用于要求库内存放的长、大型货物和托盘集装货物

(2) 多层配送中心。多层配送中心在城市中被大量采用，由于其中设施设备配置的不同，也有多种形式，多层配送中心特点如表 5-2 所示。

表 5-2 多层配送中心特点

配送中心类型	建筑结构	优点	缺点	适用范围
有站台	钢筋混凝土	1. 节约用地 2. 库容量大 3. 库房干燥	1. 作业环节增多 2. 需要增加升降设备 3. 结构复杂，投资较大	底层和上层可以根据需要分别存放轻、重货物，以及保管条件、进出库特征不同的物品
有起重机	钢筋混凝土	1. 节约用地 2. 库容量大 3. 库房干燥 4. 大件货物作业方便	1. 作业环节增多 2. 需要增加升降设备 3. 结构复杂，投资较大 4. 跨距增大	库存物中有较大型货物时需要考虑这种形式
有地下室	钢筋混凝土	1. 节约用地 2. 库容量大 3. 地上库房干燥 4. 地下库房阴凉	1. 作业环节增多 2. 需要增加升降设备 3. 结构复杂，地下需要通风设备，投资较大	库存类型复杂，场地使用又受限制时可以考虑

(3) 其他。配送中心从建筑形式上来看，还有露天货场、货棚、筒仓、高架配送中心、地下油库等形式，都分别适用于不同的场合，其他形式配送中心特点如表 5-3 所示。

表 5-3 其他形式配送中心特点

配送中心类型	建筑结构	优点	缺点	适用范围
露天货场（堆场）	钢筋混凝土地面	1. 结构简单 2. 进出作业方便	保管条件较差	适用于大型货物和集装箱货物

续 表

配送中心类型	建筑结构	优点	缺点	适用范围
货棚	钢筋混凝土地面，轻钢棚顶，四周不完整墙体可使用砖木或钢砖结构	1. 结构简单 2. 造价低 3. 通风条件好	保管条件较差	适用于较大型、包装严密、储存时间较短的货物
筒仓	1. 钢筋混凝土 2. 钢板结构	1. 容量大占地少 2. 机械化程度高 3. 密闭性好 4. 防火性好	只能用于特种商品存放且单一品种	适用于单一品种的大宗粉状、粒状物品和液态物品存放
高架配送中心	1. 钢结构 2. 钢筋混凝土	1. 空间利用率高 2. 机械化、自动化程度高	1. 建造复杂 2. 投资大 3. 协作条件要求高	适用于高价值多品种、小批量物品的存放，以及对库存控制水平、配送能力要求高的配送中心
地下油库	罐基为矿垫层或混凝土	1. 经济安全可靠 2. 便于防火灭火 3. 减少油料挥发 4. 卸油可自流	维修不便	用于存放各类易燃液体

2. 配送中心站台的主要参数

配送中心站台的设计与配送中心收发货密切相关，站台的相关参数主要取决于货运车辆与配送中心的装卸作业方式，各种车辆适应的站台高度如表 5－4 所示，配送中心站台主要参数如表 5－5 所示。

表 5－4　　各种车辆适应的站台高度

车型	站台高度（米）
集装箱卡车	1.40
冷藏车	1.32
作业拖车	0.91
载重车	1.17
长途挂车	1.22
普通卡车	1.17

表 5－5　　配送中心站台主要参数

项目	汽车站台（米）	铁路站台（米）
一般站台宽度	2.0～2.5	3.5

续　表

项目	汽车站台（米）	铁路站台（米）
小型叉车作业站台宽度	3.4～4	≥4.0
站台高度	高于地面 0.9～1.2	高于轨顶 1.1
站台上雨棚高度	高于地面 4.5	高于轨顶 5.0
站台边距铁路中心	—	1.75
站台端头斜坡道坡度	≤10%	≤10%

第五节　配送中心生产作业区的布局形式

配送中心生产作业区的布局分为平面布局和空间布置。

一、平面布局

平面布局是指对货区内的货垛、通道、垛间（架间）距、收发货区等进行合理的规划，并正确处理它们的相对位置。平面布置时主要依据配送中心的作业流程和库存中各类物品在配送中心的作业成本来进行，主要形式如图 5－5 至图 5－10 所示。

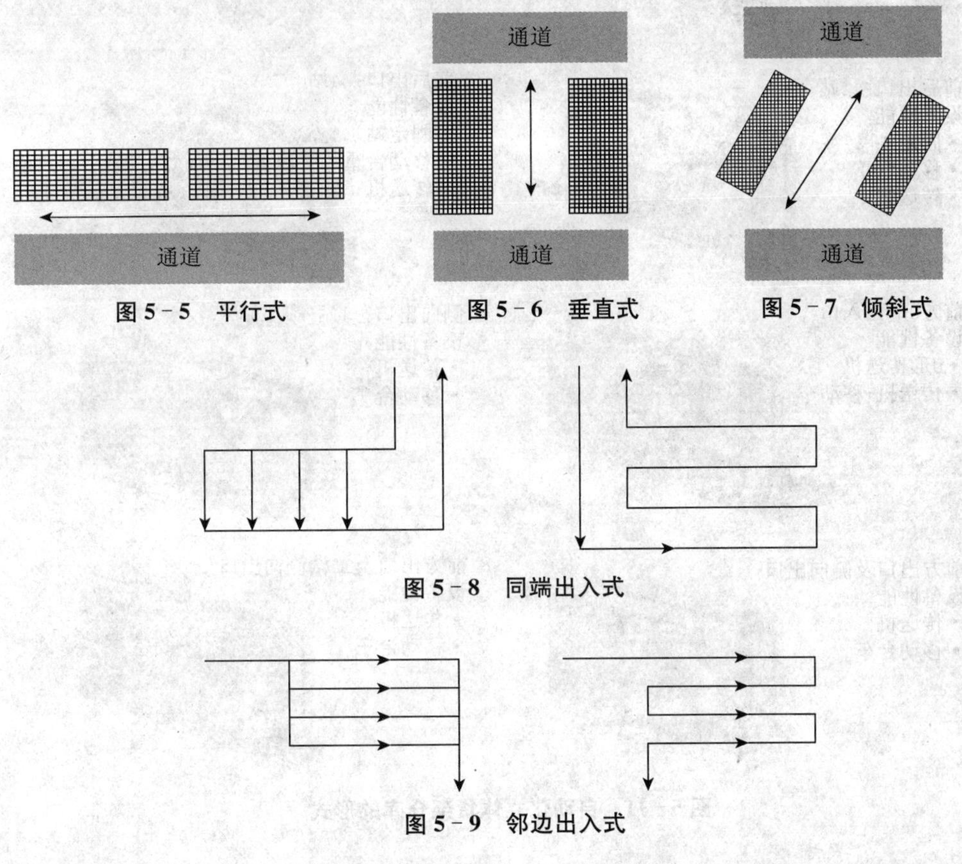

图 5－5　平行式

图 5－6　垂直式

图 5－7　倾斜式

图 5－8　同端出入式

图 5－9　邻边出入式

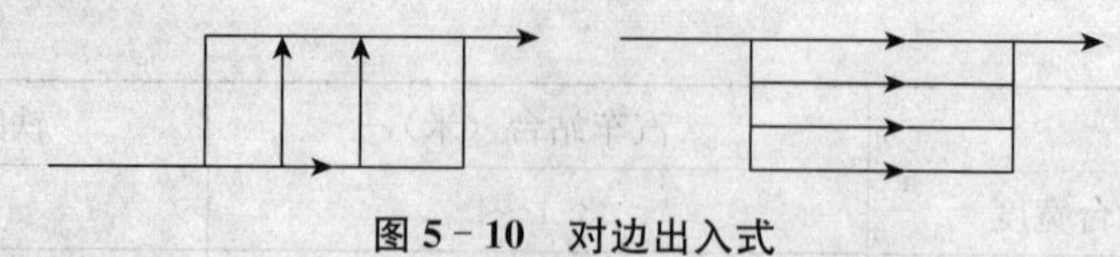

图 5－10　对边出入式

二、空间布局

空间布局也称为竖向布局，其目的在于充分、有效地利用空间。配送中心空间布局的形式主要有就地堆码、上货架存放、架上平台等。其中采用自动化立体货架仓库是许多配送中心的选择。自动化立体货架仓库的入库、检验、分类整理、上货入架、出库等作业由计算机管理控制的机械化、自动化设备来完成。与普通仓库相比其优点在于：节省人力，大大降低劳动强度，能准确、迅速地完成出入库作业；提高储存空间的利用效率；确保库存作业的安全性，减少货损货差；能及时了解库存品种、数量、金额、位置、出入库时间等信息。自动化立体货架仓库的形式如图 5－11 所示。

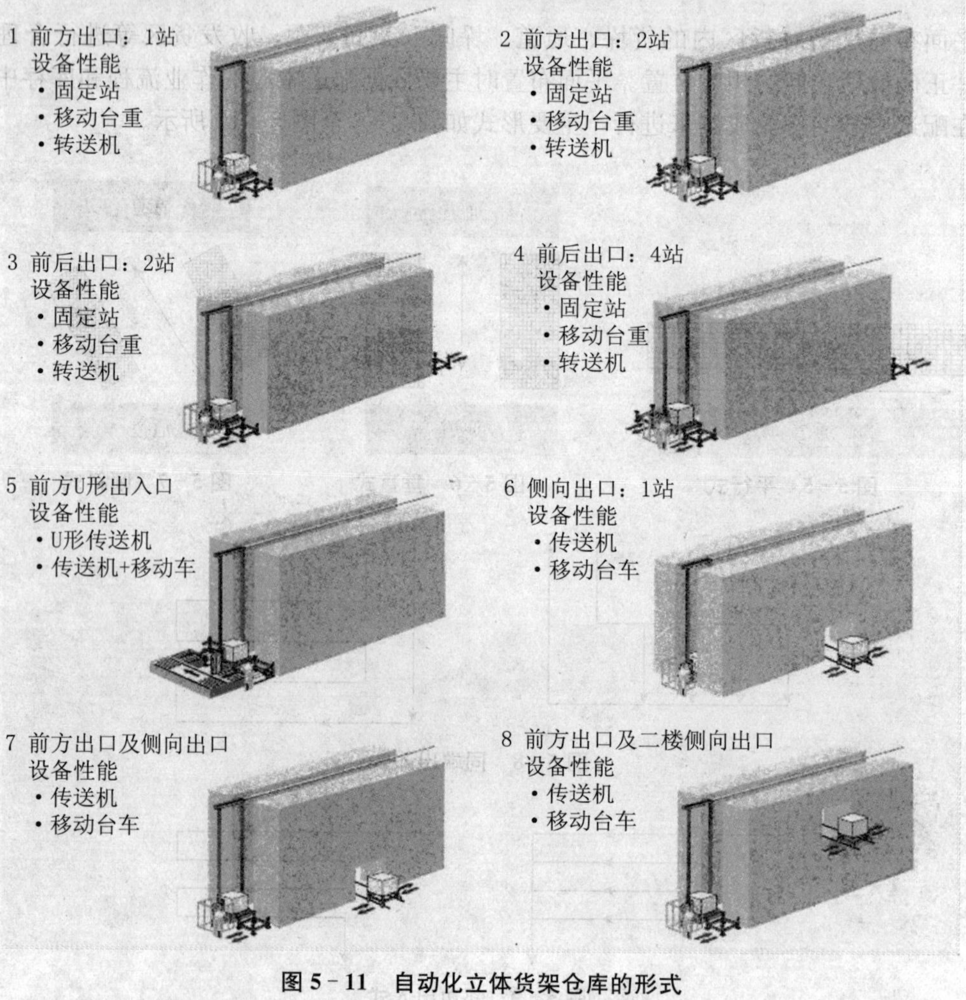

1 前方出口：1站
设备性能
·固定站
·移动台重
·转送机

2 前方出口：2站
设备性能
·固定站
·移动台重
·转送机

3 前后出口：2站
设备性能
·固定站
·移动台重
·转送机

4 前后出口：4站
设备性能
·固定站
·移动台重
·转送机

5 前方U形出入口
设备性能
·U形传送机
·传送机+移动车

6 侧向出口：1站
设备性能
·传送机
·移动台车

7 前方出口及侧向出口
设备性能
·传送机
·移动台车

8 前方出口及二楼侧向出口
设备性能
·传送机
·移动台车

图 5－11　自动化立体货架仓库的形式

本章小结

本章对配送中心内部布局优化的相关内容进行了详细的阐述。本章第一节介绍了配送中心建筑设计基本要求；第二节介绍了影响配送中心总体布局的主要因素和基本原则；第三节介绍了配送中心的生产作业区域布局；第四节介绍了生产作业区域及配送中心面积的确定；第五节介绍了配送中心生产作业区的布局形式。

第六章　配送中心的运作管理

在配送中心的运作管理过程中，不论是机械化的物流系统，还是自动化或智能化的物流系统，如果没有正确有效的作业方法配合，无论多么先进的系统和设备，也未必能取得最佳经济效益。为此，本章将分别对配送作业的内容、原则以及流程等方面进行详细阐述。

第一节　配送中心的作业流程

一、配送作业的基本流程

配送作业的主要活动包括订单处理、储存、拣选、配装、送货、送达服务等。确定配送中心主要活动及其程序之后，才能规划设计。有的配送中心还要进行流通加工、贴标签和包装等作业，当有退货时，还要进行退货品的分类、保管和退回等作业。物流配送作业的基本流程如图 6－1 所示。

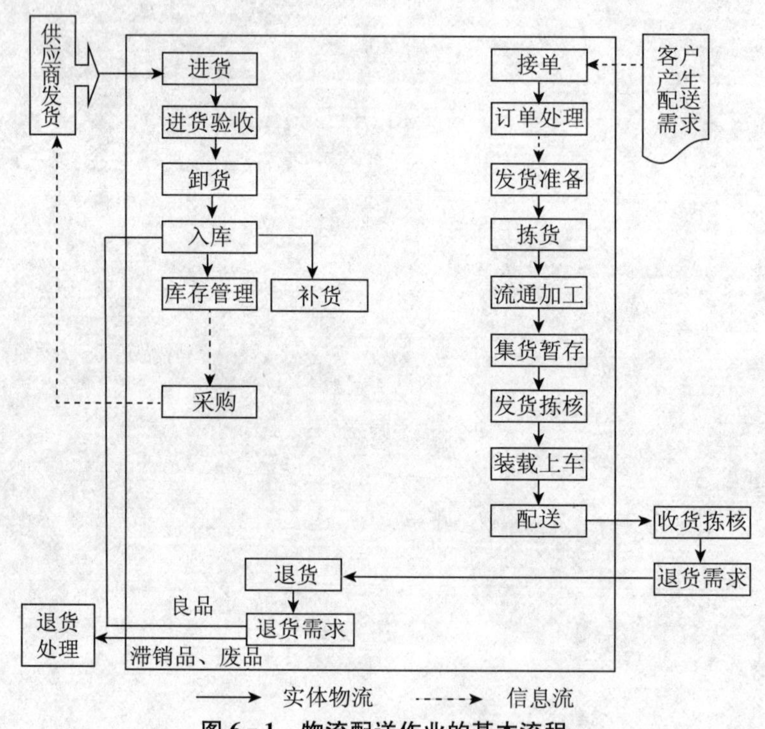

图 6－1　物流配送作业的基本流程

经过基本资料分析和基本条件设定之后，便可进一步分析配送中心特性，并制订合理的作业程序，以便选用设备和规划设计空间。通过对各项作业流程的分析，可进行作业流通合理化分析，从而找出作业中不合理和不必要的作业，力求简化配送中心里可能出现的计算，减少重复堆放的搬运、翻堆和暂存等工作，提高整个配送中心的效率。

二、配送作业的作业流程

1. 订单处理作业

配送业务活动是以客户订单发出的订货信息作为其驱动源。在配送活动开始前，配送中心根据订单信息，对客户的分布、所订商品的品名、商品特性和订货数量、送货频率和要求等资料进行汇总和分析，以此确定所要配送的货物种类、规格、数量和配送的时间，最后由调度部门发出配送信息（如拣货单、出货单等）。订单处理是调度、组织配送活动的前提和依据，是其他各项作业的基础。订单处理是配送服务的第一个环节，也是配送服务质量得以保证的根本。其中，订单的分拣和集合是订单处理过程中的重要环节。

2. 进货作业

进货也称备货，是配送的准备工作或基础工作，包括筹集货源、订货或购货、集货及有关的质量检查、结算、交接等。由于配送的优势之一就是可以集中不同客户的需求进行一定规模的备货，即通过集中采购，扩大进货批量，从而降低商品交易价格。同时，分摊进货运输、装卸成本，减少备货费用，取得集中备货的规模优势。备货是决定配送成败的初期工作，如果备货成本太高，将会大大降低配送的效益，配送的功能也不会有效发挥。

3. 储存作业

配送中的储存有储备及暂存两种形态。配送储备是按一定时期的配送经营要求形成的对配送的资源保证。一般来说，其储备数量较大，储备结构也较完善，视货源及到货情况，可以有计划地确定周转储备、保险储备结构及数量。一种储存形态是一些企业有时在配送中心附近单独设库以解决配送的资源问题；另一种储存形态是暂存，是具体执行配送时，按分拣配货要求，在理货场地所做的少量储存准备，由于总体储存效益取决于储存总量，所以，这部分暂存数量只会影响工作的方便程度，而不会影响储存的总效益，因而在数量控制上并不严格。还有另一种形式的暂存，即分拣、配货之后，形成的发送货载的暂存，这种暂存主要是用来调节配货与送货的节奏，暂存时间一般较短。

4. 配送加工作业

在配送作业中，配送加工这一功能要素属于增值性活动，不具有普遍性，但通常是具有重要作用的功能要素。有些加工作业属于初级加工活动，如按照客户的要求，将一些原材料套裁；有些加工作业属于辅助加工，比如对产品进行简单组装，给产品贴上标签或套塑料袋等；也有些加工作业属于深加工，食品类配送中心的加工通常是深加工，比如将蔬菜、水果洗净、切割、过磅、分份并装袋，加工成净菜，或按照不同的风味进行配菜组合，加工成原材料等配送给超市或零售店。

5. 分拣及配货作业

（1）分拣。分拣是将物品按品种、出入库的先后顺序进行分门别类堆放的作业。

(2) 配货。配货是用各种拣选设备和传输装置，将存放的物品按客户的要求分拣出来，配备齐全，送入指定发货地点。分拣及配货不仅是配送区别于其他物流形式的功能要素，也是关乎配送成败的一项重要支持性工作，是完善送货、支持送货的准备性工作，是不同配送企业在送货时进行竞争和提高自身经济效益的必然延伸。所以，也可以说分拣及配货是送货向高级形式发展的必然要求。有了分拣及配货，就会大大提高送货服务水平。

6. 配装作业

当单个客户的配送数量不能达到车辆的有效载运负荷时，就存在如何集中不同客户的配送货物进行搭配装载以充分利用运能和运力的问题，这时就需要配装。配装与一般送货的不同之处在于，通过配装送货可以大大提高送货水平、降低送货成本，所以，配装是配送系统中具有现代特点的功能要素，也是现代配送与以往送货的重要区别之一。

7. 送货作业

配送业务中的送货作业包含将货物装车并实际配送，而达成这些作业则需事先进行配送区域的划分或配送路线的安排，由配送路线选用的先后次序来决定商品装车顺序，并在商品配送途中进行商品跟踪、控制，制订配送途中发生意外状况的处理办法。

8. 结算作业

结算作业是物流企业经营活动目的最终能得以实现的重要保证。送货单在得到客户的签字确认后或交给第一承运人并签署后，可根据送货单据制作应收账单，并将账单转入会计部门作为收款凭据。商品入库后，则由收货部门制作入库商品统计表，以作供货厂商催款核对用，并由会计部门制作各项财务报表作为经营政策制定及经营管理的参考。

9. 退货作业

退货作业在经营物流业务中不可避免，但应尽量减少，因为退货或换货的处理，只会大幅增加物流成本，减少利润。发生退货或换货的主要原因包括瑕疵品回收、搬运中的损坏、商品送错退回、商品过期退回等。

第二节 订单处理作业

准确、完备、快速的信息处理与信息传递是现代物流管理发展的主要驱动力。物流信息系统是改善包括订单处理在内的物流管理过程的重要工具，而订单处理则是其核心部分。

一、订单处理的含义

配送作业的一个核心业务流程是订单处理，其包括订单准备、订单传递、订单登录、按订单供货、订单处理状态跟踪等活动。订单处理是实现企业顾客服务目标最重要的影响因素。改善订单处理过程，缩短订单处理周期，提高订单满足率和供货的准确率，提供订单处理全程跟踪信息，可以大大提高顾客服务水平与顾客满意度，同时也能够降低库存水平，在提高顾客服务水平的同时降低物流总成本，使企业获得竞争优势。

二、订单处理原则

在订单处理过程中，应遵循下列基本原则。

1. 要使客户产生信赖感

客户订货的基础是产生信赖感。每次接到订单后，订单处理人员在处理过程中都要认识到，如果这次处理不当将会影响下次订货。尤其在工业品购买中，要明确订单处理工作是开展客户经营的重要组成部分，两者有密不可分的联系，要通过订单处理建立客户对产品和服务的信任感和认同感。

2. 尽量缩短订货周期

订货周期是指从发出订单到收到货物所需的全部时间。订货周期的长短取决于订单传递的时间、订单处理的时间以及货物的运输时间，这三方面的安排都是订单处理的内容。尽量缩短订货周期，将大大减少客户的时间成本，提高客户所获得的让渡价值，这是保证客户满意的重要条件。

3. 提供紧急订货

在目前以客户需求为导向的市场机制下，强调为客户服务，在紧要关头提供急需的服务，是与客户建立长远的相互依赖关系的极为重要的手段。

4. 减少缺货现象

保持客户连续订货的关键之一便是减少缺货现象的发生，工业原料和各种零件一旦缺货，会影响客户的整个生产安排，后果极为严重。此外，缺货现象是客户转向其他供货来源的主要原因，企业要想扩大市场，保持充足的供货是一个必要的前提条件。

5. 不忽略小批量订货的客户

小客户的订货量虽少，但也是大批买卖的前驱，而且大客户也有要小批量的时候。对小客户的订单处理得当将会提高小客户的满意度，可能带来其以后的大批量订购或持续订购。最重要的是，客户与企业建立了稳定而信任的供销关系，将为以后的继续订购打下良好的基础，企业的声誉也将因为大小客户的传播而树立起来。因此，要在成本目标允许的范围内，尽量做出令小批量购买客户最满意的安排。

6. 装配力求完整

企业所提供的货物应尽量做到装配完整，以便于客户使用为原则。实在办不到时，也应采取便于客户自行装配的措施，如适当的说明及图示等，或通过网上进行技术支持。

7. 提供对客户有利的包装

针对不同客户的货物应采取不同的包装，有些零售货物包装要适于在货架上摆放，有些要适于经销商及厂商开展促销活动，应以便于客户处理为原则。

8. 要随时提供订单处理情况

物流部门要使客户能够随时了解配货发运的进程，以便预计何时到货，便于安排使用或销售。这方面的信息是巩固与客户关系的重要手段，也利于企业本身的工作检查。在暂时缺货的情况下，物流部门应主动、及时地告知客户有关情况，做出适当的道歉与赔偿，以减少客户的焦虑和不满。

三、订单处理程序

1. 接受订货

接受订货的第一步是接受订单，订货方式主要有传统订货与电子订货两种。具体方法又有以下几种。

（1）厂商补货。厂商补货方法就是供应商直接将商品放在车上，依次给各订货方送货，缺多少补多少。这种方式常用于周转率较高的商品或新上市商品。

（2）厂商巡货、隔日送货。厂商巡货、隔日送货方法就是供应商派巡货人员前一天先到各客户处寻查需补充的货物，隔天再予以补货。这种方法的好处是可利用巡货人员为店铺整理货架、贴标或提供经营管理意见等机会促销新产品或将自己的产品放在最占优势的货架上。

（3）传真订货。传真订货就是客户将缺货资料整理成书面资料，利用传真机发给厂商。利用传真机可快速地传送订货资料，缺点是传送的资料常因品质不良而增加事后的确认作业。

（4）邮件订单。邮件订单就是客户将订货表单以电子邮件的方式发送至指定电子邮箱。

（5）跑单接单。跑单接单即业务员到各客户处推销产品，而后将订单带回公司。

（6）电子订货方式是采用电子传输方式取代传统人工书写、输入、传送的订货方式，它将订货资料由书面资料转为电子资料，通过双方 IT 系统接口方式进行传送，该信息系统被称为电子订货系统（Electronic Order System ，EOS）。

2. 订单确认

接受订单后，需对其进行确认。其主要内容包括以下几点。

（1）确认货物数量及日期。

接受订单后就需对货物数量及日期进行确认。货物数量及日期的确认是对订货资料项目的基本检查，即检查品名、数量、送货日期等是否有遗漏、笔误或不符合公司要求的情形，尤其当送货时间有问题或出货时间已延迟时，更需与客户再次确认订单内容或更正运送时间。

（2）确认客户信用。

不论是何种订单，接受订单后都要核查客户的财务状况，以确定其是否有能力支付该订单的账款。通常的做法是检查客户的应收账款是否已超过其信用额度。具体可采取以下两种途径来核查客户信用的状况。

①输入客户代号或客户名称：当输入客户代号名称资料后，系统即可检核客户的信用状况，若客户应收账款已超过其信用额度，系统加以警示，以便输入人员决定是继续输入其订货资料还是拒绝其订单。

②输入订购项目资料：当输入客户订购项目资料后，客户此次的订购金额加上以前累

计的应收账款超过信用额度，系统应将此订单资料锁定，以便主管审核。审核通过后，此订单资料才能进入下一个处理步骤。

(3) 确认订单形态。

在接受订货业务上，表现为具有多种订单的交易形态，所以物流中心应对不同的订单形态采取不同的交易及处理方式。

①一般交易订单：一般交易订单就是接单后按正常的作业程序拣货、出货、发送、收款的订单。接到一般交易订单后，将资料输入订单处理系统，按正常的订单处理程序处理，资料处理完后进行拣货、出货、发送、收款等作业。

②现销式交易订单：现销式交易订单就是与客户当场交易，直接给货的交易订单。这种订单在输入资料前就已把货物交给了客户，故订单资料不再参与拣货、出货、发送等作业，只需记录交易资料即可。

③间接交易订单：间接交易订单就是客户向配送中心订货，直接由供应商配送给客户的交易订单。接到间接交易订单后，可将客户的出货资料传给供应商由其代配。此方式需注意的是，客户的送货单是自行制作或委托供应商制作的，应对出货资料加以核对确认。

④合约式交易订单：合约式交易订单就是与客户签订配送契约的交易订单。对待合约式交易订单，应在约定的送货期间，将配送资料输入系统以便出货配送；或一开始便输入合约内容的订货资料并设定各批次送货时间，以便在约定日期系统自动产生所需的订单资料。

⑤寄库式交易订单：寄库式交易订单是客户因促销、降价等市场因素先行订购一定数量的商品，往后视需要再要求出货的交易订单。

处理寄库式交易订单时，系统应检核客户是否确实有此项寄库商品。若有，则出此项商品；否则，应加以拒绝。

(4) 确认订货价格。

不同的客户、不同的订购量，可能有不同的价格，输入价格时系统应加以检核。若输入的价格不符（输入错误或因业务员降价强接单等），系统应加以锁定，以便主管审核。

(5) 确认加工包装。

客户对于订购的商品，是否有特殊的包装、分装或贴标等要求，或是有关赠品的包装等资料都要详细确认记录。

3. 设定订单号码

每一订单都要有其单独的订单号码，号码由控制单位或成本单位指定。除了便于计算成本外，还可用于制造、配送等相关工作，且所有工作说明单及进度报告均应附此号码。

4. 建立客户档案

客户档案应包括如下内容：

(1) 客户名称、代号、等级等。

(2) 客户信用额度。

(3) 客户销售付款及折扣率的条件。

(4) 开发或负责此客户的业务员资料。

（5）客户配送区域。

（6）客户收账地址。

（7）客户点配送路径顺序。

（8）客户点适合的送货车辆形态。

（9）客户点卸货特性。

（10）客户配送要求。

（11）延迟订单（过了订货时间的订单）的处理方式（或办法）。

5. 存货查询及依订单分配存货

输入客户订货商品名称、代号时，系统就会查看存货档的相关资料，看此商品是否缺货，如果缺货则提供商品资料或是此缺货商品已采购但未入库信息，这些便于接单人员与客户协调是否改订替代品或是允许延后出货等办法，以提高人员的接单率及接单处理效率。

订货资料输入系统确认无误后，最主要的处理作业在于如何将大量的订货资料做最有效的汇总分类、调拨库存，以便后续的物流作业能有效地进行。存货的分配模式可分为单一订单分配及批次分配两种。

（1）单一订单分配。

此种情形多为线上即时分配，也就是在输入订单资料时，就将存货分配给该订单。

（2）批次分配累积。

汇总数笔订单资料输入后，再一次分配库存。物流中心订单数量多、客户类型等级多，且多为每天固定配送次数，因此通常采用批次分配以确保库存能做最佳的分配。采用批次分配时，要注意订单的分批原则，即批次的划分方法。由于作业的不同，各物流中心的分批原则也可能不同，总的来说有下面几种方法：按接单顺序、按配送区域路径、按流通加工要求等划分。如果配送商品要用特殊的配送车辆（如低温车、冷冻车、冷藏车）或客户所在地、订货有特殊要求，这时可以汇总合并处理。

然而，以批次分配选定参与分配的订单后，若这些订单中某商品总出货量大于可分配的库存量，可依以下四原则来决定客户订购的优先性：①具有特殊优先权者先分配；②根据订单交易量或交易金额来取舍；③将对公司贡献度大的订单做优先处理；④根据客户信用状况将信用较好的客户订单做优先处理。

6. 计算拣取的标准时间

订单处理人员要事先掌握每一个订单或每批订单可能花费的拣取时间，以便有计划地安排出货过程，因此，要计算订单拣取的标准时间。

（1）计算拣取每一单元（一托盘、一纸箱、一件）货物的标准时间，且将它设定于电脑记录的标准时间档，将此个别单元的拣取时间记录下来，可以很容易地推导出整个标准时间。

（2）有了单元的拣取标准时间后，便可依每品项订购数量（多少单元）再配合每品项的寻找时间，计算出每品项拣取的标准时间。

（3）根据每一订单或每批订单的订货品项，以及考虑一些纸上作业的时间，将整张或整批订单的拣取标准时间算出。

7. 依订单排定出货时间及拣货顺序

前面已由存货状况进行了存货的分配，但对于这些已分配存货的订单，应如何安排出货时间及拣货先后顺序，通常会再依客户需求、拣取标准时间及内部工作负荷来拟定。

8. 分配后存货不足的处理

若现有存货数量无法满足客户需求，客户又不愿以替代品替代时，则应按照客户意愿与公司政策来决定对应方式。其处理方式大致有如下几种。

（1）重新调拨。若客户不允许过期交货，而公司也不愿失去此客户订单时，则有必要重新调拨分配订单。

（2）补送。若客户允许不足额的订货，等待有货时再予以补送，且公司政策也允许，则采用补送方式。若客户允许不足额的订货或整张订单留待下一次订单一起配送，则亦采用补送处理。

（3）删除不足额订单。若客户允许不足额订单可等待有货时再予以补送，但公司政策并不希望分批出货，则只好删除订单上不足额的订单。若客户不允许过期交货，且公司也无法重新调拨，则可考虑删除不足额订单。

（4）延迟交货。延迟交货有两种情况：一是有时限延迟交货，即客户允许一段时间的过期交货，且希望所有订单一起配送；二是无时限延迟交货，即不论需要等多久，客户都允许过期交货，且希望所有订货一起送达，则等待所有订货到达再出货。对于这种将整张订单延后配送的，也应将这些顺延的订单记录存档。

（5）取消订单。若客户希望所有订单一起配送到达，且不允许过期交货，而公司也无法重新调拨时，则只有将整张订单取消。

9. 订单资料处理输出

订单资料经由上述处理后，即可开始打印一些出货单据，以展开后续的物流作业。

（1）拣货单（出库单）。拣货单据在于为商品出库提供指示资料，作为拣货的依据。拣货资料的形式应配合物流中心的拣货策略及拣货作业方式来加以设计，以提供详细且有效率的拣货资讯，便于拣货的进行。拣货单的打印应考虑商品储位，依据储位前后相关顺序打印，以减少人员重复往返取货，同时拣货数量、单位也要详细确认标示。

（2）送货单。物品交货配送时，通常附上送货单据给客户清点签收。因为送货单是给客户签收、确认的出货资料，其正确性很重要。要确保送货单上的资料与实际送货相符，除了出货前的清点外，对于出货单据的打印时间以及一些订单异常情形，如缺货品项或缺货数量等也必须打印注明。

（3）缺货资料。库存分配后，对于缺货的商品或缺货的订单资料，系统应提供查询或报表打印功能，以便工作人员处理。库存缺货商品，应提供依商品类别或供应商类别查询的缺货商品资料，以提醒采购人员紧急采购；缺货订单，应提供依客户类别查询的缺货订单资料，以便及时处理。

第三节　进货作业

进货是指准备货物的系列活动。它是决定配送成败与否、规模大小的最基础环节。同时，也是决定配送效益高低的关键环节。如果进货不及时或不合理，成本较高，会大大降低配送的整体效益。

一、进货作业基本流程

进货作业流程如图 6－2 所示，是指接到商品入库通知单后，经过接运提货、装卸搬运、检查验收、办理入库手续等一系列作业环节构成的工作过程。进货作业分为货物入库准备、货物接运、货物验收、货物入库交接和登记。

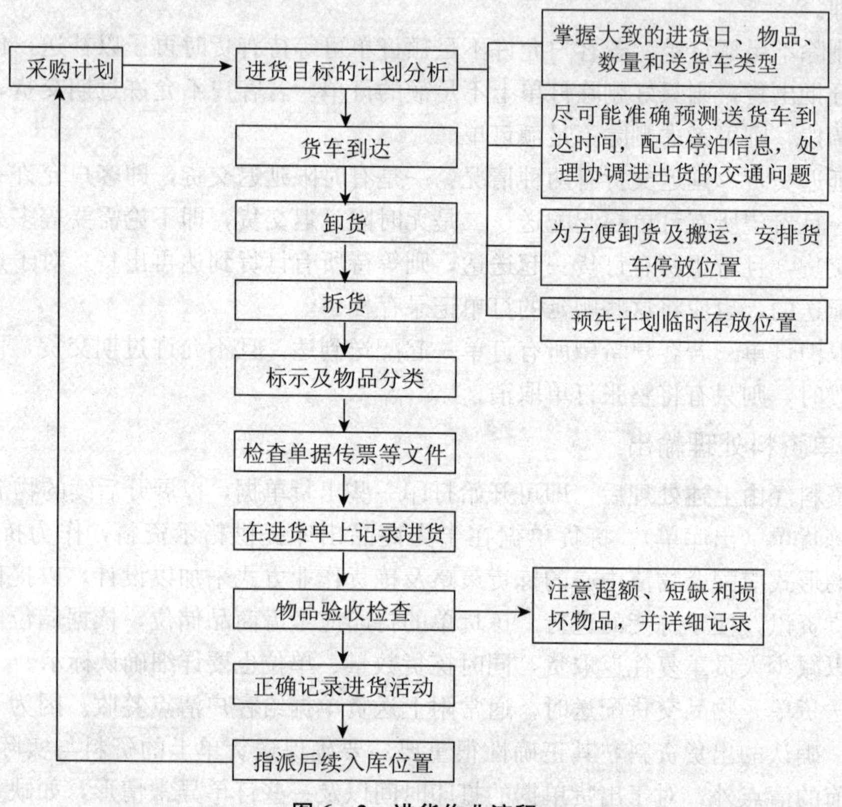

图 6－2　进货作业流程

货物接运可在车站、码头、仓库或铁路专用线进行。货物到达仓库之后，仓库人员首先应进行验单，检查随货物同时到达的货单。按照货单开列的收货单位、货物名称、规格、数量、生产日期以及交货日期等项内容，与货物的各项标志逐项进行核对。如果是有温度要求的商品应进行现场测温。测温方法依据收发货双方事先约定的方式，并形成记录。在验单过程中应该注意，如果发现错送，应当拒收或与发货方联系确定处理办法。对于一时无法退回的货物，必须另行存放，并且要及时记录待以后处理。对于检查验收合格的货物，则填写入库单据，并办理入库交接手续。

货物进入仓库，卸货可以分为人工和机械两种情况。在大型仓库里一般使用装卸机械进行，例如，叉车、吊车、输送带等。在装卸的过程中，必须注意轻搬轻放，保证货物安好无损。在条件允许的情况下，应尽可能在装卸的同时，按照货物的保管要求，将不同收货单位或不同品种的货物分别堆放，为货物入库做准备。

二、进货作业中货物入库准备

仓库应根据仓储合同、入库单或入库计划，及时地进行场地准备、人员准备和设备准备，以便货物能按时顺利入库。仓库的入库准备需要仓库的业务、管理、设备作业等部门分工合作，共同做好以下工作。

1. 熟悉入库货物

管理人员应认真查阅入库货物资料，掌握入库货物的品种、规格、数量、包装状态、单位体积、到库时间、有效期、理化特性、保管要求等，据此进行精确和妥善的货位安排、准备。

2. 掌握仓库情况

了解货物入库期间和保管期间仓库的库容、设备、人员的变动情况，以便安排入库工作。必要时对仓库进行清查，整理货位，以便腾出仓容。对于必须使用重型设备操作的货物，一定要确保可使用设备的货位和装卸搬运空间。

3. 制订仓储计划

仓库业务部门根据货物情况、仓库情况、设备情况制订仓储计划，并将任务下达到各相应的作业单位、管理部门。

4. 妥善安排货位

仓库部门根据入库货物的性能、数量、类别，结合仓库分区分类保管的要求，核算货位大小，根据货位使用原则，妥善安排货位，确定堆垛方法、苫垫方案等。对于自动化的仓库，货位的分配一般由计算机管理系统自动完成。

5. 做好货位准备

仓库人员要及时进行货位准备，如发现货位的货架损坏应及时通知维修或重新安排货位。保持货位清洁，清除残留物品，清理排水管道，必要时要消毒除虫、铺地。详细检查照明、通风等设备，发现损坏及时通知修理。

6. 准备苫垫材料、作业用具

在货物入库前，根据所确定的苫垫方案，准备相应的材料，并组织衬垫铺设作业。准备妥当作业所需的用具，以便能及时使用。如托盘准备。

7. 验收准备

仓库理货人员根据货物情况和仓库管理制度，确定验收方法。准备验收所需的点数、称量、测试、开箱、装箱、丈量、移动照明等工具。

8. 装卸搬运工艺设定

根据货物、货位、设备条件和人员等情况，合理、科学地制订货物装卸搬运方法，保证作业效率。

9. 文件单证准备

对货物入库所需的各种报表、单证、记录簿等，如入库记录、理货检验单、垛卡、残损单等准备好，以备使用。

实际操作中，由于仓库种类、货位种类和业务性质不同，入库准备工作有所差别，需要根据具体实际和仓库制度灵活调整，做好充分准备。

三、进货作业中卸货与验收

（一）卸货

卸货就是将货物由车辆搬至装卸月台的动作，其中需要关注车辆与月台间的间隙。一般装卸月台与货车（包括货柜车、厢式车等）之间的高度总会有差距且有间隙，使叉车等装卸搬运车辆无法直接进出货车。若使用人工搬运，会造成时间和人力方面的浪费，严重影响工作效率及增加作业危险性。通常装卸货月台为作业安全与方便起见，常见有下列四种设施。

1. 可移动式楔块

可搬移的楔块又叫竖板，当装卸货物时，可放置于卡车或拖车的车轮旁固定，避免装卸货期间车轮意外滚动可能造成的危险。

2. 升降平台

最安全也最有弹性的卸货辅助器应属升降平台。升降平台分为卡车升降平台、码头升降平台两种。当配送车到达时，以卡车升降平台而言，可提高或降低车子后轮，使车底板高度与月台一致，以方便装卸货；若以码头升降平台而言，则可通过升降平台上的高度调节板调整码头平台高度来配合配送车车底板的高度，因而两者有异曲同工之效。

3. 车尾附升降台

车尾附升降台即装置于配送车尾部的特殊平台。当装卸货时，可运用此平台将货物装上卡车或卸至月台。升降板可延伸至月台，可以倾斜放至地面，其设计有多种样式，适于无月台设施的配送中心或零售店的装卸货。

4. 吊钩

当拖车倒退进入码头碰到码头缓冲块时，码头设施即开动吊钩，使其钩住拖车，以免装卸货时轮子打滑，其作用类似移动式的楔块，也可用链子等代替吊钩。

除了使用以上四种设备来克服车辆与月台间的间隙外，若车辆后车厢高度与码头月台同高，可考虑直接将车辆尾端开入停车台装卸货的方式，让车辆与月台紧密结合，使装卸作业方便有效率，也能保护货物安全。

（二）验收

货物验收是对产品的质量和数量进行检查的工作。验收工作一般分为两种：第一种是先点收货物，再通知负责检验的部门办理检验工作；第二种是检查部门先检验品质，认为完全合格后，再通知仓储部门办理收货手续。

1. 货物验收的标准

货物要能达到公司的满意程度才准许进行验收入库，因而验收必须要符合预定的标准。基本上验收货品时，可根据下列几项标准进行检验：采购合约或者订购单所规定的条件，以询价或议价时的合格样品为依据，采购合约中的规格或者图解，各种产品的国家质量标准。

2. 确定抽检比例的依据

配送中心的验收工作繁忙，商品连续到货，而且品种、规格较为复杂，在有限的时间内不可能逐件检查。因此，需要确定一定的抽查比例。抽查比例的大小可以根据商品的特性、价值、供应商信息与和物流环境等因素决定。

（1）商品的物流化学性能：对物流化学性能不稳定的商品应加大抽查比例。

（2）商品价值的大小：对贵重商品应加大抽检比例。

（3）生产技术和品牌信誉：品牌信誉较好的商品抽检比例较小。

（4）物流环境：包括储运过程的气候、地理环境和运输包装条件等。

（5）散装商品的验收：散装称重商品必须全部通过计量，计件商品必须全部检查质量和核查数量。

在品质检验方面，包括物理实验、化学分析及外形检查等。数量的点收方面，除核对货品号码外，还可依据采购合约规定的单位，用度量衡工具，逐一衡量其长短、大小和轻重。

3. 货物检验的主要方法

（1）视觉检验。在充足的光线下，利用视力观察货物的状态、颜色、结构等表面状况，检查有无变形、破损、脱落、变色、结块等损害情况，以判定质量。

（2）听觉检验。通过摇动、搬运操作、轻度敲击来听取声音，以判定质量。

（3）触觉检验。利用手感鉴定货物的细度、光滑度、黏度、柔软程度等，以判定质量。

（4）嗅觉、味觉检验。通过货物所特有的气味、滋味测定来判定质量，有时会感觉到串味损害。

（5）测试仪器检验。利用各种专用测试仪器进行货物性质测定，如含水量、密度、温度、黏度、成分、光谱等测试。

（6）运行检验。对货物进行运行操作，如电器、车辆等，检查操作功能是否正常。

4. 货物检验的内容

（1）外观质量检验。

①包装检验。包装检验是对货物的外包装，也称为运输包装、工业包装的检验。检验包装有无被撬开、开缝、挖洞、污染、破损、水渍和沾湿等不良情况。撬开、开缝、挖洞有可能是被盗的痕迹，污染是由于配装、堆码不当造成，破损有可能因装卸、搬运作业不当、装载不当造成，水渍和沾湿是由于雨淋、渗透、落水、潮解造成。包装的含水量是影

响货物保管质量的重要指标，一些包装物含水量高表明货物已经受损，需要进一步检验。

②货物外观检验。对无包装的货物，直接查看货物的表面，检查是否有生锈、破裂、脱落、撞击、刮痕等损害。

③重量、尺寸检验。对入库物资的单件重量、货物尺寸进行衡量和测量，确定货物的质量。

④标签、标志检验。主要检查货物的标签和标志是否具备、完整、清晰，标签、标志与货物内容是否一致等。

⑤气味、颜色、手感检验。通过货物的气味、颜色判定是否新鲜，有无变质。用手触摸、捏试，判定是否结块、干涸、融化、含水量太高等。

⑥打开外包装检验。若外包装检验中判定内容物有受损的可能，或者依照检验标准要求开包检验、点算包内细数时，应该打开包装进行检验。开包检验必须有两人以上在现场，检验后在箱件上印贴已验收的标志。需要封装的应及时进行封装，包装已破损的应更换新包装。

(2) 内在质量检验。

内在质量检验是对货物的内容物进行检验，包括对物理结构、化学成分、使用功能等进行鉴定。内在质量检验由专门技术检验单位进行，经检验后出具检验报告说明货物质量。

(3) 入库货物检验的程度。

入库货物检验程度是指对入库货物实施数量和质量的检验。分为全查和抽查，原则上应采用全查的方式，对于大批量、同包装、同规格、较难破坏、质量较高、可信赖的货物可以采用抽查的方式检验。但是在抽查中发现不合格品较多时，应扩大抽查范围，甚至全查。

①数量检验的范围包括：

a. 不带包装的物品的检斤率为100%，不清点件数的检斤率为100%。

b. 定尺钢材检尺率为10%～20%，非定尺钢材检尺率为100%。

c. 贵重金属材料100%过净重。

d. 有标量或者标志定量的化工产品，按标量计算，核定总重量。

e. 同一包装、规格整齐、大批量的货物，包装严密、符合国家标准且有合格证的货物采取抽样的方式验量，抽查率为10%～20%。

②质量检验的范围包括：

a. 带包装的金属材料，抽验率为5%～10%；无包装的金属材料全部目测查验。

b. 入库量10台以内的机电设备，验收率为100%；100台以内，验收率不少于10%；运输、起重设备100%查验。

c. 仪器仪表外观质量缺陷查验率为100%。

d. 易于发霉、变质、受潮、变色、污染、虫蛀、机械性损伤的货物，抽验率为5%～10%。

e. 外包装质量缺陷检验率为100%。

f. 对于供货稳定，信誉、质量较好的厂家产品，特大批量货物，可以采用抽查的方式检验质量。

g. 进口货物原则上100%逐件检验。

5. 入库检验时间

货物的数量、外表状况应在入库时进行检验；对货物的内容，在合同的约定时间之内进行检验，或者按照仓储习惯国内到货在入库的10天之内，国外到货30天之内进行内容质量检验。

6. 检验中发现问题的处理

货物检验中，可能会发现诸如证件不齐、数量短少、质量不符合要求等问题，应区别不同情况，及时处理。

(1) 凡检验中发现问题等待处理的货物，应该单独存放、妥善保管，防止混杂、丢失、损坏。

(2) 数量短少在规定误差范围内的，可按原数入账，凡超过规定误差范围的，应查对核实，做成验收记录和误差单交主管部门，主管部门再会同货主向供货单位办理交涉。凡实际数量多于应发数量的，可由主管部门向供货单位退回多发数，或补交货款。

(3) 凡质量不符合规定时，应及时向供货单位办理退货、换货交涉，或征得供货单位同意代为修理，或在不影响使用的前提下降价处理。商品规格不符或错发时，应先将规格正确的予以入库，规格不对的做成验收记录交给主管部门办理换货。

(4) 证件未到或不齐时，应及时向供货单位索取，到库商品应作为待检验商品堆放在待验区，待证件到齐后再进行验收。证件未到之前不能验收、不能入库，更不能发货。

(5) 凡属承运部门造成的商品数量短少或外观包装严重残损等，应凭借货运提货时索取的“货运记录”向承运部门索赔。

(6) 凡价格不符，供方多收部门应予以拒付，少收部分经过检查核对后，应主动联系，及时更正。

(7) 凡“入库通知单”或其他证件已到，在规定的时间里未见商品到库时，应及时向主管部门反映，以便查询处理。

在商品验收过程中，如果发现商品数量或质量问题，应该严格按照有关制度进行处理。在对验收过程中发现的问题进行处理时应注意以下几个方面。

第一，在商品入库凭证未到齐之前不得正式验收。如果入库凭证不齐或不符，仓库有权拒收或暂时存放，待凭证到齐后再验收入库。

第二，发现商品数量或质量不符合规定，要会同有关人员当场做出详细记录，交接双方应在记录上签字。如果是交货方的问题，仓库应该拒接接受；如果是运输部门的问题就应该提出索赔。

第三，在数量验收中，计件商品应及时验收，发现问题要按规定的手续、在规定的期限内向有关部门提出索赔要求。否则超过索赔期限，责任部门对形成的损失将不予负责。

四、进货系统中货物编号

由于进货作业是配送中心作业的首要环节，为了让后续作业准确而快速地进行，保持货物品质及作业水准，在进货阶段对货物进行有效地编码是一项十分重要的工作。

（一）货物编号的原则

（1）简易性。编号结构应尽量简单，长度尽量短，这不仅便于识别，也可以节省计算机的存储空间，减少代码处理的差误，提高信息处理效率。

（2）单一性。每一个编号只对应一种货物。

（3）一贯性。编号要统一，有连贯性。

（4）充足性。采用的文字、记号或数字应足够用来编号。

（5）完全性。每一种货物都用一种代码表示。

（6）适应性。编号应尽可能反映货物的特点，易于记忆，具有暗示或联想的作用。

（7）扩充弹性。为未来货物品种的扩展及货物规格的增加留有余地，使其可因需要而自由延伸，或随时从中插入。

（8）组织性。编号应有组织性，以便存档或查找账卡及相关资料。

（9）实用性。管理计算机化已成为目前趋势，编号应与计算机配合。

（10）分类展开性。若货物过于繁多、复杂，使得编号庞大，则应使用渐近分类的方式来进行编号。

（二）货物编号的方法

货物编号的方法很多，常见的有无含义代码和有含义代码。无含义代码通常可以采用顺序码和无序码来编排，有含义代码则通常是在对货物进行分类的基础上，采用序列顺序码、数值化字母顺序码、层次码、特征组合码及复合码等进行编排。配送中心常用的编号方法如下。

1. 顺序编号

顺序编号又称流水编号，即将阿拉伯数字或英文字母按顺序往下编号的方法，常用于账号及发票编号等。在品种少、批量多的配送中心可用于货物编号，为了使用方便，常与编号索引配合使用。

2. 分组编号

分组编号是按货物特性将数字组成多个数组，每个数组代表货物的一种特性的编号方法。例如，第一组代表货物的种类，第二组代表货物的形状，第三组代表货物供应商，第四组代表货物尺寸等。至于每一个数组的具体位数应视实际需要而定。

3. 数字分段编号

数字分段编号是把数字进行分段，每一段数字代表具有同一共性的一类货物的编号方法。

4. 实际意义编号

实际意义编号是指按照货物的名称、重量、尺寸、分区、存储位置、保存期限或其他特征等实际情况来编号的方法。此方法的优点在于通过货物的编号就可知货物的内容及相关信息。

5. 后位数编号

运用编号末尾的数字，来对同类物品做进一步的细分，也就是从数字的层级关系来看出物品的归属类别。

6. 暗示编号

暗示编号是指用数字与文字的组合进行编号，编号本身虽不直接指明货物的实际情况，但却能暗示货物的内容的编号方法。此法容易记忆，又不易让外人知道。

五、进货作业中货物堆码与货位确定

（一）货物堆码

货物的堆码质量在一定程度上反映出仓储作业和管理水平。作业时应按照有关码垛标准和货物的有关堆码要求进行堆码，不码“自由垛”和“懒垛”，要确保库存货物、仓储设施和作业人员的安全。货垛要整齐美观，便于收发和盘点。要充分合理地利用仓容，提高仓储利用率。

1. 码垛要求

（1）合理。对不用品种、规格型号、牌号、等级、批次和不同生产厂家的货物要分开堆码，不能混杂不清。所选垛型要符合货物的性能和特点要求。库房内码垛要符合“五距”（墙距、顶距、灯距、柱距、垛距）的要求；库房外码垛要距离建筑物 2 米以上；排水沟附近不能堆码货物。同时还要根据“先进先出”的原则，按货物进库先后次序堆码。

（2）稳定。货垛要不偏不斜，不倒不歪，不压坏货垛底层货物和地坪。要留有“五距”，确保货物和仓储设施的安全。

（3）定量。每行每层数量力求成整数，便于过目知数。不具备整数堆码条件的货物，其垛层要明显，以便于清点数目、发货和盘点。

（4）整齐。排列要整齐有序，严格按规定的垛型标准堆码。横竖均成行、成列，包括标志一律朝外，做到整洁、美观。

（5）节省。节省仓位，节省人力、机力，提高仓库面积利用率。

2. 垛型及码垛方法

（1）重叠式货垛。逐件逐层向上重叠堆高形成垛型。钢板、箱装货物等质地坚硬、包装牢固、占地面积较大且不易倒塌的货物可采用此方法堆码。箱装重叠式货垛要不偏不斜，与地面垂直，垛高 1 米以上允许偏差不超出 2～3 厘米。中厚钢板重叠式货垛要垛层分明，不歪不偏。为便于起吊和清点，层间应前后交错或左右交错，两层交错距离为 5～20 厘米。凡是定尺单张板材要码成四面齐，非定尺板材要码成三面齐。成捆有色锭材的重叠式货垛堆码要四面齐，压缝向上堆码，层次清楚。松散的锭材要码在货垛的顶部，不得混码于每层之中。袋装化工产品可码成二横一竖或二横三竖的重叠式货垛。要求垛的四个侧面与地面垂直，误差不得超出 5 厘米。

（2）纵横交错式货垛。将货物一层压一层纵横交叉向上堆码，形成方形桩垛，故称方形垛。此垛型适宜码大垛、高垛，垛形牢固、整齐。金属材料中的成捆型钢、管材、紫铜锭等采用此方式堆码既快又安全。码垛时要将垛底码紧堆实，不得松动。堆码单根圆形货物（如管材、圆钢）时，每层两边要用铁丝箍紧，避免滚动滑落，造成倒桩。定尺货物要四面齐，非定尺货物要三面齐。

（3）仰伏相扣式货垛。将货物仰放一层，伏放一层，正反相扣，互相咬紧形成桩垛。这种货垛适用于金属材料中型钢材和锭材的码垛。

（4）压缝式货垛。将底层排列成方形、长方形、环形等垛底，然后起脊卡缝逐层码高，形成压缝起脊式垛型，故也称起脊压缝式垛型。环形垛底形成的货垛为圆柱形，卷板、电动机、盘条和筒装货物适宜采用此种方式堆码。

（5）行列式货垛。一些体积大且重量大，外形特殊，需要经常查看四周变化情况的货物，只能平放，排列成行。此种方式适合于大型变压器、搅拌机、汽车灯，有利于通风、检查，也便于发货。汽车可以根据车种、车型分组排列成行列式存放，后车紧接前车排成列，行间距离一般为30～50厘米。搅拌机、变压器堆码时两件相靠，并列成行（有的为单列）。两行之间应留出通道，以便于检查和发货。

（6）插柱式货垛。堆码货物时，在货垛两侧插入两对或三对钢棒或钢管作为插桩，然后将货物平铺于插桩之中，每层或第二层拉铁丝，以防倒塌。此货垛是长方形金属材料常用的垛形。为起吊出货方便，层间宜采用缩进伸出的方式堆码。

（7）衬垫式货垛。四面是不规则的产品（如裸体电动机、减速器等）常采用此垛型。堆码时每层垫入与物体相适应的衬垫物，以加强货垛的稳定性，然后向上堆码。

（8）串联式货垛。利用货物中间的管道或孔隙（如管子零件、轮胎等），用绳索将一定数量的货物串联起来，逐层向上堆码。

（9）鱼鳞形货垛。将圆圈形货物（如电线、盘条等）半卧，其一小半压在另一圈货物上，顺序排列，第一件和最后一件直立作柱或另放柱子。码第二层时，方法与第一层相同，唯方向相反。这种货垛稳固，花纹像鱼鳞一样，故称鱼鳞形货垛。

（10）通风式货垛。需要通风保管的货物，堆码时在每层或每件货物之间都留出一定空隙，以便于通风透气。

（二）货位确定

1. 货位的使用方式

仓储货位是指仓库内具体存放货物的位置。仓库中除了通道、机动作业场地，就剩下存货的货位。为了使仓库管理有序、操作规范，存货位置要能准确表示。根据仓库的结构、功能，按照一定的要求将仓库存货位置进行分块分位，形成货位。每一个货位都用一个编号表示，以便区别。货位确定并进行标识后，一般不随便改变。货位可大可小，有大致几千平方米的散货货位，也有小至仅有零点几平方米的货架货位，根据具体所存货物的情况确定。货位分为场地货位、货架货位，有的相邻货位可以串通合并使用，有的预先已安装地坪，无须垫垛。仓库货位的使用有三种方式。

（1）固定的货位。货位只用于存放确定的货物，使用时要严格区分，绝不能混用、串用。长期货源的计划库存等大都采用固定方式。固定货位便于拣选、查找货物，但是仓容利用率较低。由于货物固定，可以对货位进行有针对性的装备，有利于提高货物保管质量。

（2）不固定的货物的货位。货物任意存放在有空的货位，不加分类。不固定货位有利于提高仓容利用率，但是仓库内显得混乱，不便于人工查找和管理。对于周转极快的专业流通型仓库，货物保管时间极短，大都采用不固定方式。不固定货物的货位存储，在计算机配合管理下，能充分利用仓容、方便查找。采用不固定货位的方式，仍然要遵循仓储的分类管理及安全管理原则。

（3）分类固定货物的货位。对货位进行分区、分片，同一区内只存放一类货物，但在同一区内的货位则采用不固定使用的方式。这种方式有利于货物保管，便于查找货物，提高仓容利用率。大多数存储型仓库都使用这种方式。

2. 选择货位的原则

（1）保证先进先出、缓不围急。“先进先出”是仓储保管的重要原则，能避免货物超期变质；在货位安排时要避免后进货物围堵先进货物；存期较长的货物，不能围堵存期较短的货物。

（2）根据货物的尺寸、数量、特性、保管要求选择货位。货位的通风、光照、温度、排水、刮风、雨雪等条件要满足货物保管的需要；货位尺寸与货物尺寸匹配，特别是大件、长件货物要能存入所选货位；货位的容量与货物的数量接近，选择货位时考虑相近货物的情况，防止与相近货物相忌而互相影响；对需要经常检查的货物，存放在方便经常检查的货位。

（3）出入库频率高的货物使用方便作业的货位。对于有持续入库或者持续出库的货物，应安排在靠近出口的货位，方便出入。流动性差的货物，可以安排在离出入口较远的位置；同样道理，存期短的货物安排在出入口附近。

（4）小量集中、大不围小、重近远轻。多种小批量货物，应合用一个货位或者集中在一个货位区，避免夹存在大批量货物的货位中，可以方便查找。重货应离装卸作业区最近，以减少搬运作业量或者可以直接用装卸设备进行堆垛作业。使用货架时，重货放在货架下层，需要人力搬运的重货，存放在腰部高度的货位。

（5）方便操作。所安排的货位能保证搬运、堆垛、上架的作业方便，有足够的机动作业场地，能使用机械进行直达作业。

（6）作业分布均匀。尽可能避免仓库内或者同条作业线路上有多项作业同时进行，避免相互妨碍。

六、进货作业中入库交接与登记

入库货物经过点数、查验之后，可以安排卸货、入库堆码。待卸货、搬运、堆垛作业完毕，与送货人办理交接手续，并建立仓库台账。

（一）手续

交接手续是指仓库对收到的货物向送货人进行的确认，表示已接受货物。办理完交接手续，意味着划分清楚了运输、送货部门和仓库的责任。完整的交接手续包括以下内容。

1. 接受货物

仓库通过查验货物，将不良货物剔出、退回或者编制残损单证等以明确责任，确定收到货物的确切数量、货物表面状态是否良好。

2. 接受文件

接受送货人送交的货物资料、运输的货运记录、普通记录等，以及在随货运输单证上注明的相应文件，如图纸、准运证等。

3. 签署单证

仓库与送货人或承运人共同在送货人交来的送货单、交接清单上签署，并留存相应单证。提供相应的入库、查验、理货、残损单证、事故报告，由送货人或承运人签署。

(二) 登账

货物入库时仓库应建立详细反映仓储实际情况的明细账。

入库货物等级的主要内容有：货物名称、规格、型号、生产厂家、数量、件数、批次、金额，注明货位号或运输工具、入库经办人。

(三) 立卡

货物入库或上架后，将货物名称、规格、数量等内容填在垛卡上称为立卡。垛卡又称为货卡、货牌，插放在货物下方的支架上或摆放在货垛正面的明显位置。

(四) 建档

仓库应对所接受仓储的货物或者委托人建立存货档案或者客户档案，以便进行货物管理，与客户保持联系，同时有助于总结和积累仓库保管经验，研究仓储管理规律。

存货档案应一货一档设置，将该货物入库、保管、交付的相应单证、报表、记录、作业安排等资料的原件或者复制件存档。存货档案应统一编号，妥善保管，长期保存。

存货档案的内容有：货物的各种技术资料、合格证、装箱单、质量标准、送货单、发货清单等。货物运输单据、货运记录、残损记录、装载图等；入库通知单、验收记录、误差单、技术检验报告；保管期间的检查、保养作业、通风除湿、翻仓、事故等直接操作记录，存货期间的温度、湿度、特殊天气的记录等；交接签单、检查报告等；回收的仓单、货垛卡、仓储合同、存货计划、收费存根等；其他有关该货物仓储保管的特别文件和报告记录。

第四节　储存作业

传统的物流系统中储存作业一直扮演着最主要的角色，但是在现今生产制造技术及运输系统都已相当发达的情况下，储存作业的角色也已发生了质与量的变化。虽然其调节生产量与需求量的原始功能一直没有改变，不过为了满足现今市场少量多样的形态，使物流系统中的拣货、出货、配送的重要性已凌驾于储存保管功能之上。

一、储存作业的形态

存储货物是购货、进货活动的延续。在配送活动中，货物存储有两种表现形态：一种是暂存形态；另一种是储备形态，包括安全储备和周转储备。

暂存形态的存储是指按照分拣、配货工序的要求，在理货场地储存少量货物。这种形态的货物存储是为了适应“日配”“即时配送”需要而设置的。其数量多少对下一个环节的工作方便与否会产生很大影响。但一般来说，不会影响储存活动的总体效益。

储备形态的存储是按照一定时期配送活动要求和根据货源的到货情况有计划地确定的。它是使配送持续运作的资源保证。

用于支持配送的货物储备有两种具体形态：安全储备和保险储备。无论是哪种形态的储备，相对来说，数量都比较多。货物储备合理与否会直接影响配送的整体效益。

二、储存保管的目标

(1) 空间的最大化利用。

(2) 劳动力及设备的有效使用。

(3) 所有货品能随时存取，必须建立良好的储位管理系统和库房的合理布置，做到储存在库内的任何货物随时可以方便地存取。

(4) 货品的良好养护，因为储存的目的在于保存货品的使用价值直到被客户订货出货的时刻，所以在储存时货物必须保持在良好的养护条件下。

(5) 货品的有效移动，在储区内进行的大部分活动是货品的搬运，需要大量的人力及设备来进行货品的搬进和搬出，因此，人力与机械设备操作应达到经济和安全的程度。

(6) 良好的管理，整洁的通道，干净的地板，适当而有序的储存及安全的运行，将有助于提高工作效率并促进员工的工作积极性。

三、储存作业方法

(一) 储存方式

配送中心储存方式多种多样，一般有以下几种分类。

(1) 大批储存。

大批储存一般指 3 个托盘以上的存量。大批储存一般均以托盘为储存单位，采用地面堆码或自动仓库储存的方式。

(2) 中批储存。

中批储存一般指 1～3 个托盘的存量，可以托盘或箱为出货拣取单位。多采用托盘货架或地面堆码的方式。

(3) 小批储存。

小批储存一般指小于 1 个托盘的储存，一般以箱为出货拣取单位。在储存区的小批量物品一般被存放于托盘货架、隔板货架、货格中。

(4) 零星储存。

零星储存区或拣取区是使用货格或隔板货架储存小于整箱的货品的地方。一般来说，货品的拣取在此区域中进行。然而，若产品很小及整批储量并不占很大空间，则整批产品也能储存于零星区。

零星拣货区一般包括检查与打包的空间，同时为了防盗的目的与大量储区分开。另外，此储区最好置于低楼层及居中的位置，以降低等候拣取时间及减轻出货时理货的工作。

(5) 地面堆码储存。

地面堆码储存是使用地板支撑的储存，有将物品放于托盘上堆码或直接地面堆码两种。这种堆码方式可分为行列堆码及整区堆码两种形式。

①行列堆码。行列堆码是将货物按行列堆码，在货堆之间留下足够的空间使任何一行（列）堆码的托盘出货时暂不受阻碍。当在一行（列）储区中只剩几个托盘时，即应将这些托盘转移至小批量储区，而让此区域能再储存大批产品。

②整区堆码。整区堆码是指每一行与行间的托盘堆码并不留存或浪费任何空间，此方式能节省空间，适用于储存大量同类货品。采用整区堆码时必须很小心作业，避免托盘存取时由于互相挤压而发生危险。

地面堆码的优点：

a. 适于形状不规则货品的储存：尺寸及形状不会造成地面堆码的困难。

b. 适合大量可堆叠货品的储存：若重量不致过重，能提供规则形状或容器化的物品储存。

c. 只需简单的建筑即可。

d. 堆叠尺寸能根据储存量适当调整。

e. 通道的需求较小，且容易改变。

地面堆码的缺点：

a. 不能兼顾先进先出，若要先进先出，则必须增加翻堆作业，造成工作负荷增大并容易损坏货品。

b. 堆叠边缘无法被保护，容易被搬运设备损坏。

c. 地面堆码容易不整齐，不适合小单位的拣取作业。

d. 不适于储存某些特殊物品。如易吸潮物，需置于一定高度。

(6) 货架储存。

货架的种类很多，常用的货架类型包括：托盘货架、隔板货架、流动货架、驶入式货架等。

货架储存的优点：

a. 存取方便。

b. 可以实现先进先出或自由存取。

c. 货物之间不会相互挤压。

货架储存空间除适于多样规则性货品的储存外，也适于不规则形状货品的储存，但不能超出货格范围。

(7) 自动仓库储存。

自动仓库是由高层货架、有轨巷道堆垛机、输送系统构成的自动仓储系统，一般称其为自动仓库或立体仓库。它能够充分地利用空间，可以实现货物的自动存取，是一种高效的储存方式，在欧、美、日等发达国家得到了广泛的应用，在我国也得到了快速的发展。

选择储区位置的建议：

a. 大批量使用大储区，小批量使用小储区。

b. 能安全有效率地储于高位的物品使用高储区。

c. 储存笨重、体积大的品项于较坚固的层架底层及接近出货区。

d. 储存轻量货品于有限的载重层架。

e. 将相同或相似的货品尽可能靠近储存。

f. 滞销的货品或小、轻及容易处理的品项使用较远储区。

g. 周转率低的物品尽量远离进货、出货及货架上层。

h. 周转率高的物品尽量放于接近出货区及货架下层。

（二）储存策略

储存策略即决定货品在储存区域存放位置的方法或原则。良好的储存策略可以缩短出入库移动的距离、减少作业时间，甚至能够充分利用储存空间。

一般常见的储存策略有定位储存、随机储存、分类储存、分类随机储存和共同储存等。

1. 定位储存

定位储存的原则：每一储存货品都有固定储位，货品不能互用储位，因此需要使每一项货品的储位容量不得小于其可能的最大在库量。

（1）定位储存的优缺点。

优点：

a. 每种货品都有固定储存位置，拣货人员容易熟悉货品储位。

b. 货品的储位可按周转率大小或出货频率来安排，以缩短出入库搬运距离。

c. 可针对各种货品的特性作储位的安排调整，将不同货品特性间的相互影响减至最小。

缺点：

储位必须按各项货品的最大在库量设计，因此储区空间平时的使用效率较低。

（2）定位储存的应用场合。

a. 不适于随机储存的场合。

b. 储存条件对货品储存非常重要时。例如，有些品项必须控制温度。

c. 易燃物必须限制储存于一定高度以满足安全标准及防火法规。

d. 依商品物性，由管理或其他策略指出某些品项必须分开储存。例如，饼干和肥皂，化学原料和药品。

e. 保护重要物品。

f. 厂房空间大。

g. 多种少量商品的储存。

总之，定位储存容易管理，所需的总搬运时间较少，但却需较多的储存空间。

2. 随机储存

每一个货品被指派储存的位置都是随机产生的，而且可经常改变；也就是说，任何品项可以被存放在任何可利用的位置。此随机原则一般是由储存人员按习惯来储存，且通常按货品入库的时间顺序储存于靠近出入口的储位。

(1) 随机储存的优缺点。

优点：

由于储位可共用，因此只需按所有库存货品最大在库量设计即可，储区空间的使用效率较高。

缺点：

a. 人工完成货品的出入库管理及盘点工作难度较高，需由计算机配合。

b. 周转率高的货品可能被储存在离出入口较远的位置，增加了出入库的搬运距离。

c. 具有相互影响特性的货品可能相邻储存，造成货品的伤害或发生危险。

一个良好的储位系统中，采用随机储存能使货架空间得到最有效的利用，因此储位数目得以减少。由模拟研究显示出，随机储存系统与定位储存比较，可节省35%的移动储存时间及增加了30%的储存空间，但人工拣取作业有一定难度。

(2) 随机储存的应用场合。

随机储存较适用以下三种情况：

a. 厂房空间有限，需尽量利用储存空间。

b. 种类少或体积较大的货品。

c. 仓储管理信息系统完善的情况下。

3. 分类储存

分类储存的原则：所有的储存货品按照一定特性加以分类，每一类货品都有固定存放的位置，而同属一类的不同货品又按一定的原则来指派储位。分类储存通常按产品相关性、流动性、产品尺寸、重量、产品特性来分类。

(1) 分类储存的优缺点。

优点：

a. 便于畅销品的存取，具有定位储存的各项优点。

b. 各分类的储存区域可根据货品特性再作设计，有助于货品的储存管理。

缺点：

a. 储位必须按各项货品最大在库量设计，因此储区空间平均的使用效率低。

b. 分类储存较定位储存具有弹性，但也有与定位储存同样的缺点。

(2) 适用的场合。

a. 产品相关性大者，经常被同时订购。

b. 周转率差别大者。

c. 产品尺寸相差大者。

4. 分类随机储存

每一类货品有固定存放位置，但在各类的储区内，每个储位的指派是随机的。分类随机储存优缺点如下。

优点：兼有分类储存的部分优点，又可节省储位数量，提高储区利用率。

缺点：货品出入库管理及盘点工作的进行困难度较高。

分类随机储存兼具分类储存及随机储存的特色，需要的储存空间介于两者之间。

5. 共同储存

在确定各货品的进出仓库时刻，不同的货品可共用相同储位的方式称为共同储存。共同储存在管理上虽然较复杂，所需的储存空间及搬运时间却更经济。

(三) 储位指派原则

储存策略是储区规划的大原则，当确定储存策略并进行储存区域规划后，还必须配合储位指派原则才能决定储存作业实际运作的模式。与储存策略相匹配的储位指派原则，可归纳出如下几项。

1. 以周转率为基础原则

按照商品在仓库的周转率（销售量除以存货量）来排定储位。首先依周转率由大自小排序列，再将此一序列分为若干段，通常分为 3～5 段。同属于一段中的货品列为同一级，依照定位或分类储存法的原则，指定储存区域给每一级的货品。周转率越高，离出入口越近。

2. 产品相关性原则

产品相关性大者在订购时经常被同时订购，所以应尽可能存放在相邻位置。考虑物品相关性储存的优点：

(1) 缩短提取路径，减少工作人员疲劳。

(2) 简化清点工作。

(3) 产品相关性大小可以利用历史订单数据做分析。

3. 产品同一性原则

所谓产品同一性原则是指把同一物品储存于同一保管位置的原则。此种将同一物品保管于同一场所来加以管理的管理方式，其管理效果是能够期待的。

培训作业人员对于货品保管位置皆能简单熟知，且对同一物品的存取花费搬运时间最少的系统是提高配送中心作业生产率的基本原则之一。因而当同一物品散布于仓库内多个位置时，物品在储存、取出等作业的不便可想而知，就是在盘点以及作业员对货架物品掌握程度等方面都可能造成困难。因而同一性的原则是任何配送中心皆应确实遵守的重点原则。

4. 产品类似性原则

所谓类似性原则是指将类似品比邻保管的原则，此原则是根据与同一性原则同样的观点而来。

5. 产品互补性原则

互补性高的物品也应存放于邻近位置，以便缺货时可迅速以另一品项替代。

6. 产品相容性原则

相容性低的产品绝不可放置在一起，以免损害品质，如香皂与茶叶不可放在一起。

7. 先进先出原则

所谓先进先出是指先入库的物品先出库。此原则，一般适用于生命周期短的商品。例如，感光纸、软片、食品等。

以作为库存管理的手段来考虑时，先进先出是必需的，但是若在产品形式变更少，产品生命周期长，保管时的损耗、破损等不易产生等的情况时，则需要考虑先进先出的管理费用及采用先进先出所得到的利益，将两者之间的优劣点比较后，再来决定是否要采用先进先出的原则。另外，对于食品或易腐败变味的货品，此时应考虑的是先到期先出货的原则。例如，进口货柜货品储存配销的情况，常会有先进货的反而保存期长，而后进货的保存期限较短，快到过期日。所以，此时应以保存期限快到过期日的货品要先出库，且在保存期限剩下 3～6 个月的货品应考虑退货给原供应商或折扣处理，以免后续发生过期退货或品质变质造成顾客投诉，影响整个作业进行。

8. 堆高原则

所谓堆高原则，即是像堆积木般将物品堆高。以配送中心整体的有效保管的观点来看，提高保管效率是必然之事，而利用栈板等工具来将物品堆高的容积效率要比平置方式来得高。但须注意的是，如先进先出等库存管理限制条件很严时，一味地往上堆高并非最佳的选择，应考虑使用合适的货架或积层架等保管设备，以使堆高原则不致影响出货效率。

9. 面对通道原则

所谓面对通道原则，即物品面对通道来保管，将可识别的标号、名称让作业人员容易简单的辨识。为了使物品的储存、取出能够容易且有效率地进行，物品必须要面对通道来保管，这也是使配送中心内能流畅进行及活性化的基本原则。

10. 产品尺寸原则

在仓库布置时，我们要同时考虑物品单位大小及由于相同的一群物品所造成的整批形状，以便能供应适当的空间满足某一特定需要。所以在储存物品时，必须要有不同大小位置的变化，用以容纳一切不同大小的物品和不同的容积。此原则的优点在于：物品储存数量和位置适当，则分拣发货迅速，搬运工作及时间都能减少。

一旦为考虑储存物品单位大小，将可能造成储存空间太大而浪费空间，或储存空间太小而无法存放。未考虑储存物品整批形状，也可能造成整批形状太大无法同时存放（数量太多）或浪费储存空间（数量太少）。一般将体积大的货品存放于进出较方便的位置。

11. 重量特性原则

所谓重量特性原则是按照物品重量的不同来决定储存物品在保管场所的高低位置上。

一般而言，重物应保管于地面上或货架的下层位置，轻的物品则保管于货架的上层位置；若是以人工进行搬运作业时，人的腰部以下的高度用于保管重物或大型物品，而腰部以上的高度则用来保管轻的物品或小型物品；此原则对于采用货架的安全性及人工搬运的作业有很大的意义。

12. 产品特性原则

物品特性不仅涉及物品本身的危险及易腐性质，同时也可能影响其他的物品，因此在配送中心布置设计时必须要考虑。现列举五种有关物品特性的基本储存方法。

易燃物的储存：需在具有高度防护作用的建筑物内安装适当防火设备的空间，最好是独立区隔位置。

易窃物品的储存：需装在有加锁的笼子、箱、柜或房间内。

易腐品的储存：需要储存在冷冻、冷藏或其他特殊的设备内，且派专人作业与保管。

易污损品的储存：可使用帆布套等覆盖。

一般物品的储存：需要储存在干燥及管理良好的库房，以应客户需要随时提取。

另外，彼此易相互影响的货品应分开放置，如饼干和香皂，容易气味相混；而危险的化学药剂、清洁剂，也应独立隔开放置，且作业时戴上安全护套。此原则的优点在于：不仅能随物品特性而有适当的储存设备保护，且容易管理与维护。

13. 储位标示原则

所谓储位标示原则是指把保管物品的位置给予明确标示的原则。此原则主要目的在于将存取单纯化，并能减少其间的错误。尤其在临时人员、高龄作业人员较多的配送中心，此原则更为必要。

14. 明晰（标示）性原则

所谓明晰性原则是指利用视觉，使保管场所及保管品能够容易识别的原则。此原则需对于前述的储位标示原则、同一性原则及堆高原则等皆能顾及，例如，颜色看板、布条、标示符号等方式，让作业员一目了然，且能产生联想而帮助记忆。

在良好的储存策略与储位指派原则配合之下，可大量减少拣取商品所需移动的距离，然而越复杂的储位指派原则需要功能越强的计算机相配合，现今，计算机软硬件发达，价格便宜，各公司应多加规划利用，必可增加作业效率。

四、储存空间的规划布置

储存货品的空间叫作储存空间，储存是配送中心的核心功能和重要的作业环节，储存区域规划的合理与否直接影响到配送中心的作业效率和储存能力。因此，储存空间的有效利用成为配送中心改善的重要课题。

在储存空间布置时，首先要考虑的是要储存货品的多少及其储存形态，以便能够提供适当的空间来满足需求，因为在储存货品时，必须规划大小不同的区域，以适应不同尺寸数量货品的存放。对于空间的规划，首先必须先行分类，了解各空间的使用目的，确定储存空间的大小，然后再进行储存空间的设计布置。倘若由于储存空间的限制而无法满足储存要求时，则要寻求可以提高保管效率的储存方法来满足规划要求。

（一）储存空间规划概述

1. 储存空间的定义

储存空间即配送中心内以保管为功能的空间。储存空间包括物理空间、潜在可利用空间、作业空间和无用空间（见图 6－3），即：

储存空间＝物理空间＋潜在可利用空间＋作业空间＋无用空间。

物理空间：货物实际上占有的空间。

潜在可利用空间：就是储存空间中没有充分利用的空间，一般配送中心至少有 10%～30%的潜在利用空间可加以利用。

作业空间：为了作业活动顺利进行所必备的空间，如作业通道、货物之间的安全间隙等。

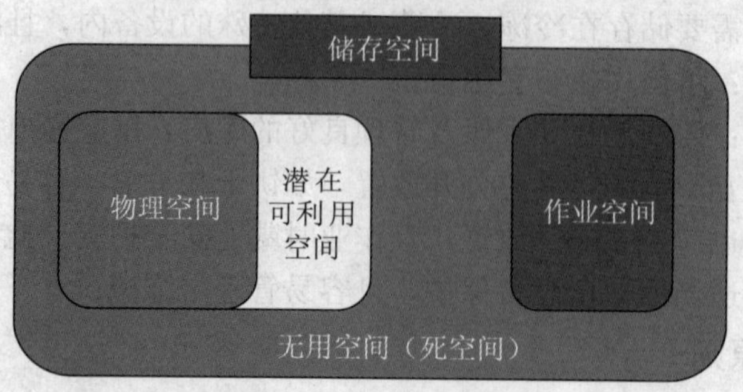

图 6－3　储存空间示意

2. 影响储存空间的主要因素

影响储存空间的主要因素有八项，在人为要素上有作业方法及作业环境，在货品要素上有货品特性、货物存量、出入库量等，而在设备要素上有保管设备及出入库设备。各项因素的影响程度如表 6－1 所示。

表 6－1　　储存空间的影响因素

影响因素 空间	人	物				设备	
	作业方法及作业环境	货品特性	保管货物量	出入货量	出入库件数	保管设备	出入库设备
物理空间	—	很大	很大	—	—	很大	—
潜在可利用空间	—	很大	很大	—	—	很大	—
作业空间	很大	大	—	很大	很大	—	很大

3. 储存空间的评估要素

储存空间的评估要素包括效率、流量、人性、成本、时间（见图 6－4）。

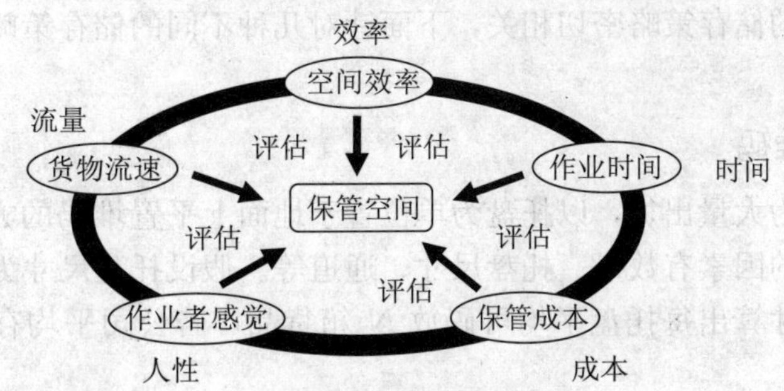

图 6－4　储存空间的评估要素

空间效率（效率）：储存品特性、储存货物量、出入库设备、梁柱、走道的安排布置。

货物流速（流量）：进货量、保管量、拣货量、补货量、出货量。

作业者感觉（人性）：作业方法、作业环境。

保管成本（成本）：固定保管费用、保管设备费用、其他搬运设备费用。

作业时间（时间）：出入库时段、出入库时间。

4. 储存空间规划的影响因素

进行储存空间规划时，首先需了解所有影响储存空间规划的要素，对其进行认真分析和考核。主要影响因素包括：

（1）货品尺寸、数量。

（2）托盘尺寸、货架空间。

（3）使用的机械设备。

（4）通道宽度、位置及需求空间。

（5）库内柱距。

（6）建筑尺寸与形式。

（7）进出货及搬运位置。

（8）补货或服务设施的位置。

（9）作业原则：动作经济原则、单元化负载、货品不落地原则、减少搬运次数及距离、空间利用原则等。

5. 储存空间的规划内容

储存空间规划的内容包括：

（1）仓储区域的作业空间规划。

（2）分拣区域的作业空间规划。

（3）柱子间隔规划。

（4）库房高度规划。

（5）通道规划。

（二）仓储区的作业规划

进行仓储区域的空间规划时，应先求出存货所需占用的空间大小，并考虑货品尺寸及数量、堆码方式、托盘尺寸、货架货位空间等因素，然后进行仓储区域的空间规划。因为区域的规划与集体的储存策略密切相关，下面针对几种不同的储存策略，分别介绍其空间计算的方法。

1. 托盘平置堆码

若公司货品多为大量出货，以托盘为单位置于地面上平置堆码的方式储存，则计算存货空间所需考虑到的因素有数量、托盘尺寸、通道等。假设托盘尺寸为 $P \times P$ 平方米，由货品尺寸及托盘尺寸算出每托盘平均可码放 N 箱货品，若公司平均存货量为 Q，则存货空间需求（D）为：

$$D=\frac{\text{平均存货量}}{\text{平均每托盘堆码货品量}}\times\text{托盘尺寸}$$
$$=\frac{Q}{N}\times(P\times P)$$

实际仓储需求空间还需考虑叉车存取作业所需面积，若以一般主通道配合辅通道规划，通道约占全部面积的 30%～35%，故实际仓储需求空间（A）为：

$$A=D\times(1+35\%)=D\times1.35$$

2. 使用托盘堆码

若货品多为大量出货，并以托盘堆码于地面上，则计算存货空间则需考虑货品尺寸及数量、托盘尺寸、可堆码高度等因素。

假设托盘尺寸为 $P \times P$ 平方米，由货品尺寸及托盘尺寸算出每托盘平均可码放 N 箱货品，托盘在仓库内可堆码 L 层，若公司平均存货量约为 Q，则存货空间需求（D）为：

$$D=\frac{\text{平均存货量}}{\text{托盘层数}\times\text{平均每托盘堆码货品箱数}}\times\text{托盘尺寸}$$
$$=\frac{Q}{L\times N}\times(P\times P)$$

3. 使用托盘货架储存

若配送中心使用托盘货架来储存货品，则存货空间的计算除了考虑货品尺寸、数量、托盘尺寸、货架形式及货架层数外，还需考虑所需的巷道空间。假设货架为 L 层，每托盘约可码放 N 箱，若公司平均存货量为 Q，存货所需的面积为 P，则需求面积（P）为：

$$P=\frac{\text{平均存货量}}{\text{平均每托盘堆码货品箱数}\times\text{货架层数}}=\frac{Q}{N\times L}$$

由于货架系统具有区特性，每区由两排货架及存取通道组成，因此由基本托盘占地空间需换算成仓库区后再加上存取通道空间，才是实际所需的仓储工作空间，其中存取通道空间需视叉车是否作直角存取或仅是通行而异。而在各储存货架内的空间计算，应以一个货格为计算基准，一般的货格通常可存放两个托盘。图 6－5 为以托盘货架储存的储存空间计算。

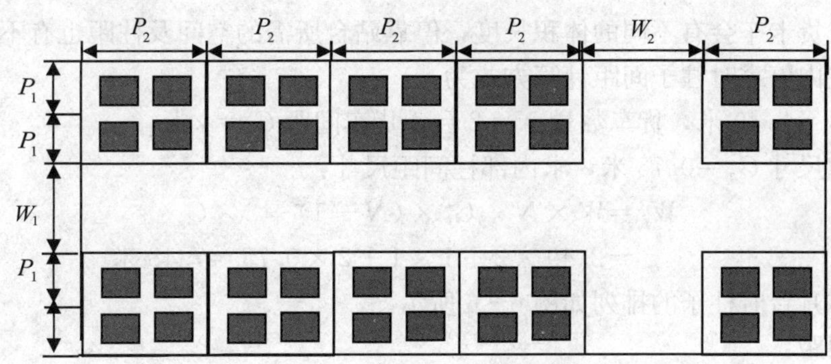

图 6-5　以托盘货架储存的储存空间计算

其中：

P_1——货格宽度；

P_2——货格长度；

Z——每货架区的货格数（每格位含 2 个托盘空间）；

W_1——叉车直角存取的通道宽度；

W_2——货架区侧向通道宽度；

A——货架使用平面面积；

B——储区内货架使用平面总面积；

S——总库存区平面面积；

Q——平均存货需求量；

L——货架层数；

N——平均每托盘码放货品箱数。

则货架使用面积：

$$A=(P_1\times 4)\times(P_2\times 5)=4\,P_1\times 5P_2$$

货架使用总面积：

$$B=\text{货架使用面积}\times\text{货架层数}=A\times L$$

总库存区平均面积：

S＝货架使用面积＋叉车通道＋侧面通道＝

$$A+[\,W_1\times(5\,P_2+W_2)]+(2\,P_1\times W_2\times 2)$$

（三）柱子间距设计

配送中心库内柱子的主要设计依据包括建筑物的楼层数、楼层高度、地盘载重、抗震能力等，另外还需考虑配送中心内的保管效率及作业效率。配送中心仓库内储存空间、柱子间距的设计可以从以下几个方面考虑。

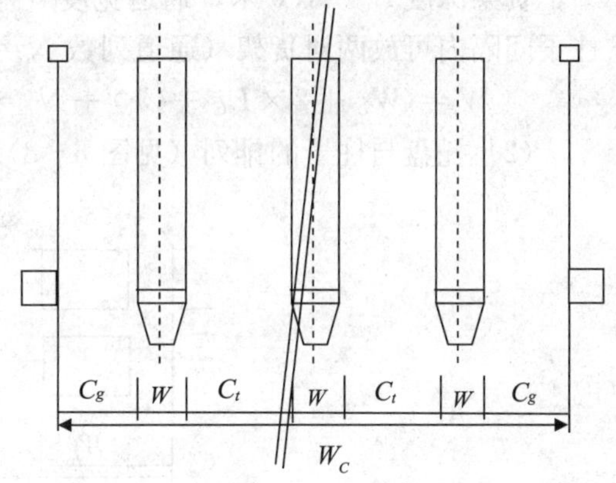

图 6-6　货车停靠月台时柱子的排列

注：W_c——柱子间距；W——货车宽度；C_t——货车间距；C_g——侧面间隙尺寸。

1. 根据卡车台数及种类确定柱子间距

进入仓库内停靠的卡车台数及种类：不同

型式重量的载货卡车会有不同的体积长度，停靠站台所需的空间及柱距也有不同。

货车在室内停靠时柱子间距计算方式为：

货车宽 $W=2.49$ 米，货车数量 $N=2$ 台，货车间距 $C_t=1$ 米

侧面间隙尺寸 $C_g=0.75$ 米，求内部柱间距尺寸：

$$W_i=W\times N+C_t\times(N-1)+2\times C_g$$
$$=2.49\times 2+1\times 1+2\times 0.75=7.48\text{ 米}$$

货车停靠月台时柱子的排列如图 6-6 所示。

求柱子间距：

$$W_c=W\times N+C_t\times(N-1)+2\times C_g$$

2. 储存设备的种类及尺寸确定柱子间距

储存空间的设计应优先考虑保管设备的布置效率，其空间的设计尽可能大而完整，以供储存设备的安置，故应配合储存设备的规划来决定柱子的间距。

(1) 托盘货架与柱子的排列，如图 6-7 所示。

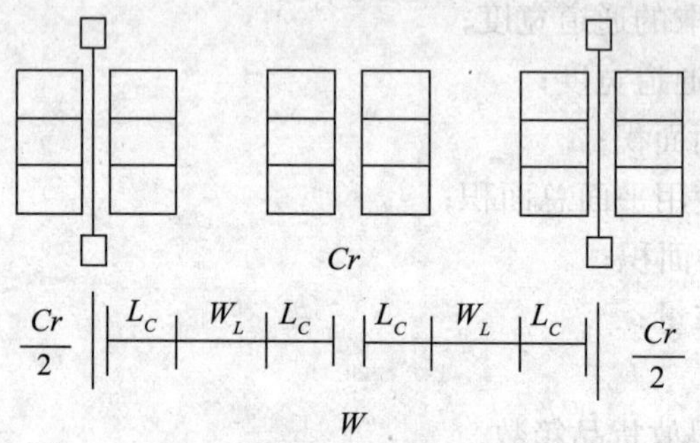

图 6-7　货架与柱子的排列

注：W——柱间距；L_C——货架深度；W_L——通道宽度；Cr——货架背对背间距。

计算例：

货架深度 $L_C=1.0$ 米，通道宽度 $W_L=2.5$ 米，货架背面间隔 $Cr=0.05$ 米，平房建筑柱子间隔内可放两对货架（通道列数 $N_i=2$），求内部柱间距。

$$W=(W_L+2\times L_C+Cr)+N_i=(2.5+2\times 1.0+0.05)+2=6.55(\text{米})$$

(2) 托盘与柱子的排列（见图 6-8）。

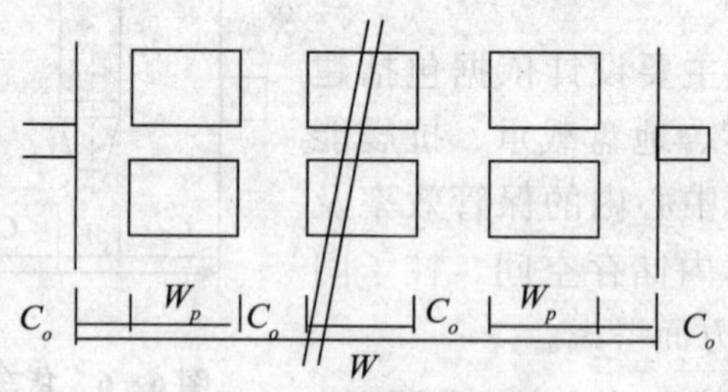

图 6-8　托盘与柱子的排列

注：W——柱间距；W_P——托盘宽；N_P——托盘列数；C_P——托盘背对背间距；C_o——托盘与柱子间距。

计算例：

托盘宽 $W_P=1.0$ 米，托盘列数 $N=7$ 盘，托盘背对背间距 $C_P=0.05$ 米，托盘与柱子间距 $C_o=0.05$ 米，求内部柱间距。

$W=W_P+C_P\times(N-1)+W_L\times N_i+2\times C_O=1+0.05\times(7-1)+2.5\times2+2\times0.05=6.4$（米）

（四）库房高度规划

在储存空间中，库房的有效高度也称为梁下高度，理论上是越高越好，但实际上受货物所能堆码的高度、叉车的扬程、货架高度等因素的限制，库房太高有时反而会增加成本及降低建筑物的楼层数，因此要合理设计库房的有效高度。在进行库房的有效高度设计时，应从以下三个方面考虑。

1. 保管物品的形态、保管设备的形式和堆码高度

由于所保管物品的形态及所采用的保管货架形式均与高度有关，当采用托盘地面堆码或采用高层货架时，两者所需的堆码高度差距非常大，耐压的坚硬货品及不耐压的货盘在采用地面堆码时，其对梁下有效高度的需求也有很大差异，故必须根据所采用的保管设备与堆码方式来决定库内的有效高度。

以下为采用地面堆码时梁下有效高度的计算方法。

计算例：

货物高度 $HA=1.3$ 米，堆码层数 $N=3$，货叉的抬货高度 $FA=0.3$ 米，梁下间隙尺寸 $a=0.5$ 米，求最大举升货高与梁下有效高度。

最大举升高度 $HL=3\times1.3+0.3=4.2$（米）

梁下有效高度 $He=4.2+0.5=4.7$（米）

2. 所使用堆垛搬运设备的种类

储存区内采用不同的作业设备，如各类叉车、吊车等，对梁下间隙有不同的要求，需要根据具体的堆垛搬运设备的起升参数和梁下间隙进行计算。

货架高度 $Hr=3.2$ 米，货物高度 $HA=1.3$ 米，货叉的抬货高度 $FA=0.3$ 米，梁下间隙尺寸 $a=0.5$ 米，求最大举升货高与梁下有效高度。

最大举升货高 $HL=3.2+1.3+0.3=4.8$（米）

梁下有效高度 $He=4.8+0.5=5.3$（米）

3. 所采用的储存保管设备的高度

由于各种货架都有其基本设计高度，装设货架时必须达到此高度才有经济效益，因此有效高度的设计必须能符合所采用保管储存设备的基本高度要求。

梁下间隙尺寸是为了消防、空调、采光等因素，必须放置一些配线、风管、消防设备、灯光照明等而必须预留的装设空间，在所有梁下高度的计算中都必须把梁下间隙考虑进去。

即：

梁下有效高度＝最大举升的货高＋梁下间隙尺寸

计算例：

货架高度 $Hr=2.4$ 米，底层高度 $Hf=0.4$ 米，梁下间隙尺寸 $a=0.6$ 米，货物高度 $HA=2$ 米，求最上层货架高度与梁下有效高度。

最大举升高度 $HL=2.4\times2+0.4=5.2$（米）

梁下有效高度 $He=5.2+0.6=5.8$（米）

（五）储存空间的有效利用

在储存空间中，不管货品是地面直接堆码或是以货架储存，均得占用保管面积，在地价日益昂贵的今天，若能有效利用空间，可以大大降低仓储成本。但要如何有效利用仓储空间呢？除了要合理地放置柱、梁、通道外，储存空间的充分利用很重要。空间有效利用的方法有两种。

1. 向上发展

当合理化设置好梁柱后，在此有限的立体空间中，面积固定，要增加利用空间就是向上发展。或许大家会认为仓库空间的向上发展会影响货品搬运工作的安全与困难程度，以及盘点困难，但目前科学一日千里，堆高技术日新月异，堆高设备更是不断出新以应所需，且非常普及，因此向上发展的困难已不大。堆高的方法为多利用货架，例如，驶出/驶入式货架便可高达 10 米以上，而窄道式货架更可高达 15 米左右，利用这些高层货架把重量较轻的货品储存于上层，而把较笨重的货品储存于下层，或使用托盘来多层堆放以提高储物量，增加利用空间。

2. 平面经济的有效利用

在空间的利用上，如果能争取到二维平面区域的利用，相对的就争取到三度空间的利用，而要如何提升这二维平面经济效用呢？其要点如下。

（1）非储存空间设置角落：所谓非储存空间就是一些厕所、楼梯、办公室、清扫工具室等设施应尽量设置在储存区域的角落或边缘，以免影响储存空间的整体性，便可增加储存货品的储存空间。

（2）减少通道面积：减少通道面积相对就是增加保管面积，但可能会因通道的变窄变少而影响作业车辆的通行及回转，因此在空间利用率与作业影响两条件中由增加需求的权重来取个平衡点，不要因为一时的扩展储存空间而影响了整个作业的方便性。一般性的做法是把通道设定成保管区中行走搬运车辆的最小宽度，再于适当长度中另设一较宽通道区域以供搬运车辆回转。通道宽度与适用的叉车型式如表 6－2 所示。

表 6－2　　通道宽度与适用的叉车型式

通道形式	通道宽度（米）	叉车型式
宽道式	3.1～4.5	配重式叉车
窄道式	2.1～3.1	前移式叉车
		支腿式叉车
		转柱式叉车

续　表

<table>
<tr><th>通道形式</th><th>通道宽度（米）</th><th>叉车型式</th></tr>
<tr><td rowspan="2">超窄道式</td><td rowspan="2">2.1米以下</td><td>转叉式叉车</td></tr>
<tr><td>拣选叉车</td></tr>
</table>

①货架的安置设置应尽量采用方形配置，以减少因货架安置而剩下过多无法使用的空间。

②储存空间顶上的通风管路及配电线槽，宜安装于最不影响存取作业的角落上方，以减少对于货架的安置干涉。减少安置干涉，相对的就可增加货架数量，而提高保管使用空间。

自动仓库在空间的使用率上是最高的，但并不表示其就是最适合的，对于自动仓库的使用必须先经过评估，了解自己配送中心的货物特性、量的大小、频率的高低以及单位化的程度再行决定是否适用于自动仓库。

第五节　盘点作业

为了有效控制货品数量而对各库存场所的货物进行数量清点的作业，称为盘点作业。

盘点作业是一项最繁重、最花时间的作业。盘点作业不仅是对现有的商品库存状况的清点，而且可以针对过去商品管理的状态进行分析，为将来商品管理的改进提供依据。因此，盘点作业是衡量配送中心经营管理状况好坏的最标准尺度。

一、盘点作业的目的

（1）确定现存量，并修正与账目不符的误差。通常货物在一段时间不断地进货和出货，容易产生误差。

（2）计算企业的损益。企业的损益与总库存金额有相当密切的关系，而库存金额与库存量及其单价成正比。因此，为了能准确地计算出企业实际的损益，就必须针对现有数量加以盘点。一旦发现库存太多，即表示企业的经营受到制约。

（3）稽查货品管理的绩效，使出入库的管理方法和保管状态变得清晰。例如，呆、废货品的处理状况、存货周转率、货物的养护修复，均可借盘点发现问题，以寻找改善措施。

二、盘点作业的步骤与流程

1. 事前准备

盘点作业的事前准备工作是否充分，决定了盘点作业的顺利程度。事前的准备工作内容如下：

（1）明确建立盘点的程序方法。

（2）配合会计进行盘点准备。

（3）盘点、复盘、监盘人员必须经过培训。

（4）经过培训的人员必须熟悉盘点用的表单。

（5）盘点用的表格必须事先印制完成。

（6）库存资料必须结清。

2. 决定的盘点时间

一般性货品就货账相符的目标而言，盘点次数越多越好。事实上导致盘点误差的关键主要在于出入库的过程，如出入库作业单据的输入、检查点数的错误或是出入库搬运造成的损失，因此一旦出入库作业次数多时，误差也会随之增加。以货品流通速度较快的配送中心来说，通常盘点时间为：

（1）重要货品：每天或每周盘点一次。

（2）一般货品：每 2～3 周盘点一次。

（3）较不重要货品：每月盘点一次即可。

3. 决定盘点的方法

盘点分为账面盘点与现货盘点。

（1）账面盘点：所谓“账面盘点”是把每天入库及出库的货品的数量及单价记录在计算机账簿上，而后不断地累计加总算出账面上的库存量及库存金额。

（2）现货盘点（实地盘点）：“现货盘点”又称“实盘”，就是实地清点调查仓库内货品的库存数，再依货品单价计算出实际库存金额的方法。

要得到最正确的库存情况并确保盘点无误，最直接的方法就是确定账面盘点与现货盘点的结果要完全一致。如一旦存在差异，即出现“账货不符”的现象，需要立即查找原因，才能加以判断。

4. 盘点人员的组织与培训

为使盘点工作得以顺利进行，盘点时必须增派人员协助进行，而且对各部门增援的人员必须予以短期培训，以使每位参与盘点的人员能充分发挥其作用。人员培训必须分两部分。

（1）针对所有人员进行盘点方法的培训：只有充分了解盘点的程序、表格的填写，工作才能得心应手。

（2）针对复盘与监盘人员进行识别货品的培训：因为大多数复盘与监盘人员对货品并不熟悉，因此事先应经过培训。

5. 储存场所的清理

这项工作分为以下几部分。

（1）在盘点前，对厂商交来的物料必须明确其数量，如果已验收完成则属于本配送中心，应及时调整归库。若尚未完成验收程序仍属厂商，应划分清楚避免混淆。

（2）储存场所在关闭前应通知各需求部门预领所需的货品。

（3）储存场所整理整顿，以便计数盘点。

（4）预先鉴定呆滞货品、废品、不良品，以便盘点时鉴定。

（5）账卡、单据、资料均应整理后加以结清。

（6）储存场所的管理人员在盘点后加以结清。

6. 盘点工作

盘点时，工作单调琐碎，人员较难持之以恒。为了确保盘点质量，除人员组织培训时加强宣传教育外，工作进行期间应加以领导和督促。

（1）盘点作业正式开始前，先确定各盘点区域的责任人员；盘点前应做好商品整理、盘点工具与用品的准备、单据整理。

（2）在计算机信息管理系统里，通常是按垛卡编号和货位编号进行盘点，打印出“盘点清单”，供盘点人员使用；保管员将盘点结果输入计算机，并对盘点中产生差异的商品进行复核；对库存商品报损益并对所报的商品损益进行复核，打印出“配送损益单”；最后按加税点或不加税点生成损益结算的财务凭证。

（3）盘点作业的关键是点数，其工作强度极大，且手工点数差错率较高。通常，可使用手持终端机或扫描机进行盘点，以提高盘点的速度和准确性。

7. 差异因素的查找

当盘点结束后，发现所得的数据与账簿资料不符时，应查找主要原因。一般着手查找原因的方向如下。

（1）是否因记账员素质不高，致使货品数目不正确。

（2）是否因料账处理制度的缺点，导致货品数目不正确。

（3）是否因盘点制度的缺陷导致货账不符。盘点所得的数据与账簿的资料差异是否在允许误差内。

（4）盘点人员是否尽责，产生盈亏时应由谁负责。

（5）是否产生漏盘、重盘、错盘等情况。追查盘点的差异是否可事先预防等。

8. 盘盈、盘亏的处理

差异原因查找后，应针对主要原因适当地调整与处理，对呆滞品、废品、不良品减价的部分需与盘亏一并处理。货品除了盘点时产生的盈亏外，有些货品价格上会产生增减，这种变更在经主管审核后必须利用货品盘点盈亏及价目增减更正表修改。

第六节 流通加工作业

流通加工是指物品在从生产领域或向消费领域流动的过程中，为维护产品质量，改善产品功能，促进销售，提高物流效率而对物品进行的加工。在物流配送过程中，为了更好地满足客户的要求，经常要对货物进行流通加工。

一、流通加工作业的目的

（1）适应多样化客户的需求。

（2）提高商品的附加值。

（3）规避风险，推进物流系统化。

二、流通加工作业的内容

不同的货物，流通加工的内容是不一样的。

1. 食品的流通加工

食品加工的项目主要有以下几种：

(1) 鱼、肉、禽类按部位进行分割。

(2) 水果的分级筛选。

(3) 生鲜食品及蔬菜的速冻包装、真空包装。

(4) 粮谷类的自动包装。

(5) 多品种组合或特定礼品箱。

2. 消费资料的流通加工

消费资料加工的项目主要有以下几种。

(1) 衣料物品的标志和印记商标、粘贴标价。

(2) 促销产品的买大赠小类捆扎。

(3) 进口商品加贴中文标签。

(4) 家具的组装以及地毯剪切等。

(5) 有独立包装的大包产品的拆分。

3. 生产资料的流通加工

具有代表性的生产资料加工是钢铁的加工，其内容主要有：热炼轧钢板和钢带等的平展和剪切；圆钢、型钢的切割；线材的冷拉加工等。

三、流通加工作业的类型

按照加工的目的和作用，流通加工可分为以下几种类型。

1. 为方便运输而进行的流通加工

例如，分体运输的产品在销售地的组装，使运输方便、经济，并将组装环节移至流通领域。

2. 为保存产品而进行的流通加工

为使产品的使用价值得到妥善的保存，延长产品在生产与使用时间之间的距离而进行的加工，包括生活消费品的流通加工和生产资料的流通加工，如水产品的冷冻加工、金属材料的涂防锈油等。

3. 为适应客户要求而进行的流通加工

其目的在于通过加工使产品品种、规格、质量适应客户需要，解决产需分离现象。

4. 综合型流通加工

综合型流通加工在流通中将货物分解，分类处理。流通加工是在流通领域中对生产的辅助性加工，是生产过程的延续，也是生产本身或生产工艺在流通领域的延续。

四、流通加工合理化

1. 流通加工不合理的表现

流通加工虽然会产生效益，但也可能产生负效应。各种不合理的流通加工都会产生抵消效益的负效应。

（1）地点设置的不合理。流通加工地点的设置直接关系整个流通加工能否有效的重要因素。一般而言，为衔接单品种、大批量生产与多样化需求的流通加工，加工地设置在需求地区，才能实现大批量的干线运输与多品种末端配送的物流优势。如果将流通加工地设置在生产地区，多品种、小批量的产品运输会出现不合理现象，而且，由于生产地增加了加工环节，就增加了近距离运输、装卸、储存等一系列物流活动。

如果流通加工设置地是正确的，但小地域范围的选址不正确，就会出现交通不便，流通加工与生产企业或客户之间距离较远，流通加工点的投资过高，加工点周围社会环境、自然环境条件不良等不合理现象。

（2）方式选择不当。流通加工方式包括流通加工对象、流通加工工艺、流通加工技术、流通加工速度等。加工方式选择错误会造成流通加工的不合理。流通加工是对生产加工的一种补充和完善。所以，一般而言，如果工艺复杂，技术装备要求较高，或加工可以由生产过程延续或较易解决的都不宜再设置流通加工，尤其不宜与生产过程争夺技术要求较高、效益较高的最终生产环节，更不宜利用一个时期市场的压力使生产者变成初级加工或前期加工，而流通企业完成装配或最终形成产品的加工。

（3）加工内容过于简单。如果流通加工的内容过于简单，或对生产及消费者作用都不大，甚至存在盲目性，不但不能解决品种、规格、质量、包装等问题，相反却增加了环节。

（4）加工成本过高。如果流通加工成本过高，则不能实现以较低投入实现更高回报的目的。这样的流通加工都是不合理的。当然，对于一些必需的、政策要求的流通加工来说是合理的。

2. 实现流通加工合理化的途径

流通加工合理化的含义是实现流通加工的最优配置，不仅能避免各种不合理，使流通加工有存在的价值，而且做到最优的选择。

流通加工合理化的途径主要有以下几个方面。

（1）加工和配送相结合。把加工和配送相结合，将流通加工设置在配送中心内，一方面可按配送的需要进行加工；另一方面可将加工后的产品直接投入配货作业，使配送服务水平大大提高。

（2）加工和配套相结合。在对配套要求较高的货物流通中，配套的主体来自各个生产单位，如果在流通过程中进行适当加工，可以有效促成配套，大大提高流通的桥梁与纽带功能。

（3）加工和运输相结合。利用流通加工，在支线运输转干线运输或干线运输转支线运输这种本来就必须停顿的环节，按干线或支线运输合理的要求进行适当加工，可以大大提高运输及运输转载水平。

第七节　拣选作业

拣选作业是依据客户的订货要求或配送中心的送货计划，迅速、准确地将商品从其储位或其他区域拣取出来，并按一定的方式进行分类、集中，等待配装送货的作业过程。在配送作业的各环节中，拣选作业是非常重要的一环，是整个配送中心作业系统的核心工序。

每份客户订单中都至少包含一项以上的物品，拣选作业的目的就是正确而迅速地集合客户所订购的物品。在物流配送中心内部所涵盖的作业范围中，拣选作业是极为重要的一环。

实践证明，物流成本约占商品最终售价的20%～30%，其中包括配送、搬运和储存等成本。一般来说，拣选作业成本约是其他堆码、装卸和储存等成本总和的3～9倍，占物流成本的绝大部分。为此，若要降低物流成本，首先应从拣选作业着手改进，才能达到事半功倍的效果。

一、拣选作业的基本流程

拣选作业过程大致由生成拣选单据、行走或搬运、拣取，以及分类与集中几个环节组成，具体如图6-9所示。

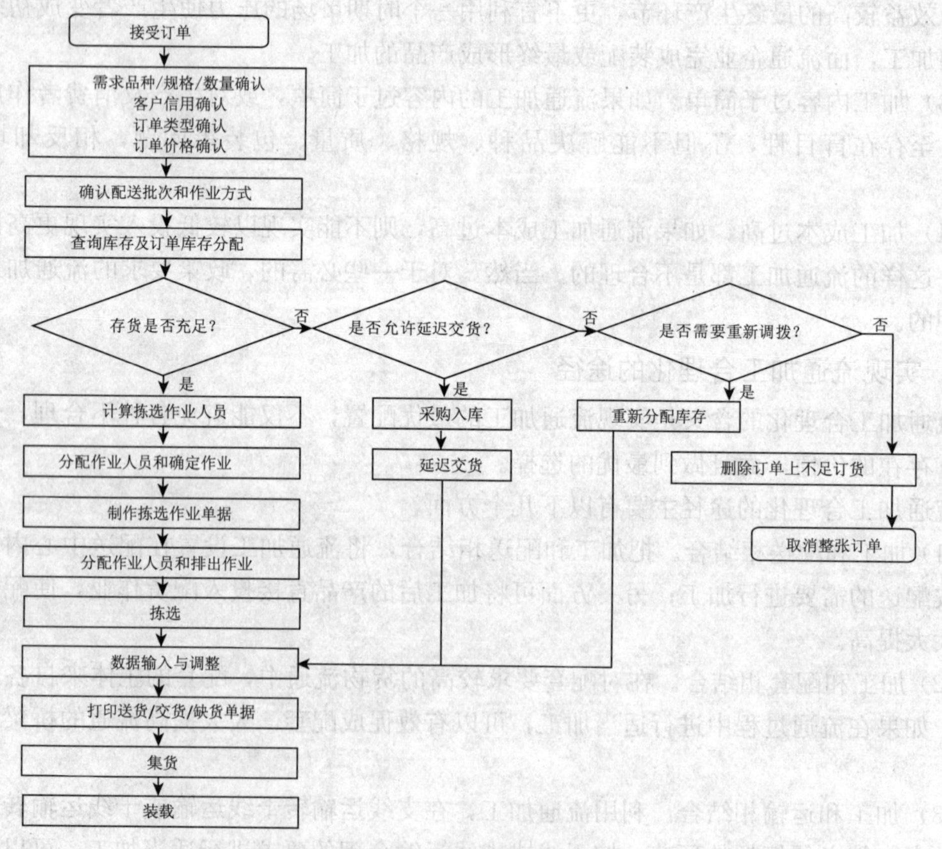

图6-9　拣选作业流程

1. 生成拣选单据

拣选作业开始之前，指示拣选作业的单据或信息必须先行处理完成。虽然有些配送中心直接利用顾客的订单或公司的交货单作为人工拣选指示，但此类单据容易在拣选作业中受到污损导致错误发生，同时无法标识产品的货位，无法使拣选员缩短拣选路径，所以必须将原始的单据转换成拣选单或电子信号，才能使拣选员或自动拣取设备进行更有效率的拣选作业。

2. 行走或搬运

进行拣选时，要拣取的货品必须出现在拣选员面前，可以通过以下三种方式实现。

（1）人至物前方式：拣选员通过步行或搭乘拣选车辆到达货品储存位置的方式。该方式的特点是货品采取一般的静态储存方式，如托盘货架、轻型货架等，主要移动的一方为拣取者。

（2）物至人前方式：与上述方式相反，主要移动的一方为被拣取物，也就是货品，拣取者在固定位置，无须去寻找货品的储存位置。该方式的主要特点是货品采用动态方式储存，如负载自动仓储系统、旋转自动仓储系统等。

（3）无人拣取方式：拣取的动作由自动的机械负责，电子信息输入后自动完成拣选作业，无须人手介入。这是目前国内在拣选设备研究上的发展方向。

3. 拣取

当货品出现在拣取者面前时，接下来的动作便是抓取与确认。确认的目的是为了确定抓取的物品、数量与指示拣选的信息相同。实际作业中都是通过拣选员读取品名与拣选单进行对比。比较先进的方法是利用无线传输终端机读取条码由计算机进行对比，或者采用货品重量检测的方式。准确的动作可以大幅降低拣选的错误率，同时也比出库验货作业发现错误并处理来得更直接而有效。

4. 分类与集中

由于拣取方式的不同，拣取出来的货品可能还需要按订单类别进行分类与集中，拣选作业至此告一段落。分类完成的每一批订单的类别和货品经过检验、包装等作业然后出库。

二、拣选单位

（一）基本拣货模式

拣选单位基本上可分为托盘、箱、单品三种。一般，以托盘为拣选单位的货品体积和重量最大，其次为箱，最小者为单品。其基本拣货模式如表 6－3 所示。

表 6－3　基本拣货模式

拣货模式编号	储存单位	拣选单位
1	托盘	托盘
2	托盘	托盘＋箱

续 表

拣货模式编号	储存单位	拣选单位
3	托盘	箱
4	箱	箱
5	箱	单品
6	箱	箱+单品
7	单品	单品

拣选单位是根据订单分析的结果来决定的，如果订货的最小单位是箱，则不需要单品拣选单位，库存的每一种货品都需要通过以上的分析判断出拣选单位。一种货品有时可能需要有两种以上的拣选单位，所以一个配送中心的拣选单位通常在两种以上。

配送中心规划时必须先决定拣选单位、储存单位，同时协调外部供应商确定货品的入库单位，所有单位的决定都来自客户的订单。也就是说客户的订单决定拣选单位，拣选单位决定储存单位，再由储存单位确定供应商的入库单位。

（二）拣货单位的决定

拣选单位的决定步骤如下。

1. 货品特性分组

将必须分别储存处理的货品进行分组，如将体积、重量、外形差异较大者，或有互斥特性的货品分别存放。

2. 历史订单统计

利用 EIQ 分析方法将过去一年或一月的资料进行统计，求出各分组货品的 IQ-PCB 分析表。此分析可以掌握各拣选分区的物流量，作为物流作业系统设计的基础，而且通过物流过程分析，可以使各拣选分区作业均衡化。

3. 订货单位合理化

将订货中货品的单位合理化，避免过小的单位出现在订单中，如将大包改成中包，去掉小包装，原则上控制在三种单位以内。

4. 拣选单位的决定

将 IQ-PCB 分析表中的货品单位拆分为合理的拣货单位数量。例如，IQ-PCB 分析表中某货品 100 件，实际该货品装箱规格是 30 件/箱，这种情况下应拆分为：3 箱加 10 件，拣货单位为：箱及件两种。

通过以上分析，可得出各种货品应有的拣选单位，同时可以作为货品特性分析和拣选单位分区的参考。

（三）存储单位的决定

拣选单位决定之后，接下来要决定的是储存单位，一般储存单位必须大于或等于拣选单位，其一般步骤如下。

(1) 定出各项货品一次采购最大、最小批量及前置时间。

(2) 设定配送中心的服务水平时间，订单到达后几日内送达。

(3) 若服务水平时间>采购前置时间+送达时间，且货品每日被订购量在采购最小批量和采购最大批量之间，则该项货品可不设存货位置。

(4) 通过 IQ - PCB 分析，如果货品平均每日采购量×采购前置时间<上一级包装单位数量，则储存单位=拣选单位。反之，则储存单位>拣选单位。

(四) 入库单位的决定

储存单位决定后，货品入库的单位最好能配合储存单位，可以凭借采购量的优势要求供应商配合。入库单位通常设定等于货品最大的储存单位。

三、拣选方式的确定

(一) 拣选作业方式分类

随着科学技术的发展，配送中心拣选作业也在不断地演变，拣选作业的种类也越来越多。拣选方式可以从不同的角度进行分类：按订单的组合，可以分为按单拣选方式（一人一单式）和接力拣选方式（分区按单拣选）；按运动方式，可以分为人至货前拣选和货至人前拣选等；按拣选信息的不同又可以分为拣选单拣选、标签拣选、电子标签拣选、RF拣选等。拣选作业的分类如图 6 - 10 所示。

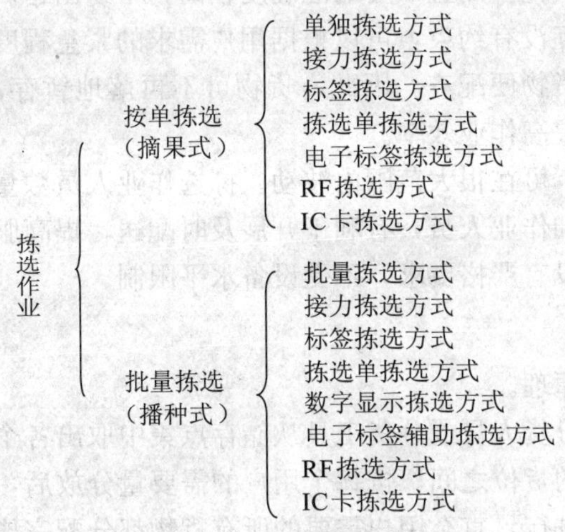

图 6 - 10 拣选作业的分类

按单拣选即按订单进行拣选，拣选完一个订单后，再拣选下一个订单；批量拣选方式是将数张订单加以合并，一次进行拣选，最后根据各个订单的要求再进行分拣。

单独拣选方式即一人持一张订货单进入拣选区拣选货物，直至将订货单中内容完成为止；分区拣选方式是将拣选区分为若干区，由若干名作业者分别操作，每个作业者只负责本区货物的拣选，携带订单的拣选小车依次在各区巡回，各区作业者按订单的要求拣选本区段存放的货物，一个区段拣选完移至下一区段，直至将订单中所列货物全部拣选完。

人至货前拣选即人（或人乘拣选车）到储存区寻找并取出所需要的货物；货至人前拣

选是将货物移到人或拣选机旁，由人或拣选机拣选出所需的货物。

（二）拣选作业方法

1. 按单拣选作业

（1）按单拣选作业原理。

拣选人员或拣选工具巡回于各个货位，按订单所要求的物品，完成货物的配货，如图 6-11 所示。这种方式类似于人们进入果园，在一棵树上摘下已成熟的果子后，再转到另一棵树前去摘果子，所以又形象地称之为摘果式。

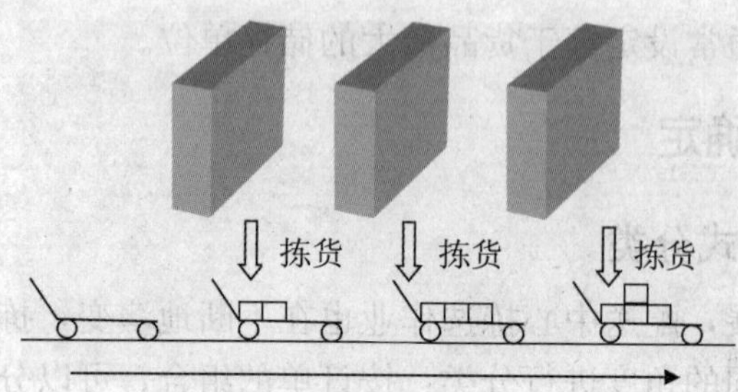

图 6-11　按单拣货作业原理

（2）按单拣选作业方式的特点。

按订单拣选，易于实施，而且取货的准确度较高，不易出错。

对各用户的拣选相互没有约束，可以根据用户需求的紧急程度，调整配货先后次序。

拣选完一个货单，货物便配齐，因此，货物可不再落地暂存，而直接装上配送车辆，这样有利于简化工序，提高作业效率。

用户数量不受限制，可在很大范围内波动。拣选作业人员数量也可以随时调节，在作业高峰时，可以临时增加作业人员，有利于开展及时配送，提高服务水平。

对机械化、自动化没有严格要求，不受设备水平限制。

2. 批量拣选作业

（1）批量拣选作业原理。

批量拣选作业是由分货人员或分货工具从储存点集中取出各个用户共同需求的某种货物，然后巡回于各用户的货位之间，按每个用户的需要量分放后，再集中取出共同需要的第二种货物，如此反复进行，直至用户需要的所有货物都分配完毕，即完成各个用户的配货工作，如图 6-12 所示。这种作业方式，类似于农民在土地上播种，一次取出几亩地所需的种子，在地上巡回播撒，所以又形象地称之为播种式或播撒式。

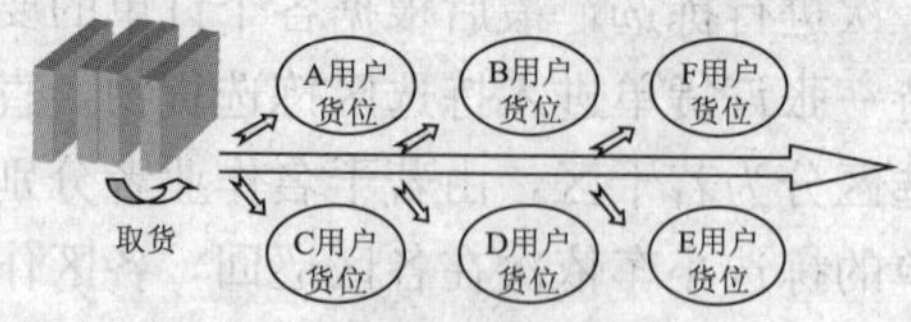

图 6-12　批量拣选作业原理

(2) 批量拣选作业方式的特点。

由于是集中取出共同需要的货物，再按用户货位分放，这就需要在累计收到一定数量的订单后再进行拣选作业。需对累计的批量订单中所涉及的商品分别作单品汇总统计，并安排好各用户的分货货位之后才能进行拣选作业，因此，这种方式工艺难度较高，计划性较强，和按单拣选相比，占地面积较大。

批量拣选作业完成后，各用户的配送请求即同时生成，因此可以同时开始对各用户所需货物进行配送。这种方式有利于车辆的合理调配和规划配送路线，与按单拣选相比，可以更好地发挥规模效益。

对到来的订单无法做出逐一的反应，必须等订单达到一定数量时才做一次处理，因此会有停滞的时间产生。只有根据订单到达的状况做等候处理，决定出适当的批量大小，才能将停滞时间减至最低。

除了以上两种常用的拣选方式外，还可以采用以下两种拣选方式。

①整合按单拣选：主要应用在一天中每一订单只有一种品项的情况，为了提高配送的效率，将某一地区的订单整合成一张拣选单，做一次拣选，集中打包出库。这属于按单拣选的一种变通形式。

②复合分拣：复合分拣是按单拣选与批量拣选的组合运用，按订单品项、数量和出库频率决定哪些订单适合按单拣选，哪些适合批量拣选。

几种拣选方式的比较如表 6-4 所示。

表 6-4　几种拣选方式的比较

拣选方式	优点	缺点	适用情况
按单拣选	作业方法简单； 订货前置时间短； 作业弹性大； 作业员责任明确，作业容易组织； 拣选后不必再进行分类作业	货品品种多时，拣选行走路径加长，拣选效率降低； 拣选单必须配合货架货位号码	适用于多品种、小批量订单的情况
批量拣选	多张订单做出单品汇总后拣货，拣选取货效率较高盘亏较少	所有种类实施困难； 增加出货后的分货作业； 必须本批次作业全部完成后，才能发货	适用于多张订单中重要品种较多的情况
整合按单拣选	—	—	适合一天中每一订单只有一种品种的情况
复合分拣	—	—	适合订单密集且订单量大的场合

(三) 拣选作业方法选择

1. 定量方法

(1) 按出货品项数的多少及货品周转频率高低，确定合适的拣选作业方式。

结合 EIQ 的分析结果（见表 6－5），按当日 *EN* 值（订单品项数）及 *IK* 值（品项受订次数）的分布判断出货品项数的多少和货品周转率的高低，确定不同作业方式的划分。

原理：*EN* 值越大表示一张订单所订购的货品品项数越多，货品的种类越多越杂，则批量拣选时分类作业越复杂，采取按单拣选方式较好。相对地，*IK* 值越高，表示某品项的重复订购频率越高，货品的周转率越高，此时，采用批量拣选方式可以大幅提高拣选速度。

表 6－5　拣选方式选定对照

		货品重复订购频率（*IK* 值）		
		高	中	低
出货品项数（*EN*）值	多	*S*+*B*	*S*	*S*
	中	*B*	*B*	*S*
	少	*B*	*B*	*B*+*S*

注：*S* 表示按单拣选，*B* 表示批量分拣。

(2) 按表 6－6 所列项目进行考核，决定采用何种拣选作业方式。

表中第一项为每日订单数，主要考虑的因素为行走往复所花费时间。第二项为一天订单的品项数，考虑的是寻找货品货位的时间。第三项是一张订单中每一品项的重量，考虑的是抓取货品所用的时间。第四项为每一品项一天的订单数，考虑的是同一品项被重复拣选所花的时间。所以采用何种方式拣选，主要看该拣选方式效率的高低。也就是何种拣选方式所耗费的总时间最短，且避免不必要的重复行走时间。

表 6－6　批量分拣与按单拣选考核要素

要素				订单要素
每日订单数	一天订单的品项数	一张订单中每一品项的重量	每一品项一天的订单数	
				订单内容与品项数等的要素可分为下列三种： 批量拣选用的订单 按单拣选用的订单 整合订单拣选用的订单

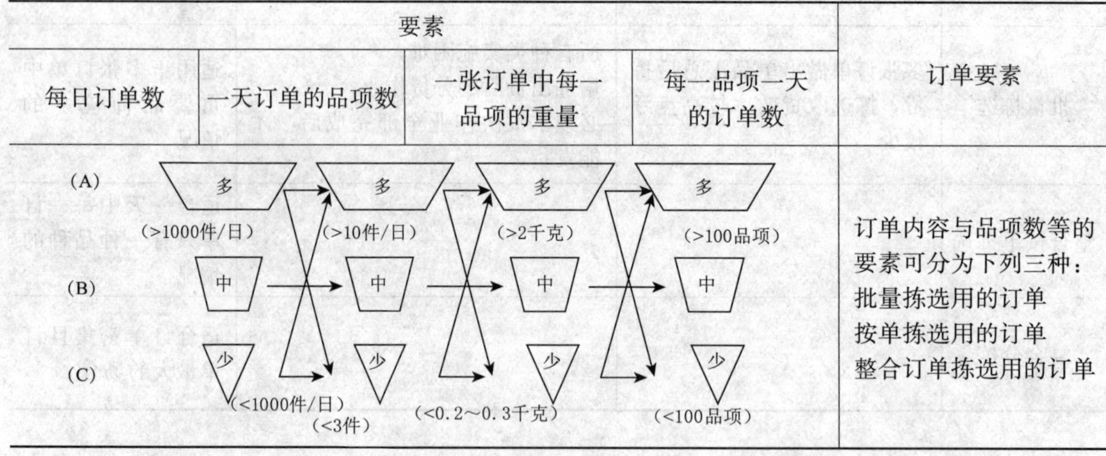

表 6－6 中从左至右可以有多种组合方式。例如，A－C－C－A 适合批量拣选方式，表

示每日订单数很多，而订单的品项数却很少，且一张订单的每一品项重量也很少，但不断地被重复订购。所以，可将每一品项数加总合计，形成单品汇总数量，采取批量分拣，以减少重复行走取出同一品项所耗费的时间。但也要考虑取出单品汇总量之后再拆分至每一张订单的作业效率问题。又如，在C－A－A－C形式中，每日订单总数很少，品项数虽多但不重复，此时适合采用按单拣选方式

2. 定性方法

（1）按单拣选的适用情况及特点。

适用情况：货品外形体积变化较大，货品特性差异较小，分类作业难以进行。如化妆品、家具、电器、日用百货、高级服饰等。

特点如下。

①因拣选行走距离无法缩短，取货效率可能降低。

②作业前置时间较短，订单处理可以保持连续性。

③容易采用机械化的方式，协助人工分拣，但较难采用全自动的方式进行。

（2）批量分拣的使用情况及特点。

适用情况如下。

①货品外形较规则、固定。如箱装、扁袋装。

②需要流通加工的物品，如需要包装或标价作业的货品。

特点如下。

①订单处理需要设截止时间，允许临时插单能力较差。

②作业前置时间一般较长。

③常以系统化和自动化来提高效率。

必须注意作业持续平稳，尤其要避免同一时间内大量出货。

总的来说，按单拣选弹性较大，临时性的产能调整较容易，适合订单大小差异较大、订单数量变化频繁、有季节性差异的货品配送中心。批量拣选作业方式通常采用系统化、自动化设备，从而较难调整拣选能力，适合订单变化小、订单数量稳定的配送中心。

四、拣选策略的运用

拣选作业系统规划中最重要的环节就是拣选策略的运用，由于拣选策略的4个主要因素（分区、订单分割、订单分批、分类）之间存在互动关系，在进行整体规划时，必须按一定的决定顺序，才能使其复杂程度降到最低。

如图6－13所示是拣选策略运用组合图，从左到右是拣选系统规划时所考虑的一般次序，可以相互配合的策略方式用箭头连接，所以任何一条由左至右可通的组合链就表示一种可行的拣选策略。

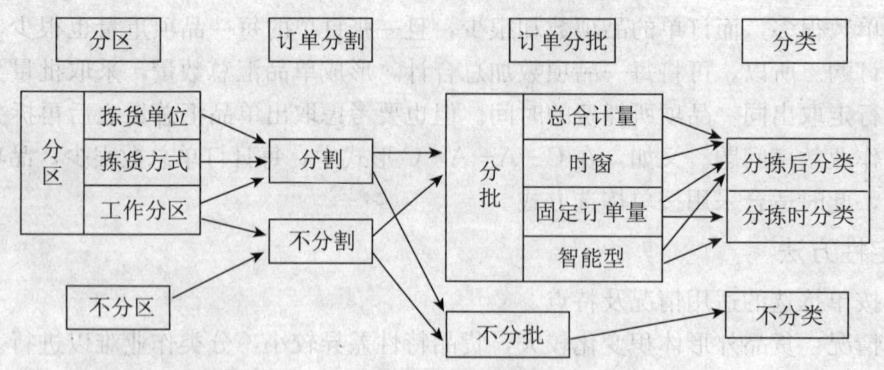

图 6－13 拣货策略运用组合

（一）分区的考虑

拣选作业系统中的分区设计，除前面介绍的拣选分区外，还必须考虑储存分区的部分。因此在设计拣选分区之前，必须先对储存分区进行了解、规划，才能使系统整体的配合更加完善。如图 6－14 所示的是进行分区设计的程序，每一分区考虑的因素和重点都不尽相同，但其基本概念是由大到小、由浅入深的。

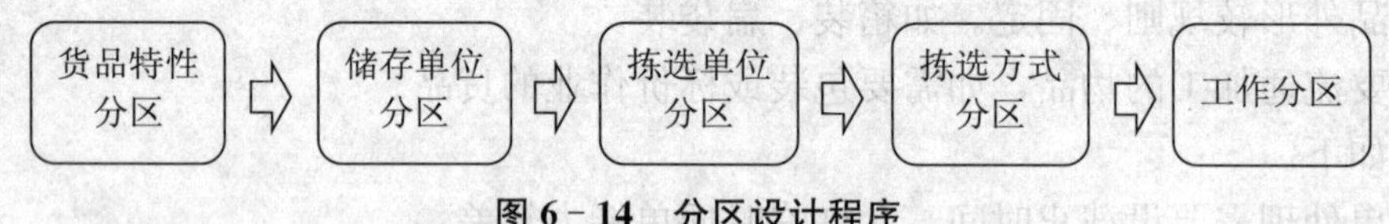

图 6－14 分区设计程序

1. 货品特性分区

货品特性分区就是根据货品原有的性质，将需要特别储存搬运或分离储存的货品进行区隔，以保证货品的品质在储存期间保持一定。在拣选单位的决定过程中，货品特性分组已将货品按其特性分类完成，接下来要做的就是根据不同的分组特性设计储存区域，该过程的原则是尽量使用通用设备，以使设备购置成本降低。

2. 储存单位分区

同一货品在特性分区内可能因储存单位不同而分别储存在两个以上的区域，这种按储存单位划分的区域称为储存单位分区。货品储存单位已在拣选单位的决定中得出，因此只需要将货品特性分区中具有相同储存单位的货品集中，便可形成储存单位分区。

3. 拣选单位分区

在同一储存单位分区内，可按拣选单位差异再做分区设计，如 AS/RS 自动仓储系统及托盘货架都是以托盘为储存单位的，AS/RS 自动仓储系统又以托盘为取出单位，而托盘货架则以箱作为拣选单位。因此，在分区设计时还必须参考拣选方式来决定。如果按单拣选，则拣选分区可以按拣选单位来决定。若是批量拣选方式，则拣选单位必须依订单分批后合计量的结果进行修正。将拣选作业区按拣选单位划分，如箱装拣选区、单品拣选区，或者具有特殊货品特性的冷冻品拣选区等。其目的是使储存单位与拣选单位分类统一，以方便取货及搬运单元化，使拣选作业简单化。一般来说，拣选单位分区所形成的区域范围是最大的。

4. 拣选方式分区

拣选方式在此除有批量拣选和按单拣选以外，还包括搬运、分拣机器设备等差异，如想在同一拣选单位分区内，采取不同的拣选方式或设备，就必须考虑拣选方式分区。通常拣选方式分区中，要考虑的重要因素是货品被订购的概率及订购量。概率和订购量越高，应采取越具时效的拣选方式和设备。

不同的拣选单位分区中，按拣选方法和设备的不同，又可以分为若干区域，通常以货品销售的 ABC 分类为原则。按出货量的大小和分拣次数的多少做 ABC 分类，然后选用合适的拣选设备和分拣方式。其目的是使拣选作业单纯一致，减少不必要的重复行走时间。在同一单品拣选区中，按拣选方式的不同，又可分为台车拣选区和输送机拣选区。

5. 工作分区

在相同的拣选方式下，将拣选作业场地再做划分，由一个或一组固定的拣选人员负责分拣某区域内的货品。该策略的主要优点是拣选人员需要记忆的存货位置和移动距离减少，拣选时间缩短，还可以配合订单分割策略，运用多组拣选人员在短时间内共同完成订单的分拣，但要注意工作平衡问题。

接力式分拣是工作分区的一种形式，只是其订单不做分割或不分割到各工作分区，拣选人员以接力的方式来完成所有的分拣动作。这种方式比由一位拣选员把一张订单所需要的物品分拣出来更有效率，但相对投入的人力较多。

先定出工作分区的组合并预计其拣货能力，再计算出所需的工作分区数。

工作分区数＝总拣货需求量/各分区预估拣货能力

（二）订单分割策略

当订单上订购的货品项目较多，或者拣选系统要去及时、快速处理时，为了能在短时间内完成拣选处理，可将订单分成若干子订单交由不同拣选区域同时进行拣选作业。将订单按拣选区域进行分解的过程叫订单分割。

订单分割一般是与拣选分区相对应的，对于采用拣选分区的配送中心，其订单处理过程的第一步就是要按区域进行订单的分割，各个拣选区根据分割后的子订单进行分拣作业，各拣选区子订单拣选完成后，再进行订单的汇总。

订单分割的原则按分区策略而定，一般订单分割策略主要在于配合拣选分区的结果，因此在拣选单位分区、拣选方法分区及工作分区完成之后，再决定订单分割的范围。订单分割可以在原始订单上做分离的设计，也可以在接受订单之后做分离的信息处理。下面介绍几种订单分割方法。

拣选单位分区与订单分割策略如图 6－15 所示。

拣选方式分区与订单分割策略如图 6－16 所示。

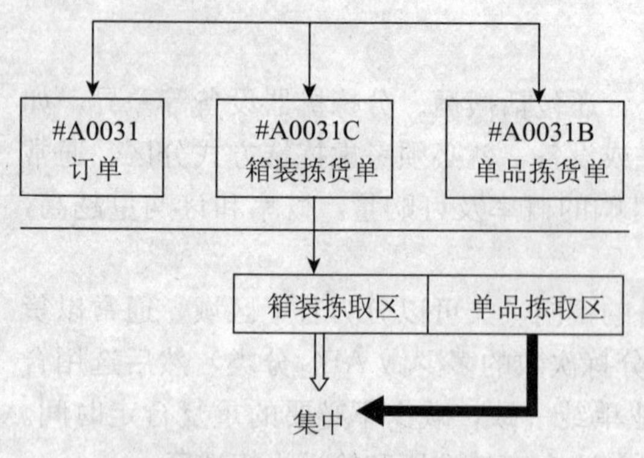

图 6-15 拣选单位与订单分割策略

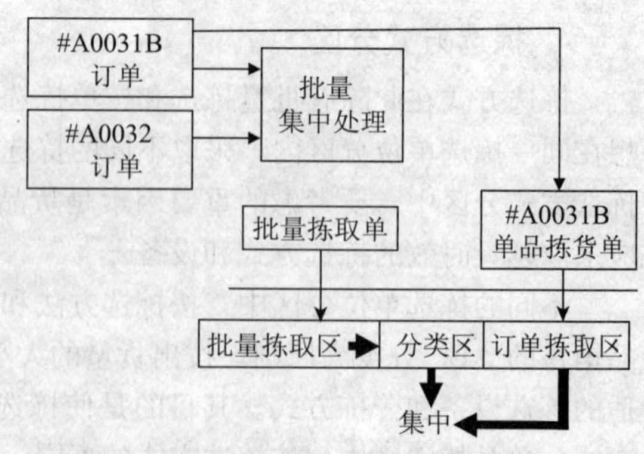

图 6-16 拣选方式分区与订单分割策略

工作分区与订单分割策略如图 6-17 所示。

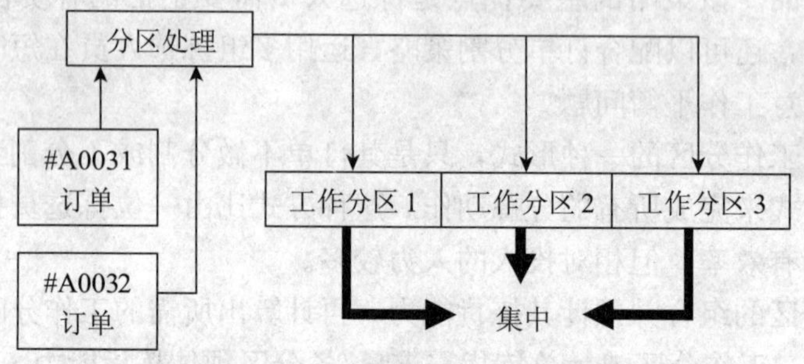

图 6-17 工作分区与订单分割策略

（三）订单分批策略

订单分批是为了提高拣选作业效率而把多张订单集合成一批，进行批次分拣作业，其目的是缩短分拣时平均行走搬运的距离和时间。若再将每批次订单中的同一货品品项加总后分拣，然后把货品分类给每一个顾客订单，则形成批量分拣，这样不仅缩短了分拣时平均行走搬运的距离，也减少了重复寻找货位的时间，从而使拣选效率提高。但如果每批次订单数目过多，则必须耗费较多的分类时间，甚至需要有强大的自动化分类系统的支持。

批量分拣作业方式如何决定订单分批的原则和批量的大小，是影响分拣效率的主要因素。下面将详细介绍订单分批策略的应用。

一般可以根据表 6-7，按配送客户数、订货类型及需求频率三项条件，选择合适的订单分批方式。

表 6-7 订单分批方式与适用情况

适用情况 / 分批方式	配送客户数	订货类型	需求频率
总合计量分批	数量较多且稳定	差异小而数量大	周期性
固定订单量分批	数量较多且稳定	差异小而数量不大	周期性或非周期性

续 表

分批方式＼适用情况	配送客户数	订货类型	需求频率
时窗分批	数量多且稳定	差异小且数量小	周期性
智能型分批	数量较多且稳定	差异较大	非即时性

1. 总合计量分批

总合计量分批前累计所有订单中每一项目的数量，再根据这一总量进行分拣，以将分拣路径缩至最短，但需要有功能强大的分类系统来支持。这种方式适用于固定点之间的周期性配送，可以将所有的订单在中午前收集，下午进行合计量分批、分拣单据的打印等信息处理，第二天一早进行分拣分类等工作。

这种分批方式较为简单，只需要将所有客户需求的货品数量统计汇总，由仓库中取出各项货品需求总量，再进行分类作业即可。

2. 固定订单量分批

订单总数/固定量＝分批次数

固定订单量分批按先到先处理的基本原则，当累计订单量到达设定的固定量时，再开始进行拣选作业。适合的订单形态与时窗分批类似，但这种方式更注重维持较稳定的作业效率，而处理速度比时窗分批慢。分区固定订单量分批拣取如图 6－18 所示，固定订单量为 3，当进入系统的订单累计数到达 4 时，集合成一批进行分区批量分拣。

通常固定订单量分批方式是采取先到先处理的原则，按订单到达的先后顺序进行批次安排。较先进的方式是利用智能分批的原则，将订货项目接近的订单同批处理，以缩短分拣移动的距离。

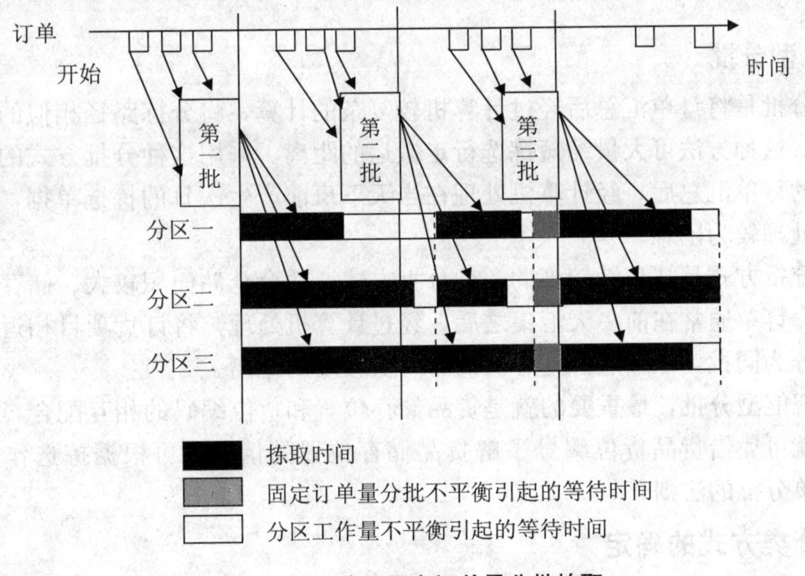

图 6－18 分区固定订单量分批拣取

3. 时窗分批

当从订单到达至拣选完成出货所需的时间非常紧迫时，可利用此策略开启短暂而固定的时窗，如 5 分钟或 10 分钟，再将此时窗所到达的订单做成一批，进行批量分拣。这一方式常与分区及订单分割联合运用，特别适合于到达时间短的订单形态，同时订购量和品项数不宜太大。如图 6－19 所示为分区时窗分批拣取的示意图，所开时窗长度为 1 小时。

该分批方式的重点在于时窗的大小，决定的主要因素是客户的预期等候时间及单批订单的预期处理时间。这种拣选方式是为了适应客户的紧急需求，因此时窗不应过长，且每批订单处理的时间在拣选系统的设计中也应尽可能地缩短。

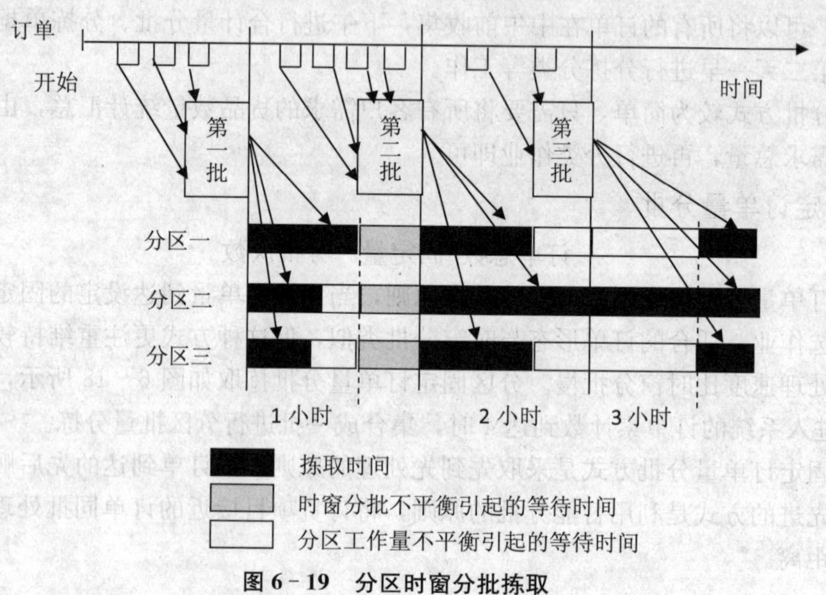

图 6－19 分区时窗分批拣取

4. 智能型分批

智能型分批是将订单汇总后经过计算机较复杂的计算，将分拣路径相似的订单分成一批同时处理，这种方法可大量缩短拣选行走搬运的距离。采用这种分批方式的配送中心通常将前一天的订单汇总后，经计算机处理在当天下班前产生次日的拣选单据，因此，对紧急插单作业处理较为困难。

智能型分批方式是技巧性较高的一种分批方式，适合仓储面积较大、储存货品项目多的拣选区域。订单通常在前一天汇集之后，经过计算机处理，将订货项目相近或拣选路径一致的货品分为同批，以缩短拣选寻找的时间及移动的距离。

要做到智能型分批，最重要的就是货品储存位置和货位编码的相互配合，使订单输入货品编号后就可凭借货品货位编号了解货品储存位置的情况，再根据拣选作业路径的特性，找出订单分批的法则。

（四）分类方式的确定

采取批量拣选作业方式时，其后必须有分类作业与之配合，而且不同的订单分批方式，其分类作业的方式也有所不同，也就是说决定分类方式的主要因素是订单分批的方式，不采取批量分拣的作业方式就不需要进行分类作业。分类方式可分为拣选后分类（Sort - After - Picking，SAP）和拣选时分类（ Sort - While - Picking，SWP）两种。

拣选后分类按合计量分拣后再集中分类。一般有两种方法分类，一是以人工作业为主，将货品总量搬运到空地上进行分发，而每批次的订单量及货品数量不宜过大，以免超出人员负荷；二是利用分类输送机系统进行集中分类，是较自动化的作业方式。当订单分割越细，分批批量品项越多时，常使用后一种方式。

拣选时分类：在拣选的同时将货品按订单分类，这种分类方式常与固定量分批或智能型分批方式联用，因此需要使用计算机辅助台车作为拣选设备，才能加快分拣速度，同时避免发生错误。较适用于少量多样的场合，且由于拣选台车不可能太大，所以每批次的客户订单量不宜过大。

分类方式的决定除了受订单分批方式的影响外，表 6 - 8 也可以作为判断分类方式的参考依据。

表 6 - 8　　各种分类方式的特性

分类方式＼特性		处理订单数量	订购货品品项数	货品重复订购频率
拣选后分类	分类输送机	多	多	变化较大
	人工分类	少	少	较高
拣选时分类		多	少	较低

五、拣选信息的处理

一般来说，拣选信息与拣选系统的规模及自动化程度密切相关。通常货品种类少、自动化程度较低的拣选系统以传票作为拣选信息，其拣选方式偏向于简单地按单拣选。拣选单是目前最常采用的一种拣选信息，与拣选方式配合的弹性也较大。拣选标签的主要目的就是与计算机辅助拣选系统或自动拣选系统相配合，以追求拣选的时效性，达到及时管控、完全掌握的目的。表 6 - 9 是拣选信息适合的拣选作业方式，可作为拣选作业方式决定后选择拣选信息的参考依据。

表 6 - 9　　拣选信息适合的拣选作业方式

拣选信息	适合的拣选作业方式
传票	按单拣选，订单不分割
拣选单	适合各种传统的拣选作业方式
拣选标签	批量分拣，按单拣选
电子信息	分拣时分类，工作分区，自动拣选系统

1. 传票

拣选传票产生的方式基本上有两种。第一种方式是复印订单的方法，在接到订单之后将其复制成拣选传票。这种方式费用较高，但其弹性较大，可适应不同大小的订单形式。另一种方式是直接由多联式订单中撕下拣选专用的一联。这种方式有时会因订单联数过多而产生复写不清的现象，导致错误发生。

以传票作为拣选信息的先决条件是货品品项数不多，通常在100种以下，无论是填写式或勾选式的订单表格，应以不超过一页为标准。适合传票的拣选方式为按单拣选。

2. 拣选单

按单拣选的拣选单处理程序是：接到订单之后利用键盘输入方式或光扫描方式，输入计算机系统中，然后与计算机资料库中的货品存量核对并查验货品的储存位置，最后按工作排程的顺序打印出拣选单，以及产生补货指示和出库指示等。

分批拣选与按单拣选的拣选信息处理程序的最大差异就在于订单输入时的汇总，订单汇总必须按订单分批方式的原则，将同属一批的订单按货品品项统计订购数量。之后的核对存量与寻找货位，大致与按单拣选相同，最后打印出分批拣选单，以及产生补货、出库与分类等指示的信息。其中分类指示在自动分类中由计算机程序直接提供信号给控制系统，若用人工分类，则分类指示通常直接可由分批拣选单中得到。

3. 拣选标签

拣选标签大致可以分为价格标签和识别标签两种。价格标签的目的在于标识价格。常见的标识标签为条码，此条码并非货品条码（货品条码一般印在货品包装上），通常为流通条码或店内条码，也有在一张拣选标签内同时显示出价格和条码的。

在订单到达之前就事先印制好标签，贴标签的动作发生在进货之初（统一标价）或出货之前（店内条码或个别标价）的，可将其归类于流通加工作业，并不属于拣选信息所讨论的范围。提供拣选信息的标签通常在输入订单后，经过拣选作业信息处理才打印出来，这类标签的功能除标识价格以外，对拣选作业的贡献主要有两个：一是分拣时贴标签代替了清点货品数量的过程；二是附有流通条码的标签可提供自动分类系统识别的信息。

4. 电子信息

电子信息处理中由计算机拣选信息处理程序将指令传给控制器，接着由控制器传出控制信号给机器使其动作，所以在电子信息的处理中偏重于软硬件的结合。一般常见的电子标签系统（ELS）或计算机辅助拣选系统（CAPS），以及无线通信（RF）拣选系统即属于这种类型的应用。

电子信息与前三种拣选信息最大的差别就是无纸化，因此拣选信息的传送可以更迅速、更准确，且可以做到及时控制与管理。

第八节　补货作业

补货作业的目的是保证拣货区有货可拣。通常是以托盘为单位，从货物保管区将货品移到另一个作为按订货单拣取的动态拣货区，然后将此移库作业做库存信息处理。

一、补货方式

补货的目的是为拣货提供货源，拣货作业的效率与补货作业密切相关，所以补货支持拣货。可能的补货方式包括以下几种。

（1）整箱补货：由货架保管区补货至流动货架的拣货区。

保管区为货架存放，拣货区为两面开放的流动式货架。补货方式为作业员至货架保管区取出货物，以手推车或电动堆高车载至拣货区，在流动货架的后方进行补货。

适宜的货品：体积小且少量、多样出货的货品。

（2）由地板堆叠保管区补货至地板堆叠拣货区整托盘补货：补货方式为作业员用堆高机或叉车将货品由托盘平置堆叠的保管区搬运至托盘平置堆叠的拣货区。

适宜的货品：体积大或出货量多的货品。

（3）由地板堆叠保管区补货至托盘货架拣货区整托盘补货：补货方式为作业员使用堆高机或叉车从地板平置堆叠的保管区搬运托盘，送至拣货区托盘货架上储存。

适宜的货品：体积中等或出货量中等的货品。

（4）货架上层向货架下层的补货：补货方式为利用叉车将上层保管区的货品搬至下层拣货区补货。

适宜的货品：体积不大，每品项存货量不高，且出货多属中小量的货品。

二、补货时机

因为补货主要是为拣货做准备，因此补货作业的发生与否主要看动管拣货区的货物存量是否符合需求，究竟何时补货要看动管拣货区存量，避免在拣货中途才发现动管拣货区货量不足需要补货。通常，可采用批次补货、定时补货或随机补货三种方式。

（1）批次补货。在每一天或每一批次拣取之间，经计算机计算出所需的总拣取量，再查看拣货区的货品量，计算差额并在拣货作业开始之前补足货品。这种补货原则，适合于一天内作业量变化不大、紧急追加订货不多，或是每一批次拣取量大需要事先掌握的情况。

（2）定时补货。定时补货是针对分批拣货时间固定且处理紧急追加订货时间也固定的情况，将每一天划分为若干个时段，补货人员在时段内检查动管拣货区货架上的商品存量，如果发现不足，马上予以补货。

（3）随机补货。这是一种指定专人从事补货作业的方式，这些人员随时巡视动管拣货区的物品存量，发现不足随时补货。这种补货方式，较适合于每批次拣取量不大、紧急追加订货较多，以及一天作业量不易事前掌握的场合。

第九节 出库备货与配送路线选择

配货作业是指把拣取分类完成的货品经过配货检查过程后，装入容器、做好标示，再运到配货准备区，待装车后发送。

一、配货作业的流程

1. 分货作业

分货就是把拣货完毕的商品按客户或配送路线进行分类的工作。分货方式一般有以下几种。

（1）人工分货。

人工分货是指所有分货作业过程全部由人工根据订单或其他传递过来的信息进行，而不借助计算机或自动化的辅助设备。

（2）自动分类机。

自动分类机分货是指利用电脑和自动分辨系统完成分货工作。这种方式不仅快速省力，而且准确，尤其适合多品种、业务繁忙的配送中心。

利用自动分类机分货的主要过程如下：

① 将有关货物及分类信息通过自动分类机的信息输入装置，输入自动控制系统。

② 当货物通过移载装置移至输送机上时，由输送系统运送至分类系统。分类系统是自动分类机的主体，这部分的工作过程为先由自动识别装置识别货物，再由分类道口排出装置，按预先设置的分类要求将货物推出分类机。

分类排出方式有推出式、浮起送出式、倾斜滑下式、皮带送出式等，同时为尽早使各货物脱离自动分类机，避免发生碰撞而设置缓冲装置。

（3）旋转架分类。

旋转架分类是将旋转架的每一格位当成客户的出货框，分类时只要在电脑中输入各客户的代号，旋转架即会自动将货架转至作业员面前。

2. 配货检查

配货检查作业是指根据客户信息和车次对拣送物品进行商品号码和数量的核实，以及对产品状态、品质的检查。分类后需要进行配货检查，以保证发运前的货物品种、数量、质量无误。

配货检查比较原始的做法是人工检查，即将货品一个个点数并逐一核对出货单，进而查验配货的品质及状态情况。目前，配货检查常用的方法有以下几种。

（1）商品条码检查法。这种方法要导入条码，条码是随货物移动的，检查时用条码扫描器阅读条码内容，计算机再自动把扫描信息与发货单对比，从而检查商品数量和号码是否有误。

（2）声音输入检查法。声音输入检查法是当作业员发声读出商品名称、代码和数量后，计算机接收声音并自动判识，转换成资料信息与发货单进行对比，从而判断是否有误。此方法的优点在于作业员只需用嘴读取资料，手脚可做其他工作，自由度较高。缺点是发音要准确，且每次发音字数有限，否则电脑辨识困难，可能产生错误。

（3）重量计算检查法。重量计算检查法是把出货单上的货品重量自动相加，再与货品的总重量对比，以此来检查发货是否正确的方法。

3. 包装、打捆

配货作业的最后一环便是要对配送货物进行重新包装、打捆，以保护货物，提高运输效率，便于配送到户时客户能识别各自的货物等。

配货作业中的包装主要是指物流包装，其主要作用是为了保护货物并将多个零散包装物品放入大小合适的箱子中，以实现整箱集中装卸、成组化搬运等，同时减少搬运次数，降低货损，提高配送效率。另外，包装也是产品信息的载体，通过在外包装上书写产品名称、原料成分、重量、生产日期、生产厂家、产品条码、储运说明等，可以便于客户和配送人员识别产品、进行货物的装运，通过扫描包装上的条码还可以进行货物跟踪，配货人员可以根据包装上的装卸搬运说明对货物进行正确的装卸搬运操作。

包装是物流的必要环节。包装的设计不仅要考虑生产终结的要求，而且要考虑流通的要求，尽量做到包装合理化。

(1) 包装简洁化。由于包装本身只起保护作用，对产品使用价值没有任何意义，因此，在强度、寿命、成本相同的条件下，应采用更轻、更薄、更短、更小的包装，这样可以提高运输、装卸搬运的效率，而且可以减少成本。

(2) 包装标准化。包装的规格和托盘、集装箱关系十分密切。因此，包装应考虑和运输车辆、搬运机械的匹配，从系统的角度制定包装的尺寸标准。只有标准化的包装规格、单纯化的包装形状和种类才有助于整体物流效率的优化。

(3) 包装机械化。为提高作业效率和包装现代化水平，各种包装机械的开发和应用十分重要。在包装过程中，应尽量运用机械操作，减少人力耗费。

(4) 包装单位大型化。随着交易单位的大量化和物流过程中的装卸机械化，包装的大型化有利于减少包装时间，提高包装效率。

(5) 资源节约化。在包装过程中，应加大包装物的再利用程度，减少过度包装，开发和推广新型包装方式，以减少对包装材料的使用。

二、货物的配装

1. 货物配装的概念

由于需要配送的货物的比重、体积以及包装形式各异，在装车时，既要考虑车辆的载重量，又要考虑车辆的容积，使车辆的载重和容积都能得到有效地利用，货物配装技术要解决的主要问题就是在充分保证货物质量和数量完好的前提下，尽可能提高车辆在容积和载货两方面的装载量，以提高车辆利用率，节省运力，降低配送费用。

2. 货物配装的原则

具体车辆配装要根据需配送货物的具体情况以及车辆情况，依靠经验或简单的计算来选择最优的装车方案。

凭经验配装时，应遵循如下原则。

(1) 为了减少或避免差错，尽量把外观相近、容易混淆的货物分开装载。

(2) 重不压轻，大不压小，轻货应放在重货上面，包装强度差的应放在包装强度好的上面。

(3) 尽量做到“后送先装”。由于配送车辆大多是后开门的厢式货车，故先卸车的货物应装在车厢后部，靠近车厢门，后卸车的货物装在前部。

(4) 货与货之间，货与车辆之间应留有空隙并适当衬垫，防止货损。

(5) 不将散发臭味的货物与具有吸臭性的食品混装。

(6) 尽量不将散发粉尘的货物与清洁货物混装。

(7) 切勿将渗水货物与易受潮货物一同存放。

(8) 包装不同的货物应分开装载，如板条箱货物不要与纸箱、袋装货物堆放在一起。

(9) 具有尖角或其他突出物的货物应和其他货物分开装载或用木板隔离，以免损伤其他货物。

(10) 装载易滚动的卷状、桶状货物，要垂直摆放。

(11) 货与货之间，货与车辆之间应留有空隙并适当衬垫，防止货损。

(12) 装货完毕，应在门端处采取适当的稳固措施，以防开门卸货时，货物倾倒造成货损或人身伤亡。

三、配送路线的选择

(一) 配送路线的确定原则

配送路线是指各送货车辆向各个用户送货时所要经过的线路。配送路线合理与否对配送速度、车辆的合理利用和配送费用都有直接影响，因此配送线路的优化问题是配送工作的主要问题之一。采用科学、合理的方法来确定配送路线，是配送活动中非常重要的一项工作。

1. 确定目标

目标的选择是根据配送的具体要求、配送中心的实力及客观条件来确定的。配送线路规划的目标可以有多种选择。

(1) 以效益最高为目标。指计算时以利润最大化为目标。

(2) 以成本最低为目标。实际上也是选择了以效益为目标。

(3) 以路程最短为目标。如果成本与路程相关性较强，而和其他因素的相关性较小时，可以选它作为目标。

(4) 以吨·公里数最小为目标。在"节约里程法"的计算中，采用这一目标。

(5) 以准确性最高为目标。它是配送中心中重要的服务指标。

当然还可以选择运力利用最合理、劳动消耗最低作为目标。

2. 确定配送路线的约束条件

配送的约束条件一般有以下几项。

(1) 满足所有收货人对货物品种、规格、数量的要求。

(2) 满足收货人对货物送达时间范围的要求。

(3) 在允许通行的时间段内进行配送。

(4) 各配送路线的货物量不得超过车辆载重量的限制。

(5) 在配送中心现有运力允许的范围内。

(二) 配送路线选择的方法

随着配送的复杂化，配送线路的选择一般要结合数学方法及计算机求解的方法来制订合理的配送方案。确定配送路线的方法较多，有综合评价法、线性规划法、网络图法和节约里程法等。但不管采用何种方法都必须满足以下制约条件：首先，满足所有用户对货物品种、规格、数量以及时间方面的要求；其次，各配送路线的货物量不能超过车辆容量的限制；最后，在配送据点现有运输力允许的范围之内。

1. 节约法的基本规定

利用节约法确定配送线路的主要出发点是，根据配送中心的运输能力（包括车辆的多少和载重量）和配送中心到各个用户以及各个用户之间的距离来制订使总的车辆运输的吨・公里数最小的配送方案。

为了便于介绍节约法的基本思想及解题步骤，设：

①配送的是同一种货物；

②各用户的坐标（x，y）及需求量均为已知；

③配送中心有足够的运输能力。

利用节约法制订出的配送方案除了使配送总吨・公里数最小外，还应满足以下条件：

①方案能满足所有用户的要求；

②不使任何一辆车超载；

③每辆车每天的总运行时间或行驶里程不超过规定的上限；

④能满足用户到货时间要求。

2. 节约法的基本思想和求解步骤

（1）节约法的基本思想。

如图 6－20 所示，设 P_0 点为配送中心，它分别向用户 P_i 和 P_j 送货。设 P_0 到 P_i 和 P_j 的距离为 d_{0i} 和 d_{0j}，两个用户 P_i 和 P_j 之间的距离为 d_{ij}，送货方案只有两种，如图 6－20 中（a）和（b）所示：

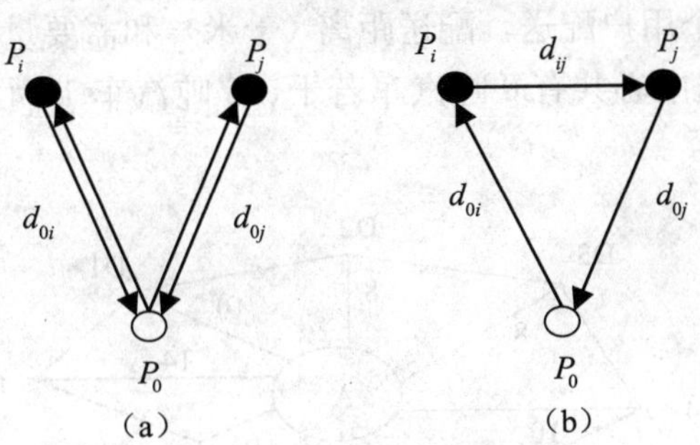

图 6－20　配送方案示意

图 6－20（a）方案是从配送中心 P_0 向用户 P_i 和 P_i 分别送货，配送线路为：

$$P_0 \rightarrow P_i \rightarrow P_0 \rightarrow P_j \rightarrow P_0$$

总的配送距离为：

$$D_a = 2d_{0i} + 2d_{0j} \tag{6-1}$$

图 6－20（b）方案是从配送中心向用户 P_i、P_j 同时送货，配送线路为：

$$P_0 \rightarrow P_i \rightarrow P_j \rightarrow P_0$$

或 $$P_0 \rightarrow P_j \rightarrow P_i \rightarrow P_0$$

总的配送距离为：

$$D_b = d_{0i} + d_{ij} + d_{0j} \tag{6-2}$$

对比这两个方案，哪个更合理呢？这就要看 D_a 和 D_b 哪个最小，配送距离越小则说明方案越合理，由式（6－1）减式（6－2）可得出：

$$D_a - D_b = 2d_{0i} + 2d_{0j} - (d_{0i} + d_{ij} + d_{0j}) = d_{0i} + d_{0j} - d_{ij} \tag{6-3}$$

如果把图 6－20 中的 P_0、P_i、P_j 看成是一个三角形的三个顶点，那么 d_{0i}、d_{ij}、d_{0j} 则是这个三角形三条边的长度。由三角形的几何性质可知，任意两条边之和均大于第三边，因此，可以认定式（6－3）的结果是大于零的，即：

$$D_a - D_b > 0 \text{ 或 } D_a > D_b \tag{6-4}$$

由式（6－4）可知，（b）方案优于（a）方案，这种分析方案优劣的思想就是节约法的基本思想。为了便于后面的分析，我们定义一个概念："节约量"用 S_{ij} 表示，它的值由下式确定：

$$S_{ij} = D_a - D_b = d_{0i} + d_{0j} - d_{ij} \tag{6-5}$$

此式称作节约量公式。显然，将节约量大的两个用户连接起来采用巡回方式送货，则可获得较大的节约。如果在 A 的供应范围内还存在着第三、第四、第五个用户，在汽车负荷允许的条件下，可将它们与已在巡回路线中的用户按节约量的大小（先大后小）依次连接入巡回路线，直到汽车满载为止。余下的用户另外派车，用同样的办法寻求巡回路线。若某一用户的需求量超过送货车的装载量时，可选派一辆或几辆车单独送货，将剩下不够一车的部分再列入组合路线送货。这样，在汽车载重能力允许的前提下，每辆汽车的配送线路上经过的用户个数越多，则配送线路越合理，总配送距离越小。

（2）节约法的解题步骤。

下面，结合实例说明节约法的解题步骤。

由配送中心 A 向 8 个用户配送，配送距离（千米）和需要量（吨）分别如图 6－21 和表 6－10 所示。假设配送中心共有 6 吨汽车若干、8 吨汽车 1 辆。请用节约里程法选择最佳的配送路线。

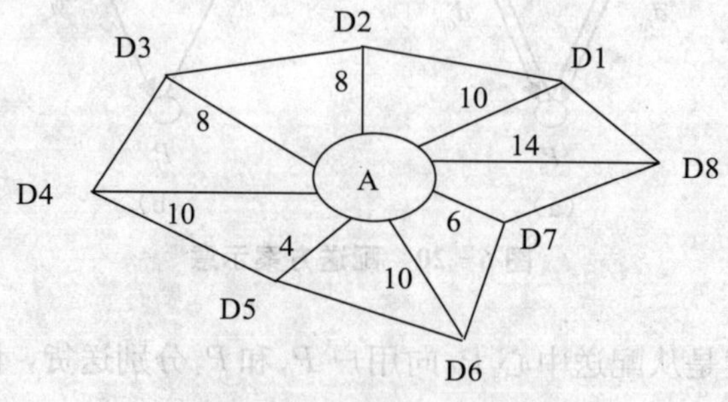

图 6－21　配送网络

表 6－10　各用户需求量

用户	D1	D2	D3	D4	D5	D6	D7	D8
需求量	3.2	4.6	2.0	3.5	5.5	2.8	3.0	5.6

第一步：做出运输里程表 6－11，即从配送网络中列出配送中心到用户及用户相互间的最短距离。

表 6－11 运输里程

需要量	A								
3.2	10	D1							
4.6	8	6	D2						
2.0	8	14	8	D3					
3.5	10	20	14	6	D4				
5.5	4	14	12	12	8	D5			
2.8	10	20	18	18	20	12	D6		
3.0	6	16	14	14	16	10	6	D7	
5.6	14	14	20	22	24	18	16	10	D8

第二步：由运输里程表，按节约里程的公式可求得相应的节约里程，如表 6－12 所示。

例如，D1—D2 的节约里程为：

$$\Delta D1D2 = AD1 + AD2 - D1D2 = 10 + 8 - 6 = 12$$

表 6－12 节约里程

需要量								
3.2	D1							
4.6	12	D2						
2.0	4	8	D3					
3.5	0	4	12	D4				
5.5	0	0	0	6	D5			
2.8	0	0	0	0	2	D6		
3.0	0	0	0	0	0	10	D7	
5.6	10	2	0	0	0	8	10	D8

第三步：按节约里程大小的顺序，组成配送路线图。具体如下：

A. 求初始解如图 6－22 所示，即向每一用户各派一辆车往返送货。

由图 6－22 可算出：

线路数为：8；

总行车距离为：140 千米；

车辆数为 6 吨车 8 辆。

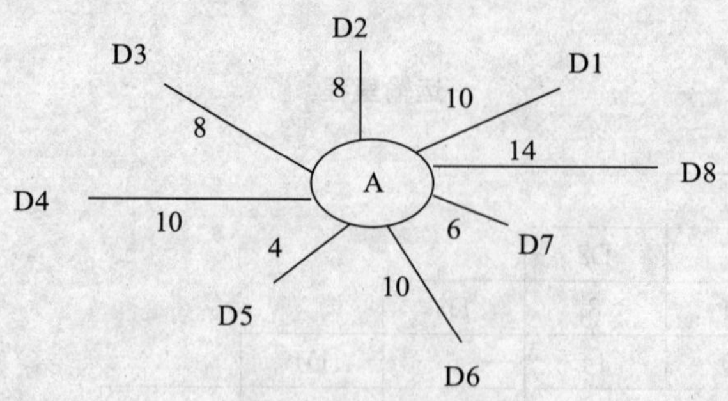

图 6－22　初始方案

B. 在初始解中寻找具有最大节约量的用户，并按节约里程由大到小的顺序连接起来，表示同一巡回路线。注意不能超过汽车的载重量。如图 6－23 所示。

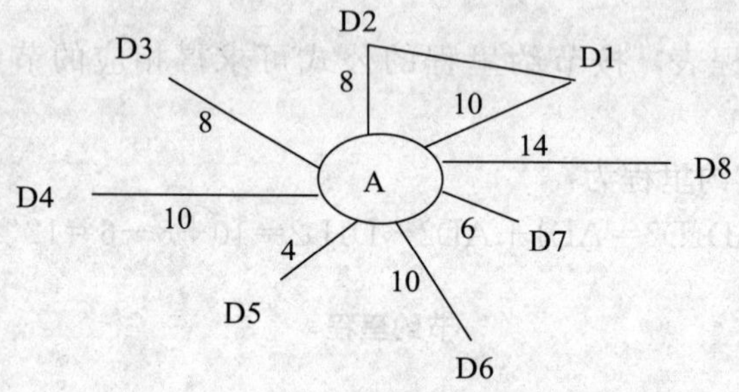

图 6－23　修正方案

由图 6－23 可以算出：

线路数为：7；

总行车距离为：128 千米；

车辆数为：8 吨车 1 辆，6 吨车 6 辆。

C. 同理，再寻找出其次的最大节约量的用户组成又一巡回路线，如图 6－24 所示。

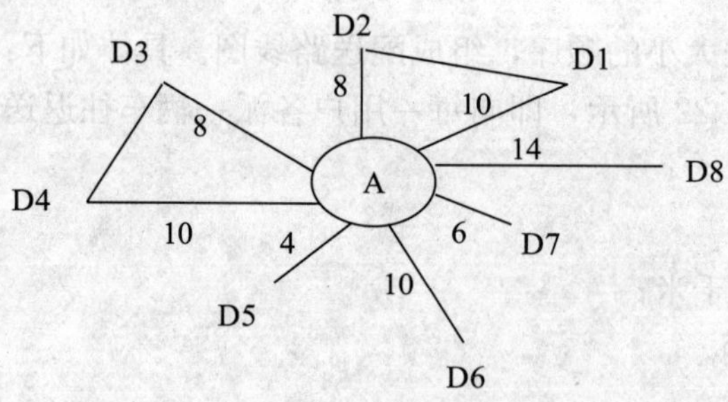

图 6－24　再次修正方案

由图 6－24 可以算出：

线路数为：6；

总行车距离为：116千米；

车辆数为：8吨车1辆，6吨车5辆。

以此类推，继续修正，直到没有可连接的用户为止，如图6-25所示。

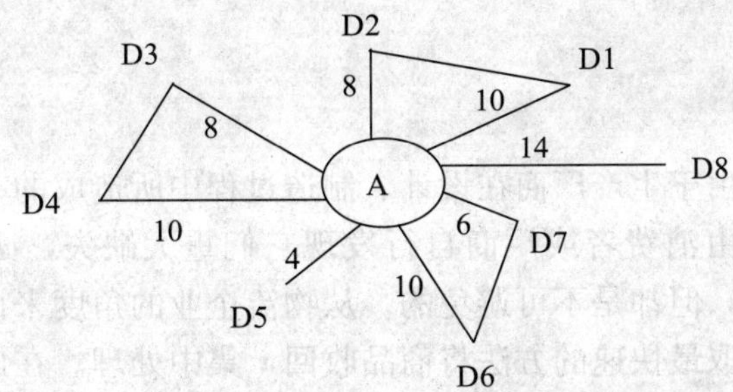

图6-25　最终方案

由图6-25可算出：

线路数为：5；

总行车距离为：106千米；

车辆数为：8吨车1辆，6吨车4辆。

配送路线有五条：

A—D1—D2—A；

A—D3—D4—A；

A—D5—A；

A—D6—D7—A；

A—D8。

五条线路总行程为：

24＋24＋4×2＋22＋14×2＝106（千米）

采用节约里程法进行配送可比向各用户单独派车送货减少行车里程为：

140－106＝34（千米）

通过上述例题的求解，介绍了节约法选择配送路线的全过程，同时也发现用手工计算、以表格的形式反映方案的修正过程非常复杂而且工作量很大，因此，人们编制了节约法求解最优配送方案的计算机程序，使节约法的应用简便易行。

3. 使用节约法的注意事项

（1）适用于需要稳定的用户。

（2）应充分考虑交通和道路情况。

（3）充分考虑收货站的停留时间。

（4）当需求量大时，求解变得复杂，需要借助计算机辅助计划。

第十节　退货管理

经营物流业，退货或换货应尽可能地避免，因为退货或换货的处理会大幅增加成本，减少利润。

一、退货的原因

（1）瑕疵品回收。由于生产厂商在设计、制造过程中所造成的有质量问题的商品，往往在已开始销售后，才由消费者或厂商自行发现它们重大缺失，必须立即部分或全部回收，这种情形不常发生，但却是不可避免的。从物流企业的角度来说，必须立即将消息传到所有客户，而且要采取最快速的方法将商品收回，集中处理。在此类事件中，物流中心虽不会有直接的成本损失，但快速地配合，可使损害降低，增进与厂商及客户间的关系，也是物流中心处理意外事件能力的展现。

（2）搬运中损坏。由于包装不良或搬运中剧烈振动，造成商品破损或包装污损，这时必须重新研究包装材料的材质、包装方式和搬运过程中各项上、下货动作，找出真正原因加以改善。

（3）商品送错退回。这是由于物流中心本身处理不当所产生的问题，如拣货不确切或条码、出货单等处理错误，使客户收到的商品种类或数量与订单不符，必须要换货或退回，这时必须立即处理，减少客户投诉。但更重要的是，查核资讯传达的过程中所出现的问题，可能的原因有：订单接收时就产生错误，或是拣货错误、出货单贴错、上错车等，找出原因后，配送中心应立即采取有效的措施，在常出错的地方增加控制点，以提高正确率。

（4）商品过期退回。一般的商品都有有效期限，为了保证消费者的利益，要从货架上卸下过期的货品，不可再卖，更不可更改到期日。但过期商品的处理，在环保的法令限制下，必须找合格的丢弃物处理商处理，由回收到销毁，均需投入许多成本，所以要事前准确分析商品的需求，或以多次、少量配送减少过期商品的产生。认真地分析过期商品产生的原因，提醒提前及时进货商、零售商，或要求客户分担部分处理费用，都是根本的解决之道。

二、退货处理的方法

（1）无条件重新发货。因为发货人按订单发货发生错误，应由发货人重新调整发货方案，将错发货物调回，重新按原正确订单发货，中间发生的所有费用应由发货人承担。

（2）运输单位赔偿。对于因为运输途中产品受到损坏而发生退货的，根据退货情况，由发货人确定所需的修理费用或赔偿金额，然后由运输单位负责赔偿。

（3）收取费用，重新发货。对于因为客户订货有误而发生退货的，退货所有费用由客户承担，退货后，再根据客户新的订货单重新发货。

（4）重新发货或替代。对于因为产品有缺陷，客户要求退货，配送中心接到退货指示后，营业人员应安排车辆收回退货商品，将商品集中到仓库退货处理区进行处理。一旦产品回收活动结束，生产厂家及其销售部门就应立即采取步骤，用没有缺陷的同一种产品或替代品重新填补零售商店的货架。

三、退货处理的注意事项

退货对生产厂家和流通网络中的各方来说都是一件极其严重的事情。高层管理部门应参加回收产品的一切活动，其他有关人员包括企业的法律人员、会计人员、公关人员、质量管理人员、制造工程人员以及销售人员也都应参加。并且，企业应选派专人负责处理产品回收事件，制订一些预防措施。这样不仅能更好地应对紧急情况，而且在产品回收事件处理不成功、诉诸法律时，企业可以将已采取的预防措施作为申辩的一部分内容。

四、退货相关配合处理

不论错误是什么原因造成的，除了立即回收外，配送中心还必须做以下的相关配合处理。

（1）立即补送新货以减少客户投诉。

（2）会计账目上也应立即修正，以免收款或付款错误，造成进一步的混乱。

（3）若有保险公司理赔，应立即依照保险理赔程序办理，包括保留现场证据或拍照存证，在规定时间内通知保险公司，准备索赔文件和损失计算，并通知本企业法律顾问一起处理。

（4）分析退货原因，作为日后的改进参考。在退货或换货的处理过程中，切记不要立即与客户争吵或追究责任。将有效期限将至的商品，立即以低价方式拍卖，也是降低回收成本的好方法。

本章小结

配送作业的主要活动包括订单处理、储存、拣选、配装、送货等作业。第一节介绍了配送中心的作业流程；第二节介绍了订单处理作业；第三节介绍了进货作业；第四节介绍了储存作业；第五节介绍了盘点作业；第六节介绍了流通加工作业；第七节介绍了拣货作业；第八节介绍了补货作业；第九节介绍了出库备货与配送路线选择；第十节介绍了退货管理。

第七章　配送成本管理

物流配送是大物流在小范围内的缩影，在物流总成本中，配送成本的比例最高，物流企业成本管理的关键就是加强配送成本的管理。因此，在进行配送成本管理的过程中，必须认真分析配送成本的构成，了解影响配送成本高低的因素，并在努力提高服务水平的情况下，采取适当的措施来控制不必要的成本开支。

第一节　配送成本概述

配送是物流的功能要素之一，配送最能体现物流系统最终的总体服务功能。配送系统作为企业经营管理大系统中的一个子系统，对其进行经营管理的主要目的是要实现配送系统的合理化，提高配送效率。降低配送成本和提高服务水平是配送管理肩负的两大使命，如何正确处理和协调两者之间的关系是配送管理的主要内容。

一、配送成本的含义

配送成本是指在配送活动的备货、储存、拣选、配货、送货、送达服务及配送加工等环节所发生的各项费用的总和，是配送过程中所消耗的各种活劳动和物化劳动的货币表现。配送成本包含了和配送相关的诸如人工费用、作业消耗、物品损耗、利息支出、管理费用等一系列费用。配送成本的高低直接关系配送中心的利润，进而影响企业利润的高低，因此，如何以最少的配送成本在适当的时间将恰当的产品送到适当的地方，是摆在企业面前的一个重要问题，对配送成本进行控制变得十分重要。

二、配送成本的特征

在配送成本管理的实践中，配送成本常常表现出配送成本具有隐蔽性、乘数效应等特征。

1. 配送成本具有隐蔽性

配送成本如同物流成本冰山理论指出的一样，要想直接从企业的财会业务中完整地提取企业发生的配送成本是很难办到的。通常从财务会计角度来统计企业的配送成本，数据并不完整，大多数情况下只包含了部分配送成本，即企业对外支付的配送费用。具体来讲，如制造企业与商业企业之间或流通企业之间，其进行配送所发生的费用是计在销售费用中的，备货时发生的人工费用会列入管理费用，与配送有关的利息也会和企业内的其他利息一起计入营业外费用。这样企业支出的有关配送费用实际上就隐藏在了各种财务会计科目中，难以正确、及时地显示配送成本的真实数据，管理人员就难以分析配送成本的构成，难以意识到配送成本管理的重要性所在。

2. 配送成本削减具有“乘数效应”

在企业销售额、配送成本和销售利润率既定的前提下，要获得相同的利润，降低配送成本比扩大销售更容易些。如设某企业销售额为1000元，配送成本为100元，销售利润率为2%。如果企业想得到10元的利润，就需配送成本降低10%或增加500元的销售额（相当于销售额增加50%），可见，同等比例的配送成本的下降会产生更大的效益，这种配送成本削减的乘数效应是不言自明的。

3. 配送成本的“二律背反”性

在配送成本计算过程中，由于配送活动各环节之间联系密切且在多数场合处于成本的二律背反状态，所以在对配送活动进行成本管理、尽可能降低配送成本的同时，需考虑其他成本是否增加，从而实现整体配送活动的合理化。如包装与配送成本问题，在产品销售市场和销售价格不变的前提下，假定其他成本因素不变，简化包装可以降低包装作业强度、降低包装成本，但商品进入流通以后，简化包装必然导致产品防护效果的降低，易造成装卸、配送等过程中的破损，导致破损率增加、成本上升。又如，为了尽可能减少库存、降低库存保有成本，必然引起库存补充频繁，从而增加运输次数，造成运输费用增大。

三、配送成本的分类与构成

1. 按支付形态分类

按支付形态不同来进行配送成本的分类，主要是以财务会计中发生的费用为基础，通过乘以一定比率来加以核算。此时配送成本可分为以下几种。

（1）材料费：是指因物料消耗而发生的费用。由物资材料费、燃料费、消耗性工具、低值易耗品摊销及其他物料消耗费组成。

（2）人工费：是指因人力劳务的消耗而发生的费用，包括工资、奖金、福利费、医药费、劳保费，以及职工教育培训费和其他一切用于职工的费用。

（3）公益费：是指向电力、煤气、自来水等提供公益服务的部门支付的费用。

（4）维护费：是指土地、建筑物、机械设备、车辆搬运工具等固定资产的使用、运转和维修保养所产生的费用，包括维修保养费、折旧费、房产税、土地使用税、车船使用税、租赁费、保险费等。

（5）一般经费：是指差旅费、交通费、资料费、零星购进费、邮电费、城建税、能源建设税及其他税款，还包括商品损耗费、事故处理费及其他杂费等一切一般支出。

（6）折旧及利息：是指按实际使用年限计算的折旧费和企业内利息等。

（7）对外委托费：是指企业对外支付的包装费、运费、保管费、出入库装卸费、手续费等业务费用。

（8）其他企业支付费：用在配送成本中还应包括向其他企业支付的费用。比如，商品购进采用送货制时包含在购买价格中的运费和商品销售采用提货制时因顾客自己提货而从销售价格中扣除的运费。在这些情况下，虽然实际上本企业内并未发生配送活动，但却发生了相关费用，故也应把其作为配送成本计算在内。

2. 按功能分类

按功能分类，即通过观察配送费用是由配送的哪种功能产生的而进行的分类。按前面所述的支付形态进行配送成本分析，虽然可以得出总额，但不能充分说明配送的重要性。若想降低配送费用，就应把这个总额按照其实现的功能进行详细区分，以便掌握配送的实际状态，了解在哪个功能环节上有浪费，有针对性地控制成本。按照配送功能进行分类，配送成本大体可分为物品流通费、信息流通费和配送管理费三大类。

（1）物品的流通费是指为了完成配送过程中商品、物资的物理性流动而发生的费用，可进一步细分为以下几项。

①备货费：指进行备货工作时需要的费用，包括筹集货源、订货、集货、进货，以及进行有关的质量检验、结算、交接等而发生的费用。

②保管费：指一定时期内因保管商品而需要的费用。除了包租或委托储存的仓储费外，还包括企业在自有仓库储存时的保管费。

③拣选及配货费：指在拣选、配货作业中发生的人力、物力的消耗。

④装卸费：指伴随商品包装、运输、保管、运到之后的移交而发生的商品在一定范围内进行水平或垂直移动所需要的费用。

⑤短途运输费：指把商品从配送中心转移到顾客指定的送货地点所需要的运输费用。除了委托运输费外，还包括由本企业的自有运输工具进行送货的费用，但要将伴随运输的装卸费用除外。

⑥配送加工费：指根据客户要求进行加工而发生的费用。

（2）信息流通费是指因处理、传输有关配送信息而产生的费用，包括与储存管理、订货处理、顾客服务有关的费用。

（3）配送管理费进行配送计划、调整、控制所需要的费用，包括作业现场的管理费和企业有关管理部门的管理费。

3. 按适用对象分类

按不同的功能来计算配送成本可实现对配送成本的控制，但作为管理者还希望能进行辅助核算，计算不同产品、地区、顾客产生的配送成本，以便对未来发展做出决策，这就需要按适用对象来计算配送成本。通过辅助核算，帮助企业分析产生不同配送成本的不同对象，进而帮助企业确定不同的销售策略。

（1）按营业单位计算配送成本就是要算出各营业单位配送成本与销售金额或毛收入的对比，了解各营业单位配送中存在的问题，以便加强管理。

（2）按顾客计算配送成本可分为按标准单价计算和按实际单价计算两种计算方式。按顾客计算成本可以用于确定目标顾客、确定服务水平等营销战略的参考。

(3) 按商品计算配送成本是把按功能计算出来的成本，以各自不同的基准，分配给各类商品，以此计算配送成本。这种方法可用来分析各类商品的盈亏，进而对确定企业的产品策略提供参考。

按功能计算配送成本，可以从功能的角度掌握；按支付形态计算出来的配送成本，在将物流部门费用按不同的功能详细划分的时候，其分配基准比例由于行业和企业情况的不同而不同。因此，根据企业的实际情况找出分配基准是很重要的。

第二节 配送成本的核算

一、配送成本的核算项目

1977 年，日本运输省流通对策本部为响应各企业物流人员提出的对物流成本计算要有一个“标准”方法的要求公布了《物流成本统一计算标准》（以下简称《计算标准》），根据《计算标准》，在计算物流成本时要注意把握一个基本原则，就是从“按支付形态”入手，计算物流费用。

按支付形态不同分类来计算配送成本，必须首先从企业会计核算的全部相关科目中抽出所包含的配送成本。诸如运输费、保管费等向企业外部支付的费用，可以全部看作配送成本，而企业内部配送费用的计算必须从有关项目中提取。

1. 材料费

可以根据进出库记录提出某一时期用于配送活动中的材料消耗量，再乘以材料的购进单价而得，即材料费＝本期消耗量×单价。实际中当难以通过材料支出单据进行统计时，可采用盘存计算法，即本期消耗量＝期初结余＋本期购进－期末结余。材料的购进单价应包括材料的购买费、进货运费、装卸费、保险费、关税、购进杂费等。

2. 人工费

报酬总额根据发给配送人员的工资、补贴、奖金以及职工劳保费、按规定提取的福利基金及职工教育培训费等开支或按整个企业职工的平均工资额等费用情况进行计算。当实际费用很难抽取出来计算时，也可将这些费用的总额按从事配送活动的职工人数比例分摊到配送成本中。

3. 公益费

公益费包括电费、煤气费、自来水费等开支。严格地讲，每一个配送用的设施都应该安装上计数表来直接计费，但作为一种简易方法，也可以从整个企业的上述项目开支中，按配送设施和配送人员的比例计算得出。

4. 维护费

维护费包括了固定资产的使用、运转和维修保养所产生的维修保养费、房产税、土地使用税、车船使用税、租赁费、保险费等。维护费应根据本期实际发生额计算，对于需要经过多个期间统一支付的费用（如租赁费、保险费等），可按期间分摊计入本期相应的费用中，先提出能直接掌握的部分，不能直接掌握的部分可以根据建筑面积和设备金额等进行分摊。

5. 一般经费

这一费用对应财务会计中的一般管理费。其中，对于差旅费、书报资料费等人员和使用目的明确的费用，直接计入配送成本。不能直接掌握的部分，可按人头或设备比例进行分摊。

6. 特别经费

特别经费包括按实际使用年限计算的折旧费和企业内利息等。

7. 对外委托费

根据本期实际发生额进行计算。除此以外，间接委托的费用按一定标准分摊到各功能的费用中。

8. 其他企业支付费用

以本期发生购进时其他企业支付和发生销售时其他企业支付配送费的物品重量或件数为基础，乘以费用估价计算。

二、配送成本核算的步骤

明确了按支付形态分类的配送成本的计算方法后，就可以根据管理工作对有关信息的需要按以下步骤进行配送成本的进一步计算。

（1）根据计算配送成本的需要，将以上通过计算得出的数据资料填入表 7-1 中。

（2）把表 7-1 中的费用按功能分类，然后汇总。方法是将每一种功能各制作一张表，可根据核算需要考虑是把所有的功能都作为计算对象，还是只计算其中某几项功能。

（3）如果要想了解按功能、支付形态分类的配送成本的支出情况可以把表 7-1 右端合计栏中的数字转入表 7-2。从表 7-2 中的数字，可以简单地看出配送活动中哪种功能的成本最大，费用都花在哪个配送环节。

（4）如果要想求出按范围、功能分类的配送成本，可以把表 7-1 最下端的数字转入表 7-3。这样可以了解哪个范围、哪种功能的配送成本最高，并且还能算出销售额与配送成本的比例，以及根据销售数量算出的单位配送成本。

表 7-1　　配送成本计算表（1）

支付形式＼范围					组织	顾客	商品	合计
企业配送成本	本企业支付配送费	企业本身配送费	材料费	资料费				
				燃料费				
				消耗类工具器具费				
				其他				
				合计				
			人工费	工资、奖金				
				补贴				
				福利费				
				其他				
				合计				
			公益费	电费				
				煤气费				
				水费				
				其他				
				合计				
			维护费	维修费				
				消耗性材料费				
				课税				
				租赁费				
			一般经费					
			特别经费	折旧费				
				企业内利息				
				合计				
			企业本身配送费合计					
		对外委托费						
		本企业支付配送费合计						
	外企业支付配送费合计							
	企业配送费总计							

注：①情报费和管理费均计入合计栏和各种范围栏；②企业本身配送费合计包括材料费、人工费、公益费、维护费、一般经费和特别经费。本企业支付配送费合计包括企业本身配送费合计和对外委托费。企业配送费合计包括本企业支付配送费合计和外企业支付配送费。

表 7-2　　配送成本计算表（2）

支付形式＼范围					物品流通费							信息流通费	配送管理费	合计
					备货费	保管费	分拣及配货费	装卸费	短途运输费	配送加工费	合计			
企业配送成本	本企业支付配送费	企业本身配送费	材料费	资料费、燃料费										
				消耗类工具、器具费										
				其他										
				合计										
			人工费	工资、奖金、补贴、福利费										
				其他										
				合计										
			公益费	电费										
				煤气费										
				水费										
				其他										
				合计										
			维护费	维修费										
				消耗性材料费										
				课税、租赁费										
				保险费、其他										
				合计										
			一般经费											
			特别经费	折旧费										
				企业内利息										
				合计										
		企业本身配送费合计												
		对外委托费												
	本企业支付配送费合计													
	外企业支付配送费合计													
	企业配送费总计													

注：企业本身配送费合计包括材料费、人工费、公益费、维护费、一般经费和特别经费。本企业支付配送费合计包括企业本身配送费用合计和对外委托费。企业配送费合计包括本企业支付配送费合计和外企业支付配送费。

表 7－3　　配送成本计算表（3）

功能 / 范围	物品流通费						信息流通费	配送管理费	合计
	备货费	保管费	分拣及配货费	装卸费	短途运输费	配送加工费			
营业网点									
顾客									
商品									
占销售金额比重									

三、配送成本的控制

进行配送成本核算的最终目的是为了实现对配送成本的控制。一般对配送成本的控制应从以下几方面进行。

1. 加强配送的计划性

在配送活动中，临时配送、紧急配送或无计划的随时配送都会大幅增加配送成本，因为这些配送降低车辆使用效率。为了加强配送的计划性，需要加强同客户的沟通，建立客户的配送信息网络。在实践中，应针对商品的特性，制订不同的配送计划和配送制度。

2. 确定合理的配送路线

采用科学的方法确定合理的配送路线，可以有效提高配送效率，降低配送费用。确定配送路线的方法很多，既可以采用方案评价法进行定性分析，也可以采用数学模型进行定量分析。无论采用何种方法，都必须考虑以下条件。

（1）满足所有客户对商品品种、规格和数量的要求。

（2）满足所有客户对货物发至时间的要求。

（3）在交通管理部门允许通行的时间内送货。

（4）各配送路线的商品量不得超过车辆容积及载重量。

（5）在配送中心现有运力及可支配运力的范围之内配送。

3. 进行合理的货物配载

各客户的需求情况不同，订货情况也就不一样，一次配送的货物可能有多个品种。这些商品不仅包装形态、储运性质不一，而且密度差别较大。密度大的商品往往达到了车辆的载重量，但体积空余很大；密度小的商品虽然达到车辆的最大体积，但达不到载重量。

实行轻重配装，既能使车辆满载，又能充分利用车辆的有效体积，可大大降低运输费用。

4. 提高配送自动化程度

在配送活动中，分拣、配货要占全部劳动的60%，而且容易发生错误。如果在拣货配送中运用计算机管理系统，应用条码技术，就可以使拣货快速、准确，配货简单、高效，从而提高生产效率，节省劳动力，降低物流费用。

四、配送中心成本核算方法

物流成本分析的方法很多，下面简述全面分析和详细分析的主要内容。

1. 配送中心物流成本的全面分析

计算出配送中心物流成本之后，可以计算出以下各种比率，再用这些比率同前年、大前年相比来考察配送中心物流成本的实际状况，还可以与同行业其他企业比较，或者与其他行业比较。

(1) 单位销售额物流成本率＝物流成本/销售额×100%。

这个比率越高则对价格的弹性越低，从连锁企业历年的数据中，大体可以了解其动向，另外，通过与同行业和行业外进行比较，可以进一步了解配送中心的物流成本水平。

该比率受价格变动和交易条件变化的影响较大，因此作为考核指标还存在一定的缺陷。

(2) 单位营业费用物流成本率＝物流成本/（销售额＋一般管理费）×100%。

通过物流成本占营业费用（销售额＋一般管理费）的比率，可以判断连锁企业物流成本的比重，而且这个比率不受进货成本变动的影响，得出的数值比较稳定，因此适合于做连锁企业配送中心物流合理化指标。

(3) 物流职能成本率＝物流职能成本/物流总成本×100%。

该指标可以明确包装费、运输费、保管费、装卸费、流通加工费、信息流通费、物流管理费等各物流职能成本占物流总成本的比率。

2. 配送中心物流成本的详细分析

通过全面分析，我们可以了解物流成本的变化情况及变化趋势，但是对引起物流成本变化的原因，我们还要进一步按照职能分类，对物流成本进行详细分析，然后提出对策，详细分析所用的指标有四类，通过这四类指标的序时分析或按配送中心内的部门、设施分类比较以及与同行业其他企业进行比较，就可以掌握物流成本的发展趋势及其差异。

(1) 与运输、配送相关的指标：

装载率＝实际载重量/标准载重量×100%

车辆开动率＝月总开动次数/拥有台数×100%

运行周转率＝月总运行次数/拥有台数×100%

单位车辆月行驶里程＝月总行驶里程/拥有台数

单位里程行驶费＝月实际行驶三费/月总行驶里程

(行驶三费＝修理费＋内外胎费＋油料费)

单位运量运费＝运输费/运输总量

（2）有关保管活动指标：

仓库利用率＝存货面积/总面积×100％

库存周转次数＝年出库金额(数量)/平均库存金额(数量)＝年出库金额(数量)×2/(年初库存金额＋年末库存金额)

（3）有关装卸活动指标：

单位人时工作量＝总工作量/装卸作业人时数

(装卸作业人时数＝作业人数×作业时间)

装卸效率＝标准装卸作业人时数/实际装卸作业人时数

装卸设备开工率＝装卸设备实际开动时间/装卸设备标准开动时间

单位工作量修理费＝装卸设备修理费/总工作量

单位工作量卸装费＝装卸费/总工作量

（4）有关物流信息活动指标：

物流信息处理率＝物流信息处理数量（传票张数等）/标准物流信息处理数（传票张数等）。

第三节　配送服务与配送成本

降低配送成本和提高配送服务水平是配送管理肩负的两大使命，正确处理和协调两者的关系是配送管理的重要内容。

一、配送服务与成本之间的二律背反

对于配送服务水平，过去曾有人提出把“在任何时间、任何地点、任何数量上都满足顾客的要求”作为一般服务标准，这样的服务标准确实很高，但只能在不考虑成本的前提下才能办到。从管理的观点来看，这是一种“无原则”的服务标准，既不现实，又不可取。而另一个偏向则是不管生产和购销的要求，一味追求最低成本，比如为了大批量集中进行送货，以降低运输费用，而不考虑顾客的需要，延长送货时间，结果造成缺货损失，影响企业信誉。这种以牺牲企业以后的利益而换来的低成本同样毫无意义，是管理上的本末倒置。那么在管理中如何正确处理和协调这两者之间的关系呢？简单地讲就是注意权衡利弊，用综合的方法来求得两者之间的平衡。

如前所述，配送的各项活动之间存在二律背反。其实在配送成本与配送服务之间也存在二律背反问题：第一，一般来说，提高配送服务，配送成本即上升，成本与服务之间受收益递减法则的支配；第二，处于高水平的配送服务时，成本增加而配送服务水平不能按比例相应提高。如图 7－1 所示。此时，可以通过考察配送系统的投入产出比，对配送系统的经济效益进行衡量和评价。以最低的配送成本达到所要求的配送服务水平，或在既定的服务水平下达到最低的配送成本，形成一个有

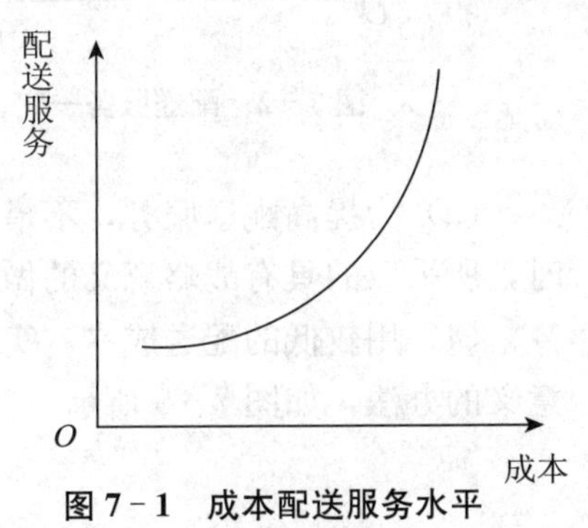

图 7－1　成本配送服务水平与配送成本的关系

效率的配送系统。

二、配送成本与配送服务的分析

1. 系统的产出—配送服务

在整个配送系统中，人、财、物、设施设备等大量资源的投入就是为了一个最终的目的：满足客户需要的配送服务的产出，因此其服务水平的高低直接决定了整个物流系统的效益。理想的配送服务水平要求达到 6R，即适当的质量（Right Quality）；适当的数量（Right Quantity）；适当的时间（Right Time）；适当的地点（Right Place）；适当的印象（Right Impression）；适当的价格（Right Price）。

配送活动通过提供高水平、高标准的服务，可以满足企业销售需要，争取更多的顾客，从而扩大企业的销售，但同时也产生了较高的成本。

2. 配送服务与配送成本的关系

前面已经介绍过，配送服务水平与配送成本之间存在着二律背反的关系。一般来说，顾客的要求是多种多样和不断变化的，比如，有的客户要求订货后立即送货；有的顾客要求很小的送货批量；有的客户要求送货的批量既小，频率又高。如果完全按照这些要求来运作，从成本的角度来考虑是很不经济的。

配送服务与配送成本的关系，具体来说可表述为以下四个方面。

(1) 在配送服务不变的情况下，考虑降低成本；不改变配送服务水平，通过改变配送系统来降低配送成本，这是一种追求效益的办法，如图 7-2 所示。

(2) 在成本不变的情况下提高服务质量，这是一种追求效益的办法，也是一种有效地利用配送成本特性的办法，如图 7-3 所示。

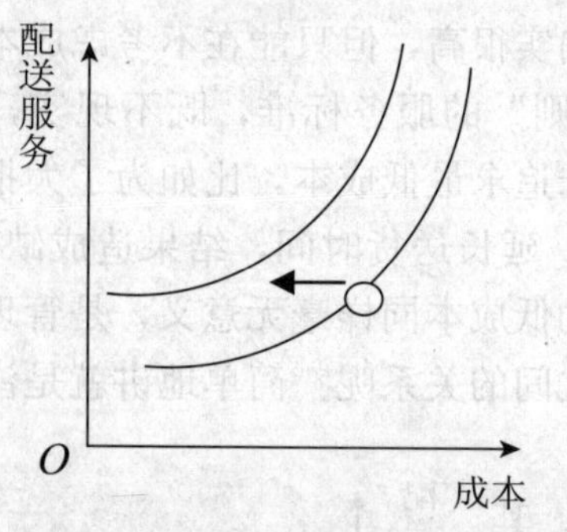

图 7-2　配送服务一定，成本下降

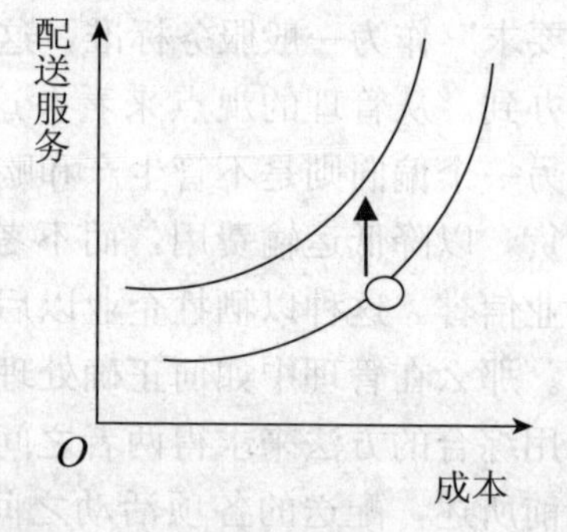

图 7-3　配送服务提高，成本一定

(3) 为提高配送服务，不惜增加成本，这是企业在特定顾客或其特定商品面临竞争时，所采取的具有战略意义的做法，如图 7-4 所示。

(4) 用较低的配送成本，实现较高的配送服务，这是增加销售、增加效益、具有战略意义的办法，如图 7-5 所示。

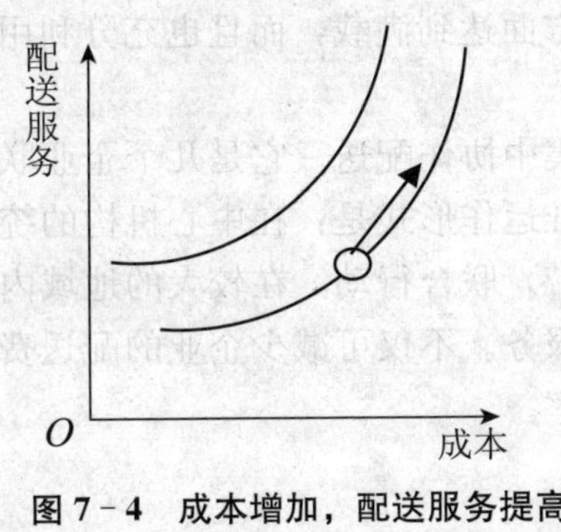

图7-4　成本增加，配送服务提高

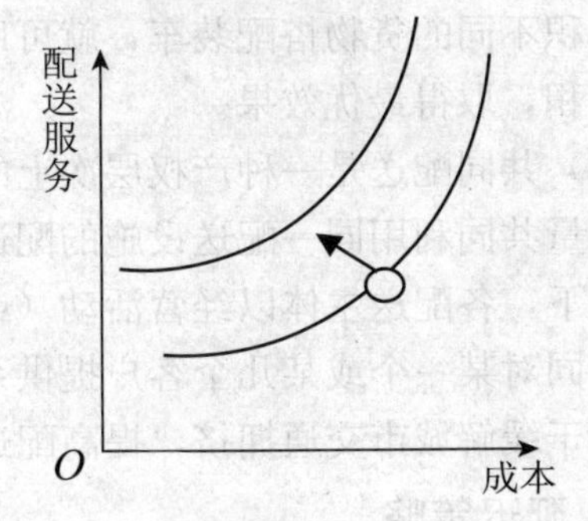

图7-5　降低成本，实现较高配送服务

在服务和成本之间，企业在决策中究竟应如何做出选择和取舍呢？就物流配送的职能来讲，最主要的目的就是提供满足购销活动所需要的服务，从而保障企业或客户活动的顺利进行，因为一般来讲服务是第一位的，是前提条件。但是如果仅仅关注服务而对成本不够关心的话，企业的利润就会受损，影响企业的进一步发展。所以，必须谨慎对增加成本与提高服务水平之间进行权衡抉择，以保证企业利润的最大化。

三、配送服务与成本合理化的策略

对配送的管理就是在满足一定的顾客服务水平与配送成本之间寻求平衡：在一定的配送成本下尽量提高顾客服务水平，或在一定的顾客服务水平下使配送成本最小。一般来说，要想在一定的顾客服务水平下使配送成本最小可考虑以下策略。

1. 混合策略

混合策略是指一部分配送业务由企业自身完成。这种策略的基本思想是，尽管采用单纯策略（即配送活动要么全部由企业自身完成，要么完全外包给第三方物流企业完成）易形成一定的规模经济，并使管理简化，但由于存在产品品种多变、规格不一、销量不等的情况，采用单纯策略的配送方式在超出一定限度后不仅不能取得规模效益，反而还会造成规模不经济。而采用混合策略，合理安排企业自身完成的配送和外包给第三方物流完成的配送，才能使配送成本最低。

2. 差异化策略

差异化策略的指导思想是：产品特征不同，顾客服务水平也不同。当企业拥有多种产品线时，不能对所有产品都按同一标准的顾客服务水平来配送，而应按产品的特点、销售水平来设置不同的库存、不同的运输方式以及不同的储存地点，忽视产品的差异性会增加不必要的配送成本。

3. 合并策略

合并策略包含两个层次，一是配送方法上的合并，另一个则是共同配送。

（1）配送方法上的合并导致配送成本增加的一个原因在于配货时由于货物的体积、重量、包装、储运性能及目的地各不相同导致一定的车辆空载率，一辆车上如果只装密度大的货物，往往是达到了载重量，但容积空余很多；只装密度小的货物则相反，看起来车装得满，实际上并未达到车辆载重量。这两种情况实际上都造成了浪费。实行合理的轻重配装、容积不同的货物搭配装车，就可以不但在载重方面达到满载，而且也充分利用车辆的有效容积，取得最优效果。

(2) 共同配送是一种产权层次上的共享，也称集中协作配送。它是几个企业联合集小量为大量共同利用同一配送设施的配送方式，其标准运作形式是：在中心机构的统一指挥和调度下，各配送主体以经营活动（或以资产为纽带）联合行动，在较大的地域内协调运作，共同对某一个或某几个客户提供系列化的配送服务。不仅可减少企业的配送费用，而且有利于缓解城市交通拥挤，提高配送车辆的利用率。

4. 延迟策略

传统的配送计划安排中，大多数的库存是按照对未来市场需求的预测量设置的，这样就存在着预测风险，当预测量与实际需求量不符时，就出现库存过多或过少的情况，从而增加配送成本。延迟策略的基本思想就是对产品的外观、形状及其生产、组装、配送应尽可能推迟到接到顾客订单后再确定。一旦接到订单就要快速反应，因此，采用延迟策略的一个基本前提是信息传递要非常快。

实施延迟策略常采用两种方式：生产延迟（或称形成延迟）或物流延迟（或称时间延迟），而配送中往往存在着加工活动，所以实施配送延迟策略既可采用形成延迟方式，也可采用时间延迟方式。具体操作时，常常发生在诸如贴标签（形成延迟）、包装（形成延迟）、装配（形成延迟）和发送（时间延迟）等领域。

5. 标准化策略

标准化策略就是尽量减少因品种多变而导致附加配送成本，尽可能多地采用标准零部件、模块化产品。如服装制造商按统一规格生产服装，直到顾客购买时才按照顾客的身材调整尺寸大小。采用标准化策略要求厂家从产品设计开始就要站在消费者的立场去考虑怎样节省配送成本，而不是等到产品定型生产出来了才考虑采用什么技巧降低配送成本。

本章小结

本章介绍了配送成本管理的相关知识。第一节从介绍了配送成本的含义、特征以及分类与构成。第二节介绍了配送成本的核算，包括配送成本的核算项目、核算的步骤以及核算的方法。第三节介绍了配送服务与配送成本的关系、配送成本与配送服务的分析以及配送服务与成本合理化的策略。

第八章　配送中心信息系统规划

配送中心信息系统是计算机管理系统在物流领域的应用，广义上配送中心信息系统应包括配送中心业务过程的各个领域，是一个由计算机技术应用软件及其他高科技的物流设备，通过计算机网络将供应链上下游连接起来的动态互动系统。

第一节　配送中心信息概述

作为一个现代化的配送中心，其最主要的业务功能是依靠物流信息的科学运筹管理，通过系列化的先进物流技术支撑，实现及时化、信息化与智能化的物流服务操作与管理，集储存保管、集散转运、流通加工、商品配送、信息传递、代购代销、连带服务等多种功能于一体。所以配送中心的信息系统应以现有的公共信息基础设施为通路，以电子商务服务平台为支撑，按照物流市场运行的要求，改变原有物流信息系统封闭、单向、单通道的特征，建立具有开放、双向、多通道特征的，能够支持物流体系高效运作的，分层次的物流信息应用系统，增强企业服务国内外市场的能力。

一、配送中心信息系统的特征

物流配送中心信息系统主要实现对物流信息的收集、处理、发布及交易，并在此过程中不断进行物流资源的整合和物流信息的反馈，一个先进的物流配送中心信息系统应具有以下特征。

（1）开放性：物流信息系统不但要与企业内部其他系统相连接以实现企业内部数据的整合和信息的流通，还应与企业外部供应链的各个环节进行数据交换，实现各节点的不间断连接。

（2）信息量大：物流配送中心的信息随着物流和商流活动的展开而大量生成，尤其现代物流的配送越来越趋向多品种、小数额、高频度的配送，使进货、库存、发货和运输等物流活动的信息量与日俱增。

（3）可扩展性：物流配送中心信息系统应能随着配送中心发展而发展，在信息系统设计时，应充分考虑未来的业务需求，以便能在原有基础上进行扩展。

（4）安全性：随着系统应用的增加特别是网上支付的实现、电子单证的使用，安全性成为配送中心信息系统的首要问题。

二、配送中心建设信息系统应遵循的原则

配送中心在建设自己的信息系统时，有必要结合几条原则来满足管理信息的需要，并

充分支持管理者制订物流运作计划和实际的业务操作。

（1）可用性：信息系统所储存的信息，例如，订货和存货在库或出库状况的信息，必须具有可用性，也就是信息系统应能够在第一时间向其供应商和客户提供最新的电子信息，应能向信息需求方提供简易、快捷获取信息的方式，而不受时空的限制。

（2）精确性：信息系统提供的信息能否精确地反映配送中心处理货物的当前状况，是衡量配送中心的整体业务运作水平的标准。精确性可以解释为信息系统的报告与配送中心的实际业务运作状况吻合的程度。例如，平衡的物流作业要求实际的存货与物流信息系统报告的存货相吻合的精确度最好在99%以上。当实际存货和信息系统之间存在较低的一致性时，就有必要采取安全的方式来适应这种不确定性。

（3）及时性：信息系统必须提供及时、快速的信息反馈。及时性指一种活动发生时与该活动在信息系统内体现时的时间差。例如，在某些情况下，系统要经过几个小时或几天才能将一个新订货看作为实际需求，因为该订货不一定会直接进入现行的需求量数据库。结果，在确认实际需求量时就出现了耽搁，这种耽搁会使计划制订的有效性降低，而使存货量增加。信息系统的存货状况也许是按每小时、每工班或每天进行更新的。显然，实时更新或立即更新更具及时性，但是这会增加工作量。

（4）处理异常情况的主动性：信息系统应能帮助配送中心的管理者识别需要引起注意的决策，使管理人员能够把精力集中在最需要引起注意的情况，或者能提供最佳机会来改善配送服务或降低运营成本。

（5）灵活性：信息系统必须有能力提供能符合特定客户需要的数据。例如，有些客户想要把订货发货票跨越地理或部门界限进行汇总，有些客户想要每一种商品的发票，而另外一些客户却可能需要所有商品的总发票。这就要求信息系统要有持续不断地快速更新和升级能力。

（6）易操作性：信息系统必须友善和容易操作。适当的系统界面要求提供的信息要有正确的结构和顺序，能有效地向管理人员和客户提供相关的信息。

三、配送中心的基本信息

配送中心的基本信息包括商品信息、供应商信息、价格信息、客户信息和系统信息，如图8-1所示。

（1）商品信息：商品基本属性、分类、包装、价格、销售形式、保质期、条码、证书和税率等信息。商品的多层包装：零售包装、配送包装、进货包装。价格形式：定价、定时削价等形式。

（2）供应商信息：供应商的各种证书、可供商品、属性、分类、信誉情况、供货情况、付款情况等。应建立供应商基本档案信息，支持实时查询；对不同的供应商应建立不同的信誉等级以引导进货的顺利完成；对供应商的付款方式及付款期限根据情况加以设定。

（3）价格信息：反映商品流转过程中的各种价格信息。从进价角度看，有含税进价、无税进价；从销售角度看，有零售价、促销价、优惠价、批发价。

（4）客户信息：分为两类，第一类是会员企业，第二类是单位配送客户、各会员企业批发对象、销售各门店食品的其他零售超市商场、住宅配送的客户，对客户应实行分类管理。

会员企业客户的信息包括：客户名称、地址、联系方式、经营品种、价格、标准、质量、历史销售额、信誉情况、信誉等级等。销售对象的信息包括：客户名称、地址及联系方式、客户属性、分类、购买品种、批次、信誉等级及信誉额度等。

(5) 系统信息：部门信息和操作员信息。部门信息除了基本信息如名称、账户等，对商场还包括其销售信息及其分析。对不同的部门，可设置相应的进货载点菜权限。操作员信息包括：基本信息及操作员权限信息等，对不同级别的操作员设定相应的数据访问权限，部门的负责人设定每个人的操作权限。

(6) 配送中心本身信息：库位、面积、温度、湿度、区域、库位等。

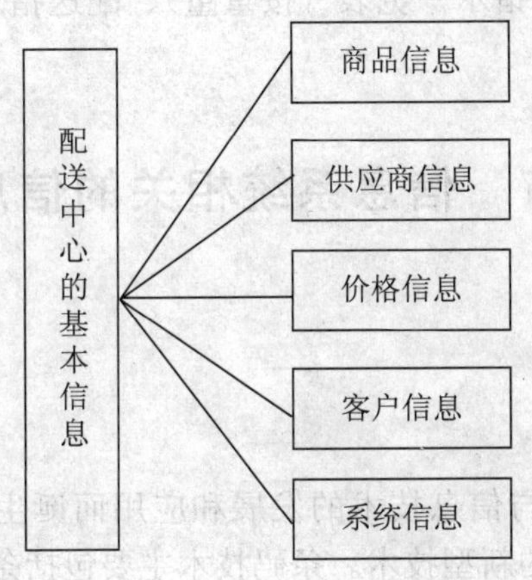

图 8-1　配送中心的基本信息

四、配送中心的信息输入与输出

(1) 数据文件管理。数据文件管理内容包括商品主文件、科目主文件、人员主文件、货位主文件、客户主文件、入出库地点主文件等。

(2) 订单管理的输出。订单管理的输出内容包括订单查询处理、订单查询时间、订单清单等。

(3) 入出库预定管理的输入与输出。

入出库预定管理的输入内容包括入库预定、出库预定。

入出库预定管理的输出内容包括入库预定查询、出库预定查询、入库预定一览表、出库预定一览表、未入库一览表、未出库一览表（预定）、未出库一览表 。

(4) 入出库管理的输入与输出。

入出库管理的输入内容包括入库、即时出库、出库指示、实际出库、入出库变更。

入出库管理的输出内容包括入出库变更查询、出库指示查询、历史查询、货标签、入库票据、出库票据、入出库票据检验清单（按客户)、入出库票据检验清单（按单号)、配货清单（按商品)、配货清单（按出库地点)、配货清单（按货位)、入库流通加工清单、入库流通加工清单（按商品)、入库流通加工清单（按货位)、入库流通加工清单（按出库地点）、入出库日报、历史清单等。

（5）在库管理的输入与输出。

在库管理的输入内容包括货位及货位分区变更。

在库管理的输出内容包括不同商品在库查询、货位使用情况查询、盘点清单（按品名）、盘点清单（按货位）、在库报告书、长期在库清单、在库警告清单。

（6）配送管理的输入与输出。

配送管理的输入内容包括配送指示（商品明细）、配送指示（出库连动）、实际配送（个别）、实际配送（一览）。

配送管理的输出内容包括配送查询（个别）、配送查询（一览）、配送指示查询（商品明细）、配送指示查询（出库连动）、配送预定一览表、配送量一览表（按客户）、配送量一览表（按配送地点）、配送指示一览表（按重量）、配送指示一览表（按配送单号）、已配送和未完成配送清单等。

第二节　信息系统相关的信息技术

一、条码技术

（一）条码技术概述

条码技术是随着计算机与信息技术的发展和应用而诞生的，它是集编码、印刷、识别、数据采集和处理于一身的新型技术。条码技术主要包括条码编码原理及规则标准、条码译码技术、光点技术、印刷技术、扫描技术、通信技术、计算机技术等。

具体来说，条码是一种可印制的机器语言，它采用二进制数的概念，经1和0表示编码的特定组合单元，它由一组规则排列的黑白条、空及对应字符组成，用以表示一定信息的特殊图形符号。为了方便人们识别条码符号所代表的字符，通常在条码符号的下面印刷出所代表的数字、字母或专用符号，只要借助于光电扫描阅读设备，即可迅速地将条码所代表的商品的生产、国别、制造厂商、产地、名称、特性、价格、数量、生产日期等一系列商品信息准确无误地输入电子计算机，并由计算机自动进行存储、分类、排序、统计、打印或显示出来。它是迄今为止最经济实用的一种自动识别技术，其功能强大，输入方式具有速度快、准确率高、可靠性强、采集信息量大、灵活实用等优点。关于条码的具体编排规则，很多相关书籍做了比较详尽的介绍，本章不做具体阐述。

（二）条码的编码规则

唯一性：同种规格同种产品对应同一个产品代码，同种产品不同规格应对应不同的产品代码。根据产品的不同性质，如重量、包装、规格、气味、颜色、形状等，赋予不同的商品代码。

永久性：产品代码一经分配，就不再更改，并且是终身的。当此种产品不再生产时，其对应的产品代码只能搁置起来，不得重复起用再分配给其他的商品。

无含义：为了保证代码有足够的容量以适应产品频繁的更新换代的需要，最好采用无含义的顺序码。

（三）条码技术在配送作业中的应用

近年来，条码技术在物流配送作业中已经得到广泛的应用，特别是在配送中心的业务处理中的收货、提货、摆货、仓储、配货、补货等，条码应用几乎出现在整个配送作业流程中的所有环节。其主要应用在以下几个方面。

1. 订货

无论是总部向供应商订货，还是连锁店向总部或配送中心订货，都可以根据订货簿或货架牌进行订货。不管采用哪种订货方式，都可以用条码扫描设备将订货簿或货架上的条码输入。这种条码包含了商品品名、品牌、产地、规格等信息。然后通过主机，利用网络通知供货商或配送中心自己订哪种货、订多少。这种订货方式比传统的手工订货效率高出数倍。

2. 入库

应用条码进行入库管理。商品到货后，通过条码输入设备将商品基本信息输入计算机，告诉计算机系统哪种商品要入库，要入多少。计算机系统根据预先确定的入库原则、商品库存数量，确定该种商品的存放位置。然后根据商品的数量发出条码标签，这种条码标签包含着该种商品的存放位置信息。然后在货箱上贴上标签，并将其放到输送机上。输送机识别箱上的条码后，将货箱放在指定的库位区。

3. 摆货

人工摆货时，搬运工要把收到的货品摆放到仓库的货架上，在搬运商品之前，首先扫描包装箱上的条码，计算机就会提示工人将商品放到事先分配的货位，搬运工将商品运到指定的货位后，再扫描货位条码，以确认找到的货位是否正确。这样，在商品从入库到搬运到货位存放整个过程中，条码起到了相当重要的作用。商品以托盘为单位入库时，把到货清单输入计算机，就会得到按照托盘机数发出的条码标签。将条码贴于托盘面向叉车的一侧，叉车前面安装有激光扫描器，叉车将托盘提起，并将其放置于计算机所指引的位置上。在各个托盘货位上装有传感器和发射显示装置、红外线发光装置和标明货区的发光图形牌。叉车驾驶员将托盘放置好后，通过叉车上装有的终端装置，将作业完成的信息传送到主计算机。这样，商品的货址就存入计算机中了。

4. 配送

在配货过程中，也都采用了条码管理。在分拣、配送中应用条码，能使拣货迅速、正确，并提高生产率。总部或配送中心在接受客户的订单后，将订货单汇总，并分批发出印有条码的拣货标签。这种条码包含有这件商品要发送到哪一家连锁店的信息。分拣人员根据计算机打印出的拣货单，在仓库中进行拣货，并在商品上贴上拣货标签（在商品上已有包含商品基本信息的条码标签）。将拣出的商品运到自动分类机，放置于感应输送机上。激光扫描器对商品上的两个条码自动识别，检验拣货有无差错。如无差错，商品即分岔流向按分店分类的滑槽中。然后将不同分店的商品装入不同的货箱中，并在货箱上贴上印有条码的送货地址卡，这种条码包含商品到达区域的信息。再将货箱送至自动分类机，在自动分类机的感应分类机上，激光扫描器对货箱上贴有的条码进行扫描，然后将货箱输送到不同的发货区。当发现拣货有错时，商品流入特定的滑槽内。条码配合计算机应用于物流管理中，大大提高了物流作业自动化水平，提高了劳动生产率。

5. 补货

查找商品的库存，确定是否需要进货或者货品是否占用太多库存，同样需要利用条码来实现管理。另外，由于商品条码和货架是一一对应的，也可通过检查货架达到补货的目的。条码不仅仅在配送中心业务处理中发挥作用，配送中心的数据采集、经营管理同样离不开条码。通过计算机对条码的管理，对商品运营、库存数据的采集，可及时了解货架上商品的存量，从而进行合理的库存控制，将商品的库存量降到最低点；也可以做到及时补货，减少由于缺货造成的分店补货不及时，发生销售损失。条码同样可用来做配送中心的配货分析。由于条码和计算机的应用，大大提高了信息的传递速度和数据的准确性，从而可以做到实时物流跟踪，整个配送中心的运营情况、商品的库存量也会通过计算机及时反映到管理层和决策层。这样就可以进行有效的库存控制，缩短商品的流转周期，将库存量降到最低。

二、EDI 技术

（一）EDI 概述

电子数据交换技术（Electronic Data Interchange，EDI）是指按照同一规定的一套通用标准格式，将标准的经济信息，通过通信网络传输，在贸易伙伴的电子计算机系统之间进行数据交换和自动处理。根据联合国标准化组织的定义，EDI 是按照一个公认的标准，以结构化的事务处理报文数据格式，从计算机到计算机的电子传输方法，也是计算机可识别的商业语言。例如，国际贸易中的采购订单、装箱单、提货单等数据的交换。

（二）配送中心应用 EDI 技术的必要性

EDI 的主要功能有：电子数据传输和交换、传输数据的存证、文书数据标准格式的转换、安全保密、提供信息查询服务、提供技术咨询服务、提供信息增值服务等。通过在物流配送供应链管理中应用 EDI 技术，不但可以降低运营成本，而且提高了供应链上数据传输速度和准确性，扩大信息含量，缩短订货采购周期，大大降低了库存费用。

通过在配送中心的客户，设置 EDI 终端来处理和交换有关订货的库存、销售时的数据，需求预测，以及运输日程、通知等方面的信息，可以减少票据处理、数据输入、输出等事务性作业，而且可以减少库存、缩短订货时间、提高工作效率。应用 EDI 可以使各企业之间达到无纸化交易，能减少大量人力和纸张的浪费，从而降低交易成本。通过在配送中心、上游供应商、下游客户之间应用 EDI 可以实现信息共享，使供应链上各个节点企业都能了解到商品的销售、库存、生产进度等方面的信息，增强供应链经营的透明度。

当今企业之间的市场竞争实际上是对时间的竞争，谁获取的信息越快、商品周转时间越短，谁就能掌握竞争的主动权；应用 EDI 技术意味着电子传输的数据信息可以立即为用户所获得，可以增强配送中心的市场竞争力。

(三) 配送中心 EDI 系统框架

EDI 系统主要包括两部分，一部分是 EDI 服务中心面向用户提供 EDI 服务，供相关用户群使用，另一部分是 EDI 用户应用系统完成 EDI 报文收发、翻译，面向最终的具体应用业务。如图 8-2 所示。

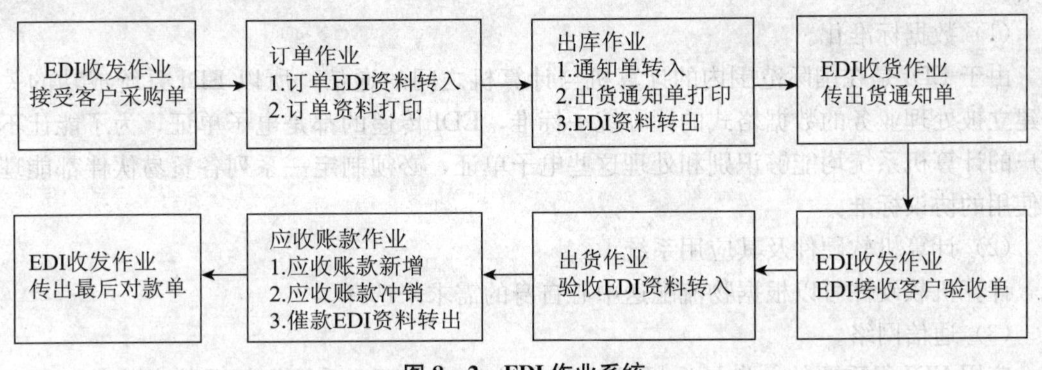

图 8-2 EDI 作业系统

1. EDI 服务中心

(1) EDI 服务中心的组成。

EDI 服务中心提供的服务因系统的规模与内容不同，一般来说 EDI 中心应由以下 4 部分组成：

公用 EDI 服务手段：提供 MHS 的邮箱服务，基于 UN、EDIFACT 报文的成组交换，支持 EDIFACT 报文的翻译、验证、核查跟踪等功能，允许用户在不同阶段进行报文的翻译。

通信接口：用户可通过点对点方式、VAN 方式或 Internet 等方式连接到中心提供多种存取方式的接口。

公共业务服务：代办用户委托的 EDI 业务，用户可以通过 FAX、柜台服务等方式，委托进行现有纸面单证的 EDI 处理，协助用户向 EDI 化平稳过渡。

EDI 最终用户服务系统：提供 EDI 应用系统解决方案供用户应用。

(2) EDI 服务中心的选择。

物流配送中心、上游供应商、下游客户之间，以及相关贸易伙伴（如海关、银行、保险）应用 EDI 时，由于各自内部应用的信息系统不一样，企业之间有个信息转换的问题，需由 EDI 服务中心来解决。供应链上各节点企业之间进行信息交换时，通过在企业设置的 EDI 终端先把信息传递到 EDI 服务中心，EDI 服务中心收到信息后，就把它转为 EDI 标准格式，然后再把它转发给目标企业。目标企业再由 EDI 终端把标准信息转为企业信息系统的内部格式。

EDI 服务中心可以分为两种类型：一种是由大企业自己建立 EDI 服务中心，通过在业务往来频繁的企业设置 EDI 终端来处理有关信息；另一种是由政府建立公众 EDI 服务中心，各企业成为 EDI 服务中心的会员，享有特定的 EDI 增值服务。

相对来说，我国的物流配送企业大部分才刚起步，基础比较薄弱，还没有雄厚的经济实力来建立自己的EDI服务中心。因此，利用公众EDI服务中心来与供应链上各节点企业进行信息交换是比较可行的方法。

2. EDI用户应用系统设计

EDI用户应用系统由三个要素组成：数据标准化、计算机硬件及其应用系统、通信网络。

（1）数据标准化。

由于EDI是在国际范围内的计算机与计算机之间的通信，所以EDI系统成功的关键是建立被处理业务的数据格式的国际统一标准，EDI传递的都是电子单证，为了能让不同用户的计算机系统均能够识别和处理这些电子单证，必须制定一系列各贸易伙伴都能理解和使用的协议标准。

（2）计算机软硬件及其应用系统。

计算机软硬件可以根据物流配送中心自身的需求来选择。

（3）通信网络。

应用EDI很重要的一步是选择EDI的通信方式，EDI系统之间通信方式的不同，将直接影响企业EDI系统的应用效果。EDI的通信方式主要有如下几种：点对点连接、第三方（VAN）、Internet、Intranet、EDI到传真。一般情况下，企业为了和它们的贸易伙伴进行商业活动，往往要选择贸易伙伴所采用的EDI通信方式。当一个公司可以自己决定采用什么通信方式时，它需要考虑一些主要因素的影响：如数据安全性、服务范围、贸易伙伴的数量、费用、应用和维护的难易度、专业知识的水平等。

物流配送中心EDI系统的工作过程。EDI的实现过程就是用户将相关数据从自己的计算机信息系统传送到有关交易方的计算机信息系统。该过程因用户应用系统以及外部通信环境的差异而不同。

三、销售点实时控制系统（POS）

（一）销售点实时控制系统概述

销售点实时控制系统是指通过自动读取设备在销售商品时直接读取商品销售信息，并通过通信网络和计算机系统传送至有关部门进行分析加工以提高经营效率的系统。在POS系统中，用扫描装置读取在商品上的JAN条码，并向电脑输入商品信息，通过JAN条码就可以了解商品的信息数据，如商品的名称、规格、价格、数量，然后由POS生成账单。这样商店每一件商品的售出都记录在系统中，POS系统数据库会自动减少该商品的库存量。商店根据库存信息来控制库存量并制订采购计划。

（二）POS系统的工作流程

（1）商店在销售商品的时候，由阅读器通过对商品条码的扫描及解码，经电子收银机向后台电脑查价，价格信息由后台电脑调出输入电子收银机，并显示在屏幕上，收银机收银后打印出购物清单。

（2）POS终端机自动记录销售信息并整理后台提供商品信息。

（3）POS终端机上的小型票据打印机打印各种收银报表，并具有读账、查账功能。

(4) 中央电脑通过网络连线，取得每个销售点的销售信息和库存信息。

(5) 根据商品的销售信息分析市场需求状况，制订采购计划。

现代配送活动的重要特征是信息化，配送可以看作是商品流通和信息流通的结合。在配送活动的过程中，通过使用计算机技术、通信技术等手段，加快了配送信息的处理和传递速度，提高了配送活动的效率，降低了配送成本。如图 8-3 所示。

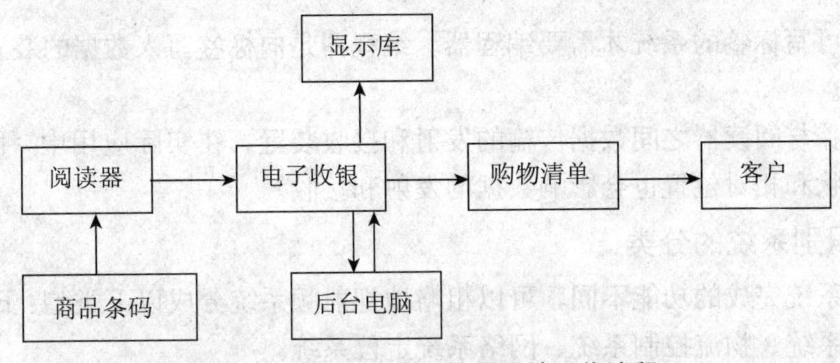

图 8-3　销售点实时控制系统工作流程

四、射频识别技术（RFID）

（一）RFID 概述

射频识别（Radio Frequency Identification，RFID）是一种非接触式的自动识别技术，它通过射频信号自动识别目标对象并获取相关数据，识别工作无须人工干预，可工作于各种恶劣环境中。短距离射频产品不怕油渍、灰尘污染等恶劣的环境，可以替代条码。如图 8-4 所示。

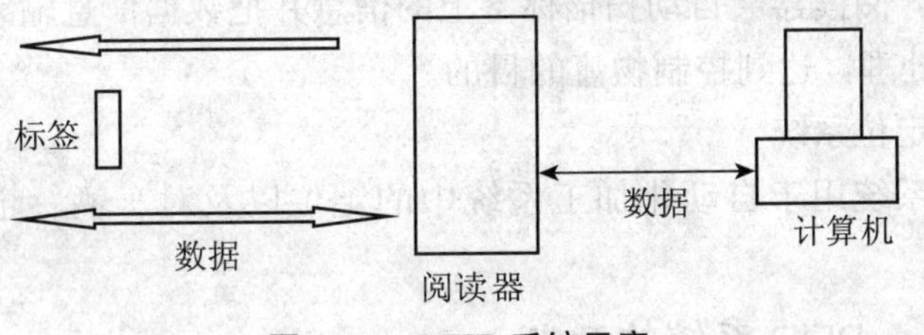

图 8-4　RFID 系统示意

1. 射频识别系统的组成

射频识别系统在具体的应用过程中，根据不同的应用目的和应用环境，系统的组成会有所不同，但从射频识别系统的工作原理来看，系统一般由信号发射机、信号接收机和发射接收天线几部分组成。

(1) 信号发射机。

在射频识别系统中，信号发射机为了不同的应用目的，会以不同的形式存在，典型的形式是用来存储信息的标签（TAG）。标签一般是带有线圈、天线、存储器与控制系统的集成电路，能够自动或在外力的作用下，把存储的信息主动发射出去。

按照不同的分类标准，标签有许多不同的种类：主动式标签与被动式标签；只读标签与可读可写标签；标识标签与便携式数据文件。

(2) 信号接收机。

在射频识别系统中，信号接收机一般称作阅读器。根据支持的标签不同与完成的功能不同，阅读器的复杂程度也不同。阅读器基本功能就是提供与标签进行数据传输的途径。

(3) 编程器。

具有可读可写标签的系统才需要编程器。编程器是向标签写入数据的装置。

(4) 天线。

天线是标签与阅读器之间数据传输的发射和接收装置。在实际应用中，除了系统功率外，天线的形状和相对位置也会影响数据的发射和接收。

2. 射频识别系统的分类

根据射频系统完成的功能不同，可以粗略地把射频系统分成以下类型：EAS 系统、便携式数据采集系统、物流控制系统、网络系统定位系统。

(1) EAS 系统。

EAS 是一种设置在需要控制物品的门口的 RFID 技术。这种技术的典型应用场合是商店、图书馆、数据中心等地方。

(2) 便携式数据采集系统。

便携式数据采集系统是使用带有 RFID 阅读器的手持式数据采集器采集 RFID 标签上的数据。这种系统具有比较大的灵活性，适用于不宜安装固定式 RFID 系统的应用环境。

(3) 物流控制系统。

在物流控制系统中，RFID 阅读器分散布置在给定的区域，并且阅读器直接与数据管理信息系统相连，信号发射机是移动的，一般安装在移动的物体上面或人身上。当物体、人流经过阅读器时，阅读器会自动扫描标签上的信息并把数据信息输入数据管理信息系统进行存储、分析、处理，达到控制物流的目的。

(4) 网络系统定位系统。

网络系统定位系统用于自动化加工系统中的定位以及对车辆、轮船等进行运行定位支持。

（二）配送中心 RFID 系统的意义

配送中心系统网络、功能结构与其在供应链地位、经营模式、上下游客户的需求、服务项目与业务流程、设施与设备配备、部门设置与人员、内部操作流程与操作规范密切相关。配送中心信息系统与各种自动化设备和自动化技术密切相关。配送中心内作业流程的每一步操作都要准确、及时，快速准确与否关键在于数据的采集。如果没有一个高效率的数据采集技术，就不可能将信息快速、准确地传达给管理控制者。目前，国内配送中心大多采用的是条码扫描技术作为仓库管理中货物流和信息流同步的主要载体。但是随着企业对信息化要求的不断提高，条码技术在应用中存在着许多无法克服的缺点。

RFID 是一种数据采集技术，它优于条码识别技术之处在于 RFID 可以同时动态地识别多个数据，识别距离大，信息可改写。RFID 标签可以唯一地标识商品，所以可以在整个供应链上跟踪货物，实时掌握商品处于供应链上的哪个节点上并将信息及时反馈给配送中心。

(三) RFID 在物流配送中的应用

配送中心的设立主要是为了实现物流中的配送，因此配送中心是位于物流节点上专门从事货物配送活动的经营组织或经营实体。建立物流配送中心的根本意义在于提高服务水平，降低成本和增加效益。配送中心信息系统是一个内部流程十分复杂、信息量十分大的系统。其基本功能包括：系统管理、出入库管理、订单管理、发货计划、采购管理、报表管理、退货管理等。RFID 应用的重点在于：出入库管理、验收、订单处理等。如图 8－5 所示。

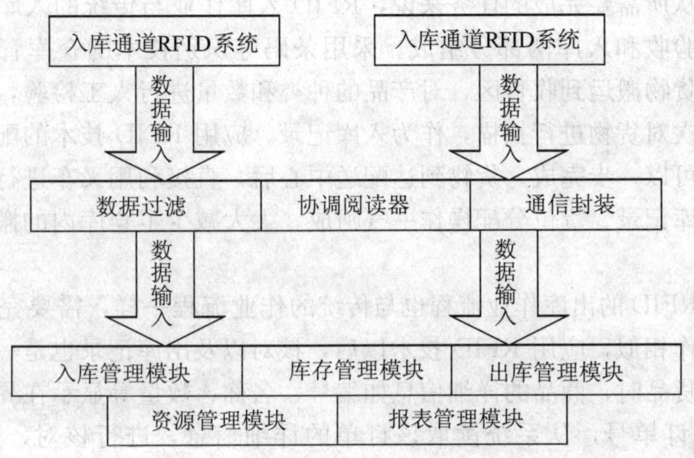

图 8－5　RFID 在仓储系统的应用

1. RFID 在供应链流程中的应用

由于 RFID 标签上的芯片提供了物理对象的唯一标识，商品在整个供应链上的跟踪功能也是 RFID 技术的一个发展方向。只有考虑贯穿于整个供应链的物流和 RFID 信息流动情况，才能更好地体现 RFID 技术给配送中心乃至整个供应链的各个节点所带来的巨大变化，才能体现 RFID 的真正价值。

(1) 给产品加上射频识别标签。供应商给它生产的每一箱货物加上一个射频识别标签，它含有一个独一无二的产品电子代码（EPC），存储在标签的芯片内，标签带一个微型的射频天线。有了这些标签，公司可以全自动对货物进行识别、计数和跟踪。

(2) 出库。货物出库时，出库口门楣上的 RFID 阅读器发出的射频波射向智能标签，启动这些标签同时给其供电，标签“苏醒”过来，开始发射各自的 ID 标志号，阅读器读取标签信息进行记录，直到阅读完所有标签为止，从而实现了出库信息的自动识别和记录。

(3) 配送中心内部作业。在入库操作时，由于在卸货区有 RFID 阅读器，因此不需要打开包检查里面的货物，可以直接进行验收入库，通过与相应的采购单进行核对并确定无误后，这批货物就可以很快地上货架存放。与入库相似，在出库操作时，由于在仓库出口处设有 RFID 阅读器，因此不需要打开包装箱检查里面的货，可以直接进行验收出库。

(4) 零售商。当送货车抵达零售商时，零售商也装有货站阅读器，货物一送到，零售商的零售系统马上更新，将送到的每一箱记录下来，这样，零售商可以自动确认该种货物的存货量，精确可靠，且没有附加的成本。除此之外，零售商的零售货架上也装有集成式阅读器。商品进货时，货架就会向零售商的自动补货系统发出一个信息。自动识别技术还可以方便顾客。顾客不需要长时间排队等候付款，只需要推着所购物品出门就行了。装在门上的阅读器可以通过货物的信息，辨认购物车里的货物，顾客只要刷一下信用卡就可离去。

从整个供应链情况来看，商品在整个供应链上流动。操作中最为频繁的就是出入库操作，RFID 在配送中心出入库过程中的应用具有很好的扩展价值。

2. RFID 在物流配送中心的应用

（1）入库。从所需要完成的任务来说，RFID 入库作业与传统的入库作业并无太大区别，主要由接货验收和入库两部分组成。采用条码等识别技术的仓库管理，在入库作业时，一般是先将货物搬运到收货区，对产品的种类和数量进行人工检验，然后操作人员利用条码扫描仪依次对货物进行扫描，作为入库记录。应用 RFID 技术的配送中心，从接货到上货架的操作可以一步完成。货物到达配送中心后，直接利用叉车进行搬运，在经过入口处，验货、入库记录、货位分配操作一气呵成，大大减少了仓库内的搬运工作量，节省了时间。

（2）出库。RFID 的出库作业流程也与传统的作业流程一样，需要完成验收和出库等操作。与入库操作相似，应用 RFID 技术以后，核对以及出库记录也是一步完成的。当阅读器读到出库的货品时，商品的详细信息如编号、名称、数量等显示在界面上，操作人员选择相应的客户订单号，从系统读取该订单的详细信息，进行核对，如果无误就可以出库。

（3）订单处理流程。订单处理既是配送中心物流作业的开始，也是整个信息流作业的起点。在配送中心整体作业里，订单管理通常扮演着非常重要的角色。从本质上来讲，整个物流过程都是为了订单而发生的。一般来说，是由客户端接受订货资料，将其处理、输出，然后仓库人员根据处理过的订单资料开始拣货、验货、配送等一连串物流作业。

RFID 在配送中心的应用如图 8－6 所示。

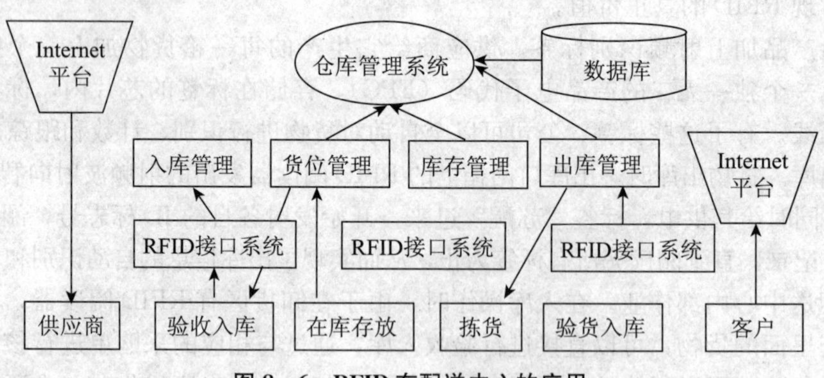

图 8－6　RFID 在配送中心的应用

第三节　配送中心信息系统构架

在了解配送中心各项作业和各种信息技术之后，就可根据各项活动与活动之间的相关性，将作业内容相关性较大的或所需资料相关性较大的划分为同一个群组，并将这些群组视为信息系统下的大架构。为了分析方便，这里所建构的是一个一般买卖业、典型的配送中心，没有既有的公司组织架构可作信息系统模块化分的参考，因此框架采用的是由作业内容的相关性及作业流程的关联性来划分模块。根据配送中心的各项作业将配送中心的系统大架构划分为以下四个模块：销售出库管理系统、采购入库管理系统、财务会计系统、经营效果评估系统。

下面对各个系统进行简单的介绍。

一、销售出库管理系统

销售出库管理系统包括的内容是从客户处取得订购单、做订单资料处理、仓库管理、出货准备、将货品运送至客户手中，整个作业都是以对客户服务为主。内部各系统间的作业顺序是首先统计订单需求量，然后传送给采购入库管理系统作为库存管理参考的数据，并由采购入库管理系统取得货品，在货品外送后将应收账款账单转入会计部门作为转账之用，最后将各项内部资料提供给营运绩效管理系统作为绩效考核的参考，并由营运、绩效管理系统取得各项营运指示。

销售出库管理系统包括订单资料处理系统、销售分析与销售预测系统、拣货规划系统、包装流通加工规划系统、派车计划、仓库管理系统、出货配送系统、应收账款系统，其系统架构如图 8－7 所示。

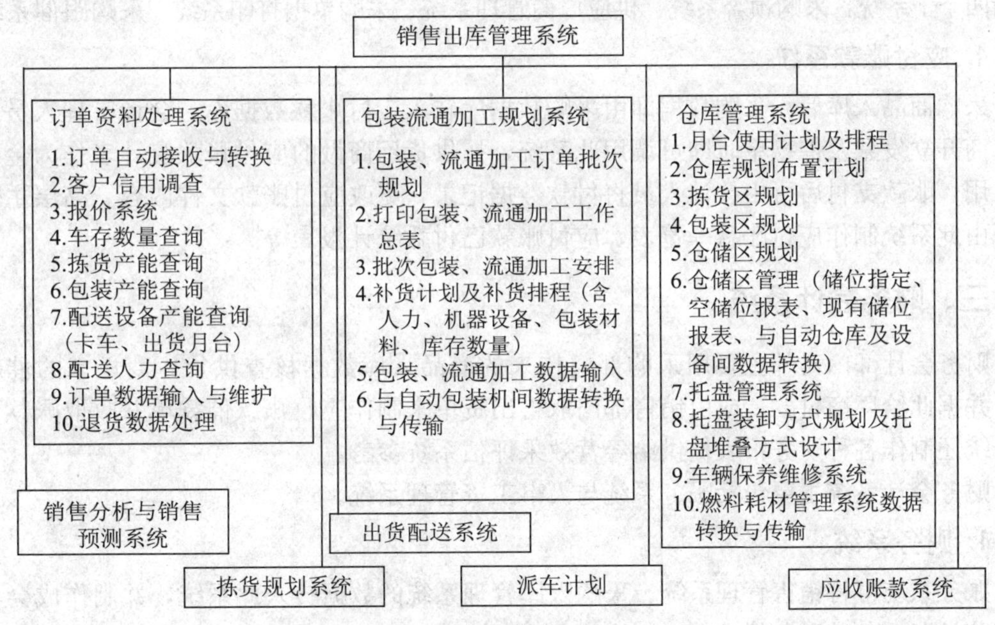

图 8－7　销售出库管理系统构架

二、采购入库管理系统

采购入库管理系统是处理与使用方相关的作业，包括商品实际入库、根据入库商品内容做库存管理、根据需求商品向供货厂商下订单。采购入库管理系统的工作包括入库作业处理系统、库存控制系统、采购管理系统、应付账款系统。

1. 入库作业处理系统

入库作业发生在与生产厂商交货之时，输入数据包括采购单号、厂商名称、商品名称、商品数量等，可输入采购单号来查询商品名称、内容及数量是否符合采购内容并用以确定入库月台，然后由仓库管理人员指定卸货地点及摆放方式，并将商品叠于托盘上，仓库管理人员检验后将修正入库数据，包括修正采购单，并调整库存数据库。退货入库的商品也需检验，可用商品才可入库，这种入库数据是订单数据库、出货配送数据库、应收账款数据库的减项，还是入库数据库及库存数据库的加项。

2. 库存控制系统

库存控制系统主要完成库存数量控制和库存量规划，以减少因库存积压过多造成的利润损失。它包括商品分类分级、订购批量及订购时点确定、库存跟踪管理，以及库存盘点作业。库存控制系统具备按商品名称、货位、仓库、批号等数据分类查询的功能，并设有定期盘点或循环盘点的时点设置功能，使系统在设定时间自动启动盘点系统，并打印各种表单辅助盘点作业。当同一种商品有不同储存单位时，系统应具备储存单位自动转换功能。在移库整顿或库存调整作业时，系统应具备大量货位及库存数据批量处理功能。

3. 采购管理系统

采购管理系统是为采购人员提供一套快速而准确地为供货厂商适时、适量地开立采购单的系统，使商品能在出货前准时入库，没有库存不足及积压货物太多等情况发生。此系统包括四个子系统：采购预警系统、供应厂商管理系统、采购单据打印系统、采购跟催系统。

4. 应付账款系统

采购商品入库后，采购数据即由采购数据库转入应付账款数据库，会计管理人员为供货厂商开立发票及催款单时即可调用此系统，按供货厂商做的应付账款统计表作为金额核准之用。账款支付后可由会计人员将付款数据记录，更改应付账款文件内容。高层主管人员可由此系统制作应付账款一览表、应付账款已付款统计报表等。

三、财务会计系统

财务会计部门对外主要用采购部门传来的商品入库数据核查供货厂商送来的催款数据，并据此给厂商付款；或由销售部门取得出货单来制作应收账款催款单并收取账款。会计系统还制作各种财务报表提供给经营效果评估系统参考。

财务会计系统主要包括账务系统与人事工资管理系统。

1. 财务系统

账务系统可将销售管理系统、采购入库管理系统的数据转入此系统，并制作成会计总账、分类账、各种财务报表等。

2. 人事工资管理系统

人事工资管理系统包括人事数据的建库维护、工资统计报表打印、工资单打印及与银行计算机联网的工资数据转换。

四、经营效果评估系统

经营效果评估系统从各系统及流通业取得信息，制定各种经营政策，然后将政策内容及执行方针告知各个经营部门，并将配送中心的数据提供给流通业。

经营效果评估系统包括：配送资源计划、经营管理系统、效果评估系统。

1. 配送资源计划

配送资源计划是在配送中心有多个运作单位时规划各种资源及经营方向、经营内容。配送中心有多座仓库、多个储运中心或多个转运站时，应该设置多少仓储据点、仓库的位置如何才可满足市场开发的需求，而哪座仓库应存放哪些商品、商品存放量有多少才足以供应该区域的商品需求，所需仓库空间又需多大才足以存放该数量的商品，而适应这些配送活动，各据点又需具备什么机械机具及人力资源，这些资源如何分配、彼此间又如何协调，是建立配送计划系统的目的。

2. 经营管理系统

经营管理系统是供配送中心高层管理人员使用，用来制定各类管理政策（如车辆设备租用、采购计划、销售策略计划、配送成本分析系统、运费制定系统、外车管理系统等），偏向于投资分析与预算分配。

配送成本分析系统是以会计数据为基础分析配送中心各项费用，来反映赢利或资源投资回收的状况，同时也可作为运费制定系统中制定运费的基准。配送成本分析与运费制定系统是非常重要的系统，配送中心需要确定运费能否赢得客户并合理地覆盖成本。

3. 效果评估系统

配送中心的赢利状况，除各项经营策略的正确制定与实际计划及执行外，还需有良好的信息反馈作为政策、管理及实施方法修正的依据，这就需要效果评估系统。它包括作业人员管理系统、客户管理系统、订单处理绩效报表、库存周转率评估报表、缺货金额损失管理报表、拣货效果评估报表、包装效果评估报表、入库作业效果评估报表、装车作业效果评估报表、车辆使用率评估报表、月台使用率评估报表、人力使用绩效报表、机器设备使用率评估报表、仓库使用率评估报表、商品保管率评估报表等。

本章小结

本章介绍了配送中心的信息系统规划，第一节从总体上介绍了配送中心信息系统的基本特征、建设信息系统遵循的原则、基本信息的内容。第二节具体阐述了信息系统相关的信息技术，重点介绍了条码技术、EDI 技术、POS 系统、射频识别技术等。第三节分析了配送中心信息系统构架，包括销售出库管理系统、采购入库管理系统、财务会计系统和经营效果评估系统四个方面。

第九章　配送中心的服务管理

为了使配送活动更加合理化，需要对配送进行服务管理，配送服务管理是企业发展的一个战略手段，对于企业降低经营成本，有效构建动态供应链，提升经营业绩具有重要意义。其中，配送中心的服务管理包括配送中心绩效评价体系的构建、配送中心客户服务管理以及配送中心岗位及组织架构的设置等。针对这些不同的管理内容，本章做了比较全面的介绍。

第一节　配送中心服务管理概述

一、配送服务概述

配送服务对于经济发展的意义在于它是企业发展的一个战略手段。从历史上曾采用的一般送货，发展到以高新技术支持的、作为企业发展战略手段的配送，也就是近一二十年的事情。配送服务之所以在企业经营中如此重要是因为它具有以下特性。

(一) 配送服务的意义

1. 配送服务已成为企业差别化战略的重要内容

长期以来，物流并没有受到人们应有的重视。在大批量生产时期，由于消费呈现出单一、大众化的特征，经营是建立在规模经济基础上的大量生产、大量销售，物流功能只停留在商品运输和保管等一般性业务活动上，物流从属于生产消费，因而成为企业经营中的附属职能。但是进入细分化市场营销阶段，市场需求呈现出多样化和分散化，而且发展变化十分迅速。这样，企业经营只有不断符合各种类型、不同层次的市场需求，并且迅速、有效地满足客户期望，才能使企业在激烈的市场竞争中求得发展。差别化战略中的一个重要内容就是客户服务的差异，所以作为客户服务重要组成部分的终端配送服务就成为企业实行差别化战略的重要方式和途径。

2. 配送服务水平的确定对企业经营绩效具有重大影响

决定配送服务水平是构筑配送系统的前提条件。在配送开始成为经营战略重要一环的过程中，配送服务越来越具有经济性的特征。对配送服务来说，市场机制和价格机制也在发生作用，市场机制和价格机制通过供求关系既确定了配送服务的价值，又决定了一定服务水平下的物流配送成本，所以，制定合理的配送服务水平是企业战略活动的重要内容之一。特别是对于一些例外运输、紧急运输等物流配送服务，需要考虑成本适当化或者流通主体互相分担的问题。

3. 配送服务是有效联结供应商、制造商、批发商和零售商的重要手段

随着经济全球化、网络化的发展，现代企业的竞争已不是单个企业的竞争，而是供应链之间的竞争；企业的竞争优势不是单一企业的优势，而是供应链整体的优势。配送服务一方面以物品的物质实体流动为媒介，打破了供应商、制造商、批发商和零售商间的间隔，有效地推动商品从生产到消费全过程的顺利流动；另一方面配送服务也通过自身特有的系统设施不断地将商品销售、在库信息等反馈给供应链中的所有节点企业，并通过知识、技术等经营资源的积累，使整个过程能不断协调，不断应对市场变化，创造超越企业的供应链价值。

4. 配送服务方式的选择对降低成本也具有重要意义

合理的配送服务方式不仅能够提高商品的周转效率，减少企业库存资金占有率，而且能够从利益上驱动企业发展，成为企业的第三利润源泉。特别是采用一些先进的配送方式（如共同配送）能够有效地降低整个供应链的成本。

（二）配送服务的构成要素

众所周知，配送服务以顾客满意为第一目标，在企业经营战略中首先确立顾客服务的目标，然后通过顾客服务实现差别化的战略。配送服务实际是基于商品的，对客户承诺的兑现过程，主要包括 3 个要素：

（1）拥有客户所期望的商品（备货保证）。

（2）符合客户所期望的质量（品质保证）。

（3）在客户希望的时间内配送商品（输送保证）。

配送服务主要就是围绕上述 3 个要素开展的，如图 9－1 所示。

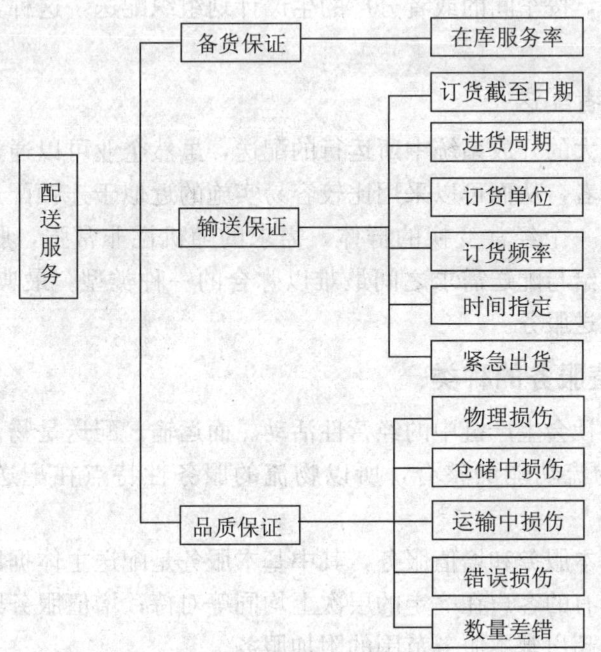

图 9－1　配送服务构成要素

(三) 配送服务的种类

配送供给与需求的双方是由实行配送的企业和接受配送服务的用户(企业或消费者)所构成的。对配送服务的了解,有助于企业通过选择适当的配送服务形式,或者进行配送服务创新,以达到提高供应水平和促进销售、占领市场的目的。根据实际情况的总结,配送服务主要有如下几种形态。

1. 企业对企业的配送

企业对企业的配送发生在完全独立的企业与企业之间,或者发生在企业集团的企业与企业之间。基本上是属于供应链系统的企业之间的配送供给与配送需求。作为配送需求方,基本上有两种情况:

(1) 企业作为最终的需求方,例如,供应链系统中,上游企业对下游企业的原材料、零部件配送。

(2) 企业在接受配送服务之后,还要对产品进行销售,这种配送一般称之为“分销配送”。

2. 企业内部配送

企业内部配送大多发生在大型企业之中,这一般分为两种情况:

(1) 如果企业是属于连锁型企业,各连锁商店经营的物品、经营方式、服务水平、价格水平相同,配送的作用是支持连锁商店经营,这种配送称为“连锁配送”。连锁配送的主要优势:在一个封闭系统中运行,随机因素的影响比较小,计划性比较强,因此容易实现低成本、高效率的配送。

(2) 生产企业的内部配送。生产企业成本控制的一个重要方法是由高层主管统一进行采购,实行集中库存,按车间的或者分厂的生产计划组织配送,这种方式是现在许多企业采用的“供应配送”。

3. 企业对消费者配送

这是在社会一个大的开放系统中所运行的配送,虽然企业可以通过会员制、贵宾制等方式锁定一部分消费者,从而可以采用比较容易实施的近似于连锁配送的方式,但是,多数情况下,消费者是一个经常变换的群体,需求的随机性非常强,服务水平的要求又很高,所以这是配送供给与配送需求之间最难以弥合的一种类型。最典型的是和 B-to-C 电子商务相配套的配送服务。

(四) 配送增值服务的种类

物流本身是一种社会生产链中的经营性活动。而运输、配送是物流功能的核心,特别是配送,它是多种物流功能的整合,所以物流的服务性特点在配送活动上体现得最为充分。

配送服务分为基本服务和增值服务,其中基本服务是配送主体据以建立基本业务关系的客户服务方案,所有的客户在一定的层次上均同等对待;增值服务则是针对特定客户提供的特定服务,它是超出基本服务范围的附加服务。

配送基本服务要求配送系统具备一定的基本能力,这种能力是配送主体向客户承诺的基础，也是客户选择配送主体的依据。配送需要一定的物质条件，包括配送中心、配送网络、运输车辆、装卸搬运设备、流通加工能力、计算机信息系统以及组织管理能力。配送基本能力是这些设施、设备、网点及管理能力的综合表现，是形成物流企业竞争优势的基础。每个承担配送业务的物流企业，都应该创造条件，形成这种能力。

配送增值服务是在基本服务基础上延伸的服务项目。增值服务涉及的范围很宽，一般可归纳为以顾客为核心的增值服务、以促销为核心的增值服务、以制造为核心的增值服务和以时间为核心的增值服务。

1. 以顾客为核心的增值服务

这种增值服务向买卖双方提供利用第三方专业人员来配送产品的各种可供选择的方式，指的是处理客户向供应商的订货、直接送货到商店或客户，以及按照零售店货架储备所需的明细货品规格持续提供配送服务。如在网上订购某种商品，由快递公司送货上门。

2. 以促销为核心的增值服务

以促销为核心的增值服务旨在为客户提供有利于客户营销活动的服务。配送服务的对象通常是生产企业或经销商，配送增值服务是在为他们提供配送服务的同时，增加更多有利于促销的物流支持。如大商场“批量购买，送货上门”的促销措施，由配送企业承担从仓库到客户的服务。

3. 以制造为核心的增值服务

以制造为核心的增值服务旨在为客户提供有利于生产制造的特殊服务。以制造为核心的增值服务实际是生产过程的后向或前向延伸，通过配送为生产企业提供原材料、燃料、零部件，使配送服务与企业生产过程同步，使生产企业在进入生产消耗过程时尽可能减少准备活动和准备时间，实现准时制（JIT）配送。

4. 以时间为核心的增值服务

以时间为核心的增值服务是以对顾客的反应为基础，运用延迟技术，使配送作业在收到客户订单时才开始启动，并将物品直接配送到生产线上或零售店的货架上，目的是尽可能降低库存和生产现场的搬运、检验等作业，使生产效率达到最高程度。对于采用准时制（JIT）生产方式的企业实施生产“零库存”配送就是典型的以时间为核心的增值服务。

二、配送服务合同

（一）配送服务合同概述

1. 配送服务合同的概念

配送服务合同是配送经营人与配送委托人签订的有关确定配送服务权利和义务的协议。或者说，它是配送服务经营人收取费用，将委托人委托的配送物品，在约定的时间和地点交付给收货人而订立的合同。委托人可以是收货、发货、贸易经营、商品出售、商品购买、物流经营、生产企业等配送物的所有人或占有人，可以是企业、组织或者个人。

2. 配送服务合同的性质

（1）无名合同。配送服务合同不是《中华人民共和国合同法》（简称《合同法》）分则的有名合同，不能直接引用《合同法》分则有名合同的规范。因而，配送服务合同需要依据《合同法》总则的规范，并参照运输合同、仓储合同、保管合同的有关规范，通过当事人签署完整的合同调整双方的权利和义务关系。

（2）有偿合同。配送服务是一种产品，配送服务经营人需要投入相应的物化成本和劳动才能实现产品的生产。独立的配送经营是为了赢利，需要在配送经营中获得利益回报。配送经营的赢利性决定了配送服务合同为有偿合同。委托人需要对接受配送服务产品支付报酬，配送服务经营人收取报酬是其合法的权利。

（3）诺成合同。诺成合同表示合同成立即可生效。当事人对配送服务关系达成一致意见时配送服务合同就成立，合同也即生效。配送服务合同生效后，配送服务方需为履行合同组织力量，安排人力、物力，甚至要投入较多资源，如购置设备、聘请人员。如果说合同还不能生效，显然对配送服务经营人极不公平，因而配送服务合同必须是诺成合同。当事人在合同订立后没有依据合同履行义务，就构成违约。当然，当事人可在合同中确定合同开始履行的时间或条件，时间未到或条件未达到时虽然合同未开始履行，但并不构成合同未生效。

（4）期限合同。配送服务活动具有相对长期性的特性，配送过程都需要持续一段时期，以便开展有计划、小批量、不间断的配送，实现配送的经济目的。如果只是一次性的送货，则成为了运输关系而非配送关系。因而配送合同一般是期限合同，确定一段时期的配送关系；或者是一定数量产品的配送，需要持续较长的时间。

（二）配送服务合同的种类

1. 独立配送服务合同

独立配送服务合同是指由独立经营配送业务的配送企业或个人或兼营配送业务的组织与配送委托人订立的仅涉及配送服务的独立合同。该合同仅仅用于调整双方在配送服务过程中权利和义务的关系，以配送行为为合同标的。

2. 附属配送服务合同

附属配送服务合同是指在加工、贸易、运输、仓储或其他物质经营活动的合同中，附带地订立配送服务活动的权利和义务关系，配送服务活动没有独立订立合同。附属配送服务合同主要有仓储经营人与保管人在仓储合同中附带配送协议、运输合同中附带配送协议、销售合同中附带配送协议、物流合同中附带配送协议、生产加工合同中附带配送协议等。

3. 配送服务合同的其他分类

配送服务合同依据合同履行的期限还可分为定期配送服务合同和定量配送服务合同。定期配送服务合同是指双方约定在某一期间，由配送人完成委托人的某些配送业务而订立的合同。定量配送服务合同则是配送人按照委托人的要求，对一定量的物品进行配送，直到该数量的物品配送完毕，则合同终止。

配送服务合同按照配送委托人身份的不同还可分为批发配送、零售配送、工厂配送等合同；依据配送物的不同可分为普通商品配送、食品配送、水果蔬菜配送、汽车配送、电器配送、原材料配送、零部件配送等合同；按照配送服务地理范围的不同可分为市内配送、地区配送、全国配送、跨国配送、全球配送等合同。

（三）配送合同的基本规定

在配送服务中，托运方与承运方都需要签订配送合同或协议。在配送合同中需要具备以下几项基本的规定。

1. 产品配送

（1）运输货物（名称、规格、数量）。严禁运输国家禁运物品和易燃易爆物品。

（2）包装要求。托运方必须按照国家主管机关规定的标准包装货物，没有统一规定包装标准的，应根据保证货物运输安全的原则进行包装，否则承运方有权拒绝承运。

（3）配送区域。

（4）合同期限。合同期满后，双方可以就合同约定价格再行协商，在同等条件下优先续签。

（5）运输质量及安全要求。承运方应当用符合托运方配送货的车辆，为托运方实行优质、快捷、安全的配送货服务。保证托运方的货物按规定、要求、时间保质保量地配送至目的地。

（6）货物装卸责任。双方约定由哪方负责装车和卸车，如在装卸过程中出现损失由哪方负责。

（7）收货人领取货物及验收办法。收货人凭有效证件、单据（或凭据）与承运方对证验收、领取货物。

（8）收费标准与费用结算方式。双方自行约定，内容比较灵活。

（9）双方的权利和义务。约定承运方与托运方的权利和义务。例如，托运方有义务支付配送服务费，不得装载法律规定或约定禁止配送的货物，配合承运方完成配送等。承运方应当在合同约定的时间和地点运送货物，如出现延迟交货或货物损失的情况，承运方有责任赔偿托运方的损失。

（10）违约责任。双方可以约定违约金。当任何一方出现约定赔偿的情形时，另一方可以要求赔偿或支付违约金。同时，违约责任一章还应当规定因不可抗力造成损失时责任的承担问题。例如，可以约定：在符合法律和合同规定条件下的运输，由于下列原因造成货物灭失、短少、损坏的，承运方不承担违约责任：①不可抗力；②货物本身的自然属性；③托运方或收货人本身的过错。

2. 其他事项

（1）其他费用的支付。运输过程中的过桥费、过路费应当由哪方承担。

（2）保密义务。当涉及商业秘密时，托运人可以与承运人约定不向公众公开相关信息。由此引起的任何损失（如名誉受损、经济受损等）均由泄密方负责赔偿。

（3）合同的变更、解除和续订。一方违约，另一方有权以书面形式通知对方解除合同或双方签订的其他合同、协议，双方可以约定合同自发出通知之日起多少日后解除，由哪方承担违约责任。

（4）纠纷解决的方式。双方就合同约定事项产生纠纷时如何解决，双方可以约定仲裁，也可以约定向某法院起诉。

(5) 合同一式几份，双方各持有几份。

(6) 双方签字盖章。

(四) 配送服务合同的主要条款

无论是独立的配送服务合同还是附属配送服务合同都需要对配送服务活动当事人的权利和义务协商达到意见一致，并通过合同条款准确地表述。配送服务合同在包括上述基本规定的基础上还需要包括以下几方面条款。

1. 合同当事人

合同当事人是合同的责任主体，是所有合同都须明确表达的项目。

2. 配送服务合同的标的

配送服务合同的标的就是将配送物品有计划地在确定时间和确定地点交付收货人。配送服务合同的标的是一种行为，因而配送服务合同是行为合同。

3. 配送方法

配送方法（即配送要求），是合同双方协商同意配送所要达到的标准，是合同标的完整细致的表述，根据委托方的需要和配送方的能力协商确定。配送方法有定量配送、定时配送、定时定量配送、即时配送、多点配送等多种方法。需要在合同中明确时间及其间隔、发货地点或送达地点、数量等配送资料。配送方法还包括配送人对配送物处理的行为约定，如配装、分类、装箱等。

4. 标的物

被配送的对象，可以为生产资料或生活资料，但必须是动产，有形的财产。配送物的种类（品名）、包装、单重、体积、性质等决定了配送的操作方法和难易程度，必须在合同中明确。

5. 当事人权利与义务

在合同中明确双方当事人需要履行的行为或者不作为的约定。

6. 违约责任

约定任何一方违反合同约定时需向对方承担的责任。违约责任约定有违约行为需支付违约金的数量，违约造成对方损失的赔偿责任及赔偿方法，违约方继续履行合同的条件等。

7. 补救措施

补救措施本身是违约责任的一种，但由于配送合同的未履行可能产生极其严重的后果，为避免损失的扩大，合同约定发生一些可能产生严重后果的违约补救方法，如紧急送货、就地采购等措施的采用条件和责任承担等。

8. 配送费和价格调整

配送费是配送经营人订立配送合同的目的。配送人的配送费应该弥补其开展配送业务的成本支出和获取可能得到的收益。合同中需要明确配送费的计费标准、计费方法、总费用，以及费用支付的方法。

由于配送合同持续时间长，在合同期间因为构成价格的成本要素价格发生变化，如劳动力价格、保险价格、燃料电力价格、路桥费等变化，为了使配送方不至于亏损，或者委托方也能分享成本降低的利益，允许对配送价格进行适当调整，在合同中订立价格调整条件和调整幅度的约定。

9. 合同期限和合同延续条款

对于按时间履行的配送合同，必须在合同中明确合同的起止时间，起止时间用明确的日期方式表达。由于大多数情况下配送关系建立后，都会保持很长的时间，这就会出现合同不断延续的情况。为了不使延续合同发生较大的变化，通常会简化延续合同的合同订立程序，在合同中确定延续合同的订立方法和基本条件要求。如提出续约的时间、没有异议时自然续约等约定。

10. 合同解除的条件

配送合同都需要持续较长时间，为了在履约中一方不因另一方能力的不足或没有履约诚意而招致损害，或者出现合同没有履行必要和履行可能时，又不至于发生违约，在合同中约定解除合同条款，包括解除合同的条件、解除合同的程序等。

11. 不可抗力和免责

不可抗力是指由于自然灾害、当事人不可抗拒的外来力量所造成的危害，如风暴、雨雪、地震、雾、山崩、洪水等自然灾害，还包括政府限制、战争、罢工等社会现象。不可抗力是《合同法》规定的免责条件，但《合同法》没有限定不可抗力的具体现象，对于一般认可的不可抗力虽已形成共识，但仅对配送仓储行为影响的特殊不可抗力的具体情况，如道路塞车等，以及需要在合同中陈述的当事人认为必要的免责事项需要在合同中明确。不可抗力条款还包括发生不可抗力的通知、协调方法等约定。

12. 其他约定事项

配送物种类繁多，配送方法多样，当事人在订立合同时需充分考虑可能发生的事件和合同履行的需要，并达成一致意见，是避免发生合同争议的最彻底的方法。特别是涉及成本、行为的事项，更需事先明确。

(1) 配送容器的使用。合同中约定在配送过程中需要使用的容器或送料厢等的尺寸、材料质地；配送容器的提供者，是免费使用还是有偿使用，如何使用，在使用中发生损害的维修责任以及赔偿约定，空容器的运输，合同期满时的处理方法等。

(2) 损耗约定。在配送中发生损失的允许耗损程度和耗损的赔偿责任；配送物超过耗损率时对收货人的补救措施等。

(3) 退货。发生收货人退货时的处理方法。一般约定由配送人先行接受和安置，然后向委托人汇报和约定委托人进行处理的要求与费用承担。与退货相类似的还可能约定配送废弃物、回收旧货等的处理方法，配送溢货的处理方法。

(4) 信息传递方法。约定双方使用的信息传递系统、传递方法、报表格式等。如采用生产企业的信息网络、每天传送存货报表等约定。

13. 争议处理

合同约定发生争议的处理方法，主要是约定仲裁、仲裁机构，或者约定管辖的法院。

14. 合同签署

合同由双方的法定代表人签署，并加盖企业合同专用章。私人订立合同的由其本人签署。合同签署的时间为合同订立时间，若两方签署的时间不同，后签时间为订立时间。

（五）配送服务合同的订立

1. 配送服务合同订立的含义

配送服务合同订立是双方对委托配送经协商达成一致意见的结果。经过要约和承诺的过程，承诺生效合同成立。在现阶段，我国的配送合同订立往往需要配送经营人首先要约，向客户提出配送服务的整体方案，指明配送业务对客户产生的利益和配送实施的方法，以便客户选择接受配送服务并订立合同。

配送服务合同的要约和承诺可用口头形式、书面形式或其他形式。同样的，配送服务合同也可采用口头形式、书面形式或其他形式，为非要式合同。但由于配送时间延续较长，配送服务所涉及的计划管理性强；非及时性配送所产生的后果可大可小，甚至会发生如生产线停工，客户流失等重大损失；配送服务过程受环境因素的影响较大，如交通事故等，为了便于双方履行合同，利用合同解决争议，采用完整的书面合同最为合适。

合同订立应遵循如下基本原则：①平等原则；②自愿原则；③公平原则；④诚实信用原则；⑤遵守法律，不得损害社会公共利益的原则。

2. 配送服务合同订立的程序

订立合同，一个经过充分协商达到双方当事人意思表示一致的过程，在这个过程中的各个步骤构成了合同订立的程序。配送服务合同根据《合同法》的规定和实践当中形成的习惯做法，订立的程序主要有：

（1）市场调查和可行性研究。当事人在签订配送服务合同前对配送服务市场调查和可行性进行研究是必不可少的准备工作。

（2）资信审查。在选择了准备与对方谈判签订配送服务合同时，需要对对方进行资信审查。资信审查包括资格审查和信用审查。

（3）洽谈协商。当事人之间就合同条款的不同意见经过反复协商，讨价还价，最后达成一致意见的过程。

（4）拟定合同文书。将双方协商一致的配送服务的意见，用文字表述出来拟定成合同文书。

（5）履行合同生效手续。在配送服务合同文书拟定后，双方当事人已完全认可的时候，就要办理合同订立的最后一道手续，即双方当事人签字或者盖章。首先，由双方当事人的法定代表人或经办人在合同上签字。其次，按照我国的习惯，要加盖单位公章或者合同专用章，合同订立的程序才算完成。有的合同，根据国家规定需经有关部门审查批准的，则必须在有关部门审批后，才能正式生效。

签订配送服务合同时需要注意的问题：

（1）尽量选择有经济实力、比较熟悉、非目的地的车辆承运。

（2）要对车辆的行驶证，甚至是营运证，司机的驾驶证、身份证进行复印，由签约的司机或车辆承包人签字认可。

（3）配送服务合同的托运方应当写明业主的真实情况，个体工商户应当是工商登记时的字号或业主的名字，企业法人应当是企业的全称。

（4）合同上详细填写承运方的基本情况，比如车辆所有权人姓名、住址，车牌号、车型、发动机号、车架号、保单号，司机姓名、电话、驾驶证号、手机、住址，车辆承包人等情况，有条件的还可以对车辆、司机等进行拍照。

（六）配送服务合同的履行

配送服务合同双方应按照合同约定严格履行合同，任意一方不得擅自改变合同的约定，是双方的基本合同义务。此外，依据合同的目的可以推断出的双方当事人还需要分别承担的一些责任也应予以重视，尽管合同没有约定。

1. 配送委托人保证配送物适宜配送

配送委托人需要保证由其本人或者其他人提交的配送物适宜于配送和配送作业。对配送物进行必要的包装或定型，标注明显的标识并保证能与其他商品相区别；保证配送物可按配送要求进行分拆、组合；配送物能用约定的或者常规的作业方法进行装卸、搬运等作业；配送物不是法规禁止运输和仓储的禁品；对于限制运输的物品，需提供准予运输的证明文件等。

2. 配送经营人采取合适的方法履行配送的义务

配送经营人所使用的配送中心具有合适的库场，适宜于配送物的仓储、保管、分拣等作业；采用合适的运输工具、搬运工具、作业工具，如干杂货使用厢式车运输，使用避免损害货物的装卸方法，大件重货使用吊机、拖车作业；对运输工具进行妥善记载，使用必要的装载衬垫、捆扎、遮盖；采取合理的配送运输线路；使用公认的或者习惯的理货计量方法，保证理货计量准确。

3. 配送人提供配送单证

配送经营人在送货时须向收货人提供配送单证、配送货物清单。配送清单为一式两联，详细列明配送物的品名、等级、数量等配送物信息，经收货人签署后收货人和配送人各持一联，以备核查和汇总。配送人需在一定期间间隔向收货人提供配送汇总表。

4. 收货人收受货物

委托人保证所要求配送的收货人正常地接受货物，不会出现无故拒收；收货人提供合适的收货场所和作业条件。收货人对接受的配送物有义务进行理算查验，并签收配送单和注明收货时间。

5. 配送人向委托人提供存货信息和配送报表

配送人需在约定的期间（如每天）向委托人提供存货信息，并随时接受委托人的存货查询，定期向委托人提交配送报表、分收货人报表、残损报表等汇总材料。

6. 配送人接受配送物并承担仓储和保管义务

配送经营人需按配送合同的约定接受委托人送达的配送物，承担查验、清点、交接、入库登记、编制报表的义务，安排合适的地点存放货物，妥善堆积或上架；对库存货物进行妥善的保管、照料，防止存货受损。

7. 配送人返还配送剩余物，委托人处理残料

配送期满或者配送合同履行完毕，配送经营人需要将剩余的物品返还给委托人，或者按委托人的要求交付给其指定的其他人。配送人不得无偿占有配送剩余物，同样，委托人有义务处理配送残余物或残损废品、回收物品、加工废料等。

（七）配送服务合同履行的过程中及纠纷发生后需要注意的问题

（1）装运货物后由承运方的司机及时签具收货凭证，比如出库码单、承运收货凭证等，一定要写明货物的全称、重量、数量、价值等，比如，热塑性丁苯橡胶 SBSYH-791-H不要简称为 SBS，价值写清楚每吨多少元或以某某号《增值税专用发票》上的价格为准。

（2）发运后注意随时与司机联系，掌握货物的去向。

（3）在货物发生短缺、损坏、变质，包括货物被盗抢、因交通事故造成经济损失等情况时，应当先稳住车辆，尽量要求其先将剩余货物运回始发地或送达目的地。比如，有些业主曾经以货物投了保险，保险公司需要进行现场勘查为名稳住了司机，其经验值得借鉴。

（4）及时清点剩余货物，由双方对清点记录签字认可，特殊情况下，可以请当地公证机关对清点情况进行现场公证。

（5）事发后，及时与律师取得联系，律师会利用其专业知识和诉讼技巧，竭诚为业主提供优质的法律服务，为业主挽回经济损失或尽可能地将经济损失减少到最低程度。

三、配送服务质量

在激烈的市场竞争中，配送企业必须保持高质量的服务，否则就可能倒闭。配送服务质量可归纳为准确、快速，即不出差错和供货周期短，保证物流在时间和速度两个方面的要求。

（一）配送服务质量的要素

1. 服务质量的概念

服务是指伴随着供方与顾客之间的接触而产生的无形产品，而服务质量可理解为服务特性满足要求的程度，相对于产品来说，服务的质量特性具有一定的特殊性；有些服务质量特性顾客可以观察到或感觉到，如服务等待时间的长短、服务设施的好坏等。还有一些顾客无法观察到，但又直接影响服务业绩的特性，如服务企业的财务状况、信誉度等。有的服务质量特性可定量地考察，而有些则只能定性地描述。前者如等待时间，后者如卫生、保密性、礼貌等。

鉴于服务交易过程的顾客参与性、生产与消费的不可分离性，服务质量必须经顾客认可，并被顾客所识别。服务质量的内涵应包括以下内容：

（1）服务质量是顾客感知的对象；

（2）服务质量既要有客观方法加以制定和衡量，更多地要按顾客主观的认识加以衡量和检验；

(3) 服务质量发生在服务生产和交易过程之中；

(4) 服务质量是在服务企业与顾客交易的真实瞬间实现的；

(5) 服务质量的提高需要内部形成有效管理和支持系统。

显然，服务质量有预期服务质量与感知服务质量之别。因此，服务质量特性需包括以下几个方面。

(1) 功能性。功能性是指某项服务所发挥的效能和作用，它是服务质量中最基本的特性。

(2) 时间性。时间性是指服务在时间上能够满足顾客需要的能力。例如，及时、准时和省时。

(3) 安全性。安全性是指服务过程中顾客的生命和财产不受伤害和损失的特征，如防火和防盗措施的健全等。

(4) 经济性。经济性是指顾客为了得到不同服务所需费用的合理程度。

(5) 舒适性。舒适性是指服务过程的舒适程度。它包括服务设施的完备程度和适用性、便利性，环境的整洁、美观程度和秩序良好程度等。

2. 配送服务质量的含义

根据服务质量的概念以及特性，可将“配送服务质量”的含义理解为：反映配送服务活动过程中满足客户明确和隐含需要的能力的特性总和。配送服务活动有极强的服务性质，整个配送过程的质量目标，就是其服务质量。服务质量因客户不同而要求各异，这就需要掌握和了解客户要求，如商品质量的保持程度，流通加工对商品质量的提高程度，批量及数量的满足程度，配送额度、间隔期及交货期的保证程度，配送、运输方式的满足程度，成本水平及配送费用的满足程度，相关服务（如信息提供、索赔及纠纷处理）的满足程度。

一般来讲，配送服务普遍体现在满足客户要求方面，这一点难度是很大的，各个客户要求不同，这些要求往往又超出企业的能力，要实现这些服务要求，就需要企业有很强的适应性及柔性，而这些又需要有强大的硬件系统和有效的管理系统来支撑。当然，对服务的满足不能是消极被动的，因为有时候客户提出的某些服务要求，由于“交替损益”的作用，会增大成本或出现其他问题，这实际上对客户是有害的，盲目满足客户的这种要求不是提高服务质量的表现。配送服务承担者的责任是积极、能动地推进服务质量。

3. 配送服务质量的要素与表现度量

在配送服务质量管理中，4 个传统的客户服务因素：时间、可靠性、方便性和信息的沟通是配送服务质量管理中需要考虑的基本因素，这些因素也是制定配送服务质量标准的基础。通常这些度量以卖方角度表示，例如，订单的及时性、完整性，订单完整无缺的货物比率，订单完成的准确性，账单的准确性等。在供应链环境下，配送服务质量的衡量标准将更为严密，同时也更为具体，目前配送服务质量考核的衡量指标主要是时间、成本、数量和质量。

站在顾客角度，配送服务质量的度量主要考虑以下几个方面。

(1) 人员沟通质量。人员沟通质量指负责沟通的物流企业配送服务人员是否能通过与顾客的良好接触提供个性化的服务。一般来说，服务人员相关知识丰富与否、是否体谅顾客处境、帮助解决顾客的问题会影响顾客对物流服务质量的评价。这种评价形成于服务过程之中。因此，加强服务人员与顾客的沟通是提升配送服务质量的重要方面。

(2) 订单释放数量。订单释放数量与前面提到的三要素中的货物可用性概念相关。一般情况下，物流企业配送服务会按实际情况释放（减少）部分订单的订量（出于供货、存货或其他原因）。对于这一点，尽管很多顾客都有一定的心理准备，但是，不能按时完成顾客要求的订量会对顾客的满意度造成影响。

(3) 信息质量。指物流企业配送服务人员从顾客角度出发提供产品相关信息的多少。这些信息包含了产品目录、产品特征等。如果有足够多的可用信息，顾客就容易做出较有效的决策，从而减少决策风险。

(4) 订购过程。指物流企业配送服务人员在接受顾客的订单、处理订购过程时的效率和成功率。在服务过程中，顾客认为订购过程中的有效性及手续的简易性非常重要。

(5) 货品精确率。指实际配送的商品和订单描述的商品相一致的程度。货品精确率是指货品种类、型号、规格准确及相应的数量正确。

(6) 货品完好程度。指货品在配送过程中受损坏的程度。如果有所损坏，那么物流企业应及时寻找原因并进行补救。

(7) 货品质量。这里指货品的使用质量，包括产品功能与消费者需求相吻合的程度。货品精确率与运输程序（如货品数量、种类）有关，货品完好程度反映损坏程度及事后处理方式，货品质量则与产品生产过程有关。

(8) 误差处理。指订单执行出现错误后的处理。如果顾客收到错误的货品，或货品的质量有问题，都会向物流供应商追索更正。物流企业配送服务人员对这类错误的处理方式直接影响顾客对配送服务质量的评价。

(9) 时间性。指货品是否如期到达指定地点。它包括从顾客落订到订单完成的时间长度，受运输时间、误差处理时间及重置订单的时间等因素的影响。

以上这 9 个因素包括了 PDS 的三个指标，其中的三个指标——货品精确率、货品完好程度、货品质量描述了订单完成的完整性，它们与其他 6 个指标共同建立了从顾客角度衡量配送服务质量的指标。

(二) 配送服务质量体系

1. 配送服务质量体系概念

配送服务质量体系是配送服务企业为实现自己的服务质量战略而建立的完善的服务质量保证体系，它包括实施服务战略所需要的组织结构、程序、过程和资源。配送服务质量体系的作用是为了达到和保持服务质量目标，使企业内部的服务提供过程达到质量要求，使顾客相信服务质量符合要求。配送服务质量体系既是配送企业实施配送服务质量管理的基本条件，也是配送服务质量管理的技术和手段。任何配送服务企业的服务质量体系都必须用一整套质量体系文件来表述该企业质量体系的结构和内容，形成一个文件化的质量体系。图 9-2 所示的是配送企业的服务质量体系文件结构。

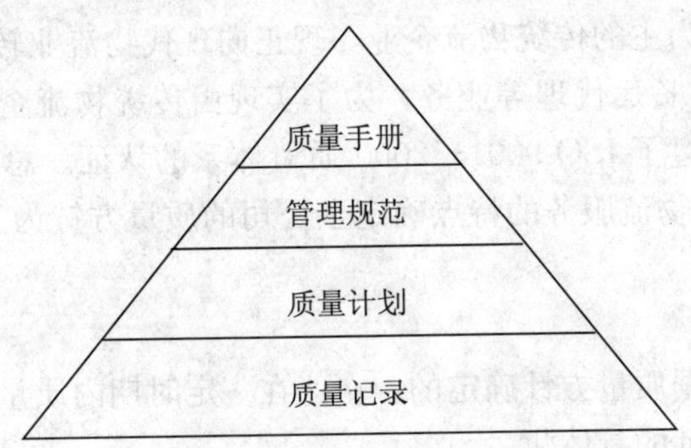

图 9－2 配送企业的服务质量体系文件结构

配送服务企业建立服务质量体系，既要满足本企业管理的需要，又要满足顾客对本企业的要求，但主要还是前者，因为顾客仅仅评价配送企业服务质量体系中与自己有关的部分，而不是全部。

服务质量体系的关键要素是管理者职责、资源和质量体系结构。三者的关系如图 9－3 所示。

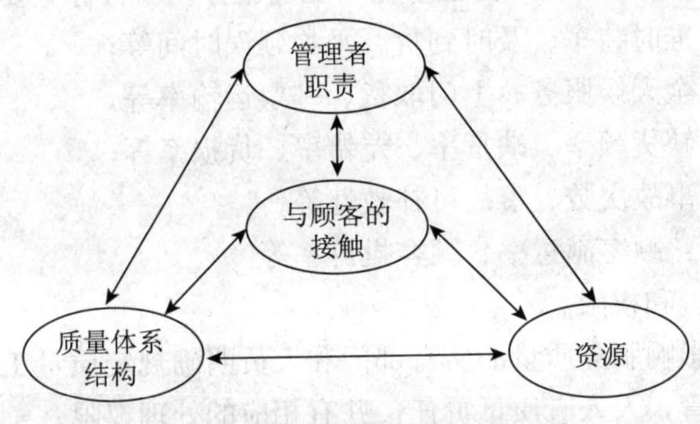

图 9－3 服务质量体系的关键要素

图 9－3 说明，管理者职责、资源和质量体系结构是质量体系的关键要素；资源和质量体系结构是基础；三个关键要素的焦点是顾客，即从顾客的需要出发，围绕顾客来开展质量管理，并根据顾客需要的满足程度来评价服务质量。

2. 管理者的职责

管理者的职责是制定服务质量方针，确定质量目标、规定质量职责和权限及定期开展质量管理评审。

（1）制定服务质量方针。

质量方针是指企业总的服务质量宗旨和方向，是企业在服务质量方面总的意图。总体上看，质量方针服务于企业的总体战略，是企业战略的重要组成部分，通过服务质量方针，引导企业在激烈的市场竞争中以服务质量取得竞争优势，求得生存和发展，企业高层管理者还应采取措施，确保质量方针的贯彻实施。

配送服务企业的质量方针，应结合配送服务的特点，表明配送服务的等级，确立配送服务企业的质量形象和信誉，制定服务质量的总目标及实现目标的措施。如武汉物资储运总公司原是一家以仓储为主的传统物流企业，现正向现代物流业转型，积极发展运输（包括集装箱运输）、配送、货运代理等业务。为了实现由传统物流企业向现代物流企业转型的战略目标，该公司通过了 ISO 9001—2000 质量体系的认证。总公司在贯彻 ISO 9001—2000 标准中根据该公司物流服务的特点确定全公司的质量方针为“准确便捷、安全可靠、运作规范、优质高效”。

（2）确定质量目标。

质量目标是企业根据质量方针确定的，企业在一定时期内质量方面所要达到的预期成果。质量目标是质量方针的具体化。

质量目标有时限要求。按照达到目标的时限长短，质量目标分为短期质量目标和长期质量目标。短期质量目标一般是指不超过 1 年时间需要达到的目标，如 1 个月、1 个季度等；中、长期目标是指 1 年以上的时间需要达到的目标，如 3 年、5 年等。

质量目标按达到预期成果的特点分为突破性目标和维持性目标两种。突破性目标是指打破或超过现有质量水平的目标；维持性目标则是指把质量水平维持在已达到的某一水平上的目标。

质量目标一般应具体、明确，甚至量化。配送服务质量目标主要包括以下几方面。

① 及时性目标：准时装车、及时到货、平均延误时间等；

② 方便性目标：全天候服务、上门取货、一票运输率等；

③ 安全性目标：缺货频率、缺货率、差错率、货损率等；

④ 可靠性目标：事故次数、事故可补救性等；

⑤ 顾客满意目标：顾客满意率、顾客投诉率等。

（3）规定质量职责和权限。

高层管理者应对影响服务质量的所有部门和人员明确规定质量工作的职责和权限，做到质量问题件件有人管，人人有质量责任，并有相应的处理权限。

（4）定期开展质量管理评审。

高层管理者应对配送服务质量定期进行独立的管理评审，以保证质量体系持续稳定和有效。管理评审的主要内容包括：服务绩效分析、服务质量体系要素的实施和有效性评审、质量方针和质量目标的适应性评审。管理评审后应提交管理评审报告，以便采取必要的质量改进措施。

3. 资源

资源一般包括人力、资金、设施设备、技术和方法等。人力资源是服务质量体系中最重要的资源。配送服务要求员工既要具备配送的作业技能，还应掌握服务技巧，它是实施质量管理和实现质量目标的基本条件。

配送服务与一般的营销、咨询服务不一样，它是通过运输设施、仓储设施、运输车辆、流通加工设备、装卸搬运机械等实现物品的位置移动和提供服务来满足客户的需求；配送服务是一种网络化服务，需要有庞大的服务网络和网络化的计算机信息系统。因此，配送服务质量体系中的物质资源应该包括运输和仓储设施、运输车船、流通加工设备、装卸机械、服务网络、计算机信息系统等。

4. 质量体系结构

配送服务企业的质量体系结构包括组织结构、服务过程和程序 3 个部分。

（1）组织结构。质量体系的组织结构是配送企业为行使质量管理职能的一个组织管理框架。它是将企业的质量目标层层展开，形成多级的目标体系，为实现不同层次的目标，相应建立起多级职能部门，并对职能部门中的各级、各类人员规定质量职责和权限，明确其相互关系，从而组成完整的质量管理组织系统。

（2）服务过程。质量管理是通过对企业内部的各种过程的管理来实现的。配送服务企业与其他服务企业一样，其服务体系中的过程主要有 3 个：市场开发过程、服务设计过程和服务提供过程。

（3）程序。程序是指为进行某项活动所规定的途径。对配送服务质量体系而言，程序是对服务质量形成全过程的所有活动规定恰当而连续的方法，使服务过程能按规定具体运作，并达到目标。配送服务质量体系中的程序应该要形成具有一定规定、制度性质的程序文件，使之有章可循、有法可依。这是质量体系得以有效运行的可靠保证。

四、配送服务质量有效管理的途径

为有效加强配送服务的质量管理，需从以下几个方面入手。

1. 加强全体职工的质量意识和质量管理水平，建立必要的管理组织和管理制度

质量管理工作体现在配送的每一个过程中，因此，质量工作应是整个配送组织的事情。但是，正因为各个过程都有其独特的功能，往往在操作时只注重实现这一独特的功能，如完成装卸、搬运等任务，而忽视质量管理。另外，配送过程的连续性，又很难明确区分质量状况和质量责任。所以，建立一个统筹的质量组织，实行质量管理的规划、协调、组织、监督是十分必要的。另外，在各个过程中建立质量小组并通过质量小组带动全员、全过程的质量管理也是很重要的方式。

（1）增强职工的质量意识和质量管理水平。通过对全员进行培训教育，使全体职工的质量意识和质量管理能力达到一定的水平。质量管理全员培训使质量意识和技术、技能两者并重，否则，单有意识而无能力，或者说仅有能力而无责任心都是无法搞好质量管理的。

（2）建立必要的管理组织。质量管理组织分为领导机构与群众组织。要有领导机构，同时又有领导分工管理。其责任是进行宣传、教育、培训、计划、实施和检查。为体现全员性和全面性，要求在每个环节中，每个人都要严把质量关，并建立质量管理小组。

2. 做好配送服务质量管理的信息工作

配送过程涉及的范围比生产过程更广，信息传递距离更远，收集难度大，及时性差。为了解决这个问题，应采取科学的管理方法和先进的信息技术，建立有效的质量信息系统，对配送实行动态的管理。为提高服务质量，要建立合理的信息管理网络，用以指导配送质量管理工作。

3. 做好实施质量管理的基础工作

质量管理的基础工作主要包括以下几个方面。

（1）标准化工作。标准化是开展配送服务质量管理的依据之一。在标准化工作中，要具体制定各项工作的质量要求、工作规范、质量检查方法，各项工作的结果都要在产品质量标准规定的范围内。因此，要搞好配送服务质量管理，首先要制定相应的标准。

（2）制度化。要将质量管理作为配送服务的一项永久性工作，必须有制度的保证。建立协作体制、建立质量管理小组都是制度化的一部分。要使制度程序化，以便于了解、便于执行、便于检查。制度化的另一个重要方式是建立责任制，在岗位责任制的基础上，建立质量责任制，使质量责任能在日常的细微工作中体现出来。

4. 开发差错预防体系

配送服务过程中的差错问题是影响配送服务质量的主要因素。由于配送商品数量大，操作程序多，差错发生的可能性非常大，因此，建立差错预防体系也是质量管理的基础工作。根据国内外已有的这方面实践经验来看，差错预防体系的建立主要有以下几个方面的工作。

（1）配送中心库存货物的调整。对存储区进行规划调整，将库存商品有序地放置，能准确地、方便地进行存取。在国外常用不同颜色进行标识，以有序放置和有效区分；灵活利用不同货架、货仓等也是一个很有效的办法。

（2）运用新技术。现在已开发的射频条码应用技术（RFID），配合便携式扫描仪可准确无误地确认商品。采用电子计算机控制的分拣系统和存储系统都是避免差错的有效方式。

（3）建立智能配送系统。建立能对配送服务过程全部活动进行核对、监测的系统，以便及时发现问题而防止差错持续发展，进而再寻找差错产生源头，予以解决。

第二节　配送中心绩效评价体系

一、物流绩效评价的原则与程序

物流配送绩效评价和控制，对资源的监督和配置非常重要。物流配送中心担负着货主企业生产经营所需的各种物品的收发、储存、保管保养、控制、监督等多种职能。这些活动对于货主企业能否按照计划完成生产经营目标，以及控制仓储成本和物流总成本至关重要。因此，物流配送中心有必要建立起系统科学的仓储、库存绩效考核指标体系。仓储、库存绩效考核指标是库存生产管理成果的集中体现，是衡量仓储管理水平高低的尺度。

进行物流绩效评价，应遵循以下几个重要的原则。

（1）引进评价制度时，首先必须明确企业的经营方针及计划目标。

（2）应针对物流部门的作业特点来设置合理有效的评价指标。

（3）在实施评价制度之前，要向有关人员说明制度的内容及目的，征询其意见，以建立上下层之间的信赖关系。

（4）应以评价结果来检验实绩，迅速采取相应对策。

由于企业的经营是一个不断发展的动态过程，因此企业物流绩效评价也应该是周期循环的工作。绩效评价流程如图 9－4 所示。

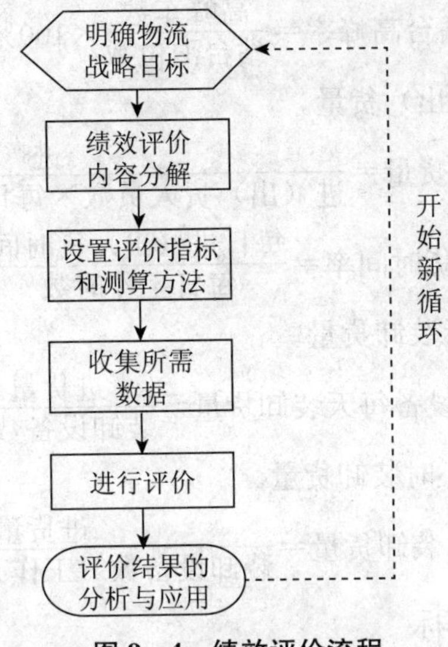

图 9-4　绩效评价流程

二、绩效评价指标

物流配送中心是为了提供完善的配送服务而设立的经营组织，其配送活动的基本作业流程是物流配送中心在进行商品配送作业时展现的整体工艺流程。物流配送中心经营活动的绩效高低，直接影响物流速度的高低和效益的大小。科学合理地制订各项物流活动的管理指标，是提高物流配送中心各项活动的基本前提。绩效评价指标体系主要由以下几个方面构成。

1. 客户服务绩效评价指标体系

（1）客户满意度。

$$客户满意度=\frac{满足客户需求数量}{客户需求}\times 100\%$$

（2）缺货率。

$$缺货率=\frac{缺货次数}{客户订货次数}\times 100\%$$

（3）准时交货率。

$$准时交货率=\frac{准时交货次数}{总交货次数}\times 100\%$$

（4）货损货差赔偿费率。

$$货损货差赔偿费率=\frac{货损货差赔偿费总额}{同期业务收入总额}\times 100\%$$

2. 进出库作业绩效评价指标

（1）站台使用率和高峰率。

$$站台使用率=\frac{进/出货车次装卸货停留总时间}{站台泊位数\times 工作天数\times 每天工作时数}\times 100\%$$

$$站台高峰率=\frac{高峰车数}{站台泊位数}\times 100\%$$

（2）每人每小时处理进（出）货量。

$$每人每小时处理进（出）货量=\frac{进（出）货量}{进（出）货人员数\times 每日进（出）货时间\times 工作天数}$$

$$进（出）货时间率=\frac{每日进（出）货时间}{每日工作时数}\times 100\%$$

（3）每台进/出货设备每天装卸货量。

$$每台进/出货设备每天装卸货量=\frac{进货量+出货量}{装卸设备数\times 工作天数}$$

（4）每台进/出货设备每小时装卸货量。

$$每台进/出货设备每小时装卸货量=\frac{进货量+出货量}{装卸设备数\times 工作天数\times 每日进出货时数}$$

3. 储存作业绩效评价指标

（1）储区面积率。

$$储区面积率=\frac{储区面积}{配送中心面积}\times 100\%$$

（2）可供保管面积率。

$$可供保管面积率=\frac{可保管面积}{储区面积}\times 100\%$$

（3）储位容积利用率和单位面积保管量。

$$储位容积利用率=\frac{存活总体积}{储位总容积}\times 100\%$$

$$单位面积保管量=\frac{平均库存量}{可保管面积}$$

（4）平均每品项所占储位数。

$$平均每品项所占储位数=\frac{货架储位数}{总品项数}$$

（5）库存周转率。

$$库存周转率=\frac{出货量}{平均库存量}\times 100\%$$

$$库存周转率=\frac{营业额}{平均库存金额}\times 100\%$$

（6）库存管理费率。

$$库存管理费率=\frac{库存管理费用}{平均库存量}\times 100\%$$

（7）呆废料率（数量、金额）。

$$呆废料率=\frac{呆废料件数}{平均库存量}\times 100\%$$

$$呆废料率=\frac{呆废料金额}{平均库存金额}\times 100\%$$

4. 盘点作业绩效评价指标

（1）盘点数量误差率。

$$盘点数量误差率=\frac{盘点误差量}{盘点总量}\times 100\%$$

（2）盘点品项误差率。

$$盘点品项误差率=\frac{盘点品项误差数量}{盘点品项总数量}\times 100\%$$

（3）平均盘差品金额。

$$平均盘差品金额=\frac{盘点误差金额}{盘点误差量}$$

5. 订单处理作业绩效评价指标

（1）订单分析。

$$日均受理订单数=\frac{订单数量}{工作天数}$$

$$每订单平均订货数量=\frac{出货量}{订单数量}$$

$$日均商品单价=\frac{营业额}{订单数量}$$

（2）订单延迟率。

$$订单延迟率=\frac{延迟交货订单数}{出货量}\times 100\%$$

（3）订单货件延迟率。

$$订单货件延迟率=\frac{延迟交货量}{出货量}\times 100\%$$

（4）紧急订单响应率。

$$紧急订单响应率=\frac{未超过12小时出货订单}{订单数量}\times 100\%$$

（5）缺货率。

$$缺货率=\frac{接单缺货数}{出货量}\times 100\%$$

（6）短缺率。

$$短缺率=\frac{出货短缺数}{出货量}\times 100\%$$

6. 拣货作业绩效评价指标

（1）人均作业能力。

$$人均每小时拣货品项数=\frac{订单总笔数}{拣货人员数\times 每天拣货时数\times 工作天数}$$

（2）批量拣货时间。

$$批量拣货时间=\frac{每日拣货时数\times 工作天数}{拣货分批次数}$$

（3）每订单投入拣货成本。

$$每订单投入拣货成本=\frac{拣货投入成本}{订单数量}$$

$$每件商品投入拣货成本=\frac{拣货投入成本}{拣货单位累计件数}$$

（4）拣误率。

$$拣误率=\frac{拣取错误笔数}{订单总笔数}\times 100\%$$

7. 配送作业绩效评价指标

（1）人员负担。

$$人均配送量=\frac{出货量}{配送人数}$$

$$人均配送距离=\frac{配送总距离}{配送人数}$$

$$人均配送重量=\frac{配送总重量}{配送人数}$$

$$人均配送车次=\frac{配送总车次}{配送人数}$$

（2）车辆负荷。

$$每车吨·千米数=\frac{配送总距离\times 总吨数}{配送车辆总数}$$

$$每车配送距离=\frac{配送距离}{配送总车数}$$

$$每车配送重量=\frac{配送总重量}{配送总车数}$$

（3）空车率。

$$空车率=\frac{空车行走距离}{配送总距离}\times 100\%$$

（4）配送车辆开动率。

$$配送车辆开动率=\frac{配送总车次}{车辆数量\times 工作天数}\times 100\%$$

（5）配送平均速度。

$$配送平均速度=\frac{总配送距离}{总配送时间}$$

（6）时间效益。

$$单位时间配送量=\frac{出货量}{配送总时间}$$

$$单位时间生产能力=\frac{营业额}{配送总时间}$$

(7) 配送成本。

$$配送成本比率=\frac{车辆配送成本}{物流总费用}\times100\%$$

$$每车次配送成本=\frac{车辆配送成本}{总配送车次}$$

$$每吨配送成本=\frac{车辆配送成本}{总配送重量}$$

$$每千米配送成本=\frac{车辆配送成本}{总配送距离}$$

(8) 配送延误率。

$$配送延误率=\frac{配送延误车次}{总配送车次}\times100\%$$

8. 配送中心经营管理综合指标

(1) 配送中心坪效。

$$配送中心坪效=\frac{营业额（产值）}{建筑物总建筑面积}\times100\%$$

(2) 人员作业能力。

$$人均生产率=\frac{营业额}{配送中心总人数}\times100\%$$

$$人均作业量=\frac{出货量}{配送中心总人数}$$

(3) 直间工比率。

$$直间工比率=\frac{一线作业人员}{配送中心总人数-一线作业人数}\times100\%$$

(4) 固定资产周转率。

$$固定资产周转率=\frac{产值}{固定资产总额}\times100\%$$

(5) 产出与投入平衡率。

$$产出与投入平衡率=\frac{出货量}{进货量}\times100\%$$

三、绩效评价结果的分析与应用

(一) 绩效管理过程

20 世纪 50 年代，W. 爱德华·戴明（W. Edwards Deming）推广了一个提高组织绩效的 4 步改进程序框架（PDCA）。他建议一个公司或组织制订计划（Plan）进行改进，实施（Do）计划，检查（Check）是否达到了预期效果，如果改进失败就通过调整计划进行处理（Act），而如果改进成功就将行动制度化。这一方法就是戴明论、戴明周期或 PDCA 周期。PDCA 周期是一个连续型程序，如图 9-5 所示，需要不断检查现有绩效，进而开发计划以驱动新的改进。

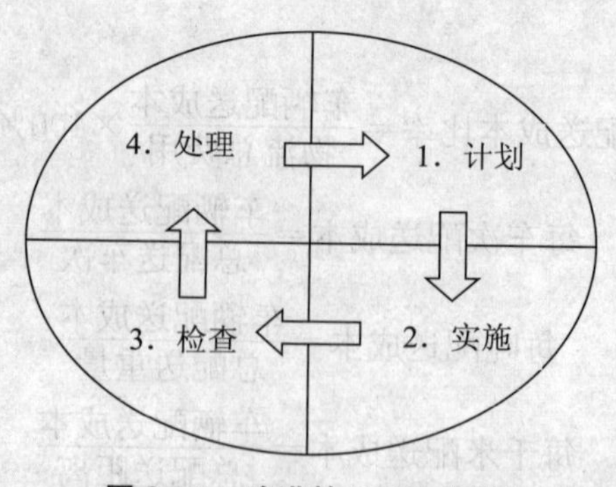

图 9-5 改进的 PDCA 周期

在计划阶段需要对现有做法进行评估和对改进行动进行规划。评估的方法可以采用比较分析和程序分析手段。

实施阶段是指改进行动的执行，包括修改程序、工作流程、设备和方法，以及与此相关的人员培训。

检查阶段需要投入人员对三个关键问题进行检查，即：

(1) 变化的实行与计划相符吗?

(2) 预期目标达到了吗?

(3) 应实行什么补救行动?

对上述问题的回答将推进管理者进入处理阶段。如果没能达到预期结果，本阶段将使 PDCA 重新开始；而如果实行成功，这些计划的改进措施就可以在一定时期内标准化和制度化。PDCA 需要管理者的工作具有持续性和突破性。

(二) 绩效指标分析的基本工具

1. 指标分析

利用绩效考核指标体系的统计数据对指标因素的变动趋势、原因等进行分析是一种比较传统的分析方法。

(1) 对比分析法。对比分析法是将两个或两个以上有内在联系的、可比的指标（或数量）进行对比，从对比中寻差距、查原因。对比分析法是指标分析法中使用最普遍、最简单和最有效的方法。根据分析问题的需要，主要有以下几种对比方法。

①计划完成情况的对比分析。计划完成情况的对比分析是将同类指标的实际完成数或预计完成数与计划数进行对比分析，从而反映计划完成的绝对数和程度，然后可以通过帕累托图法、工序图法等进一步分析计划完成或未完成的具体原因。

②纵向动态对比分析。纵向动态对比分析是将仓储的同类有关指标在不同时间上的对比，如本期与基期（或上期）比、与历史平均水平比、与历史最高水平比等。这种对比反映事物的发展方向和速度，表明结果是增长或是降低，然后再进一步分析产生这样的结果的原因，提出改进措施。

③横向类比分析。横向类比分析是将仓储的有关指标在同一时期、相同类型的不同空间条件下的对比分析。类比单位的选择一般是同类企业中的先进企业，它可以是国内的，也可以是国外的。通过横向对比，能够找出差距，采取措施，赶超先进。

表 9－1 是某配送中心 2018 年成本和费用对比分析。

表 9－1　　2018 年成本和费用对比分析　　单位：万元

指标	本期		上年实际	同行先进	差距（增＋）（减－）		
	实际	计划			比计划	比上年	比先进
仓储总成本							
单位仓储成本							
进出库总成本							
进出库单位成本							
运输总成本							
运输单位成本							
配送总成本							
配送单位成本							
……							

④结构对比分析。结构对比分析是将总体分为不同性质的各部分，而后以部分数值与总体数值之比来反映事物内部构成的情况，一般用百分数表示。例如，在物品保管损失中，我们可以计算分析因保管养护不善造成的霉变残损、丢失短少、不按规定验收、错收错付而发生的损失等各占的比例为多少（结构对比分析参见帕累托图法）。

应用对比分析法进行对比分析时，需要注意以下几点。

首先，要注意所对比的指标或现象之间的可比性。在进行纵向对比时，主要是要考虑指标所包括的范围、内容、计算方法、计量单位、所属时间等相互适应，彼此协调；在进行横向对比时，要考虑对比的单位之间必须是经济职能或经济活动性质、经营规模基本相同，否则就缺乏可比性。

其次，要结合使用各种对比分析方法。每个对比指标只能从一个侧面来反映情况，只作单项指标的对比会出现片面的结果，有时甚至会得出误导性的分析结果。把有联系的对比指标结合运用，有利于全面、深入地研究分析问题。

最后，要正确选择对比的基数。对比基数的选择，应根据不同的分析和目的进行，一般应选择具有代表性的作为基数。如在进行指标的纵向动态对比分析时，应选择企业发展比较稳定的年份作为基数，这样的对比分析才更具有现实意义，否则与过高或过低的年份所作的比较，都达不到预期的目的和效果。

（2）因素分析法。因素分析法是用来分析影响指标变化的各个因素以及它们对指标各自的影响程度。因素分析法的基本做法是，在分析某一因素变动对总指标变动的影响时，假定只有这一个因素在变动，而其余因素都必须是同度量因素（固定因素），然后逐个进行替代某一项因素单独变化，从而得到每项因素对该指标的影响程度。

在采用因素分析法时，应注意各因素按合理的顺序排列，并注意前后因素按合乎逻辑的衔接原则处理。如果顺序改变，各因素变动影响程度之积（或之和）虽仍等于总指标的变动数，但各因素的影响值就会发生变化，得出不同的答案。表 9－2 是某配送中心 2 月燃料消耗情况分析。

表 9－2　　2 月燃料消耗情况分析

指标	单位	计划	实际	差数
装卸作业量	吨	300	350	＋50
单位燃油消耗量	升/吨	0.9	0.85	－0.05
燃油单价	元/升	2.8	3.3	＋0.5
燃油消耗额	元	756	981.75	＋225.75

装卸作业量变化使燃油消耗额变化：＋50×0.9×2.8 ＝ ＋126（元）

单位消耗量变化使燃油消耗额变化：－0.05×350×2.8 ＝ －49（元）

燃油单价变化使燃油消耗额变化：＋0.5×350×0.85 ＝ ＋147.75（元）

合计：＋225.75（元）

（3）平衡分析法。平衡分析法是利用各项具有平衡关系的经济指标之间的依存情况来测定各项指标对经济指标变动的影响程度的一种分析方法。

在此平衡分析表的基础上，进一步分析各项差额产生的原因和在该年度内产生的影响（正反两方面都有）。

（4）帕累托图法。帕累托图法是基于 19 世纪经济学家维尔弗雷多·帕累托（Vilfredo Pareto）的工作而形成的。帕累托图法虽然简单，却能找到问题及其解决的途径，配送中心也可以通过这种方法寻找影响配送中心服务质量或作业效率等方面的主要原因。

2. 程序分析

程序分析使人们懂得如何根据流程开展工作，以便找出改进的方法。配送中心生产就是一个比较典型的流程控制过程，所以，这些方法非常适合在配送中心绩效管理中使用。

（1）工序图法。工序图法（Process Charts）是一种通过一件产品或服务的形成过程来帮助理解工序的分析方法，用工序流程图标示出各步骤以及各步骤之间的关系。

配送中心可以在指标对比分析的基础上，运用这种方法进行整个仓储流程或某个作业环节的分析，将主要问题分离出来，并进行进一步分析。例如，经过对比分析发现物品验收时间出现增加的情况，那么就可以运用工序图法，对验收流程：验收准备—核对凭证—实物检验—入库堆码—上架登账进行分析，以确定导致验收时间增加的主要问题出现在哪一个环节上，然后采取相应的措施。

（2）因果分析图法。因果分析图法（Cause－and－effect Diagram）也叫石川图（Ishikawa Diagram）或鱼刺图（Fish－bone Chart ），每根鱼刺代表一个可能的差错原因，一张鱼刺图可以反映企业或配送中心质量管理中的所有问题。因果分析图可以从物料（Material）、机器设备（Machinery）、人员（Manpower ）和方法（Methods ）4 个方面进行，这 4 个“M”即为原因。4M 为分析提供了一个好的框架，将此深入进行下去，很容易找出可能的质量问题并设立相应的检验点进行重点管理。例如，一些客户对配送中心服务的满意度下降，配送中心管理部门可以从以上 4 个方面分析原因，以便改进服务体系，如图

9－6所示。

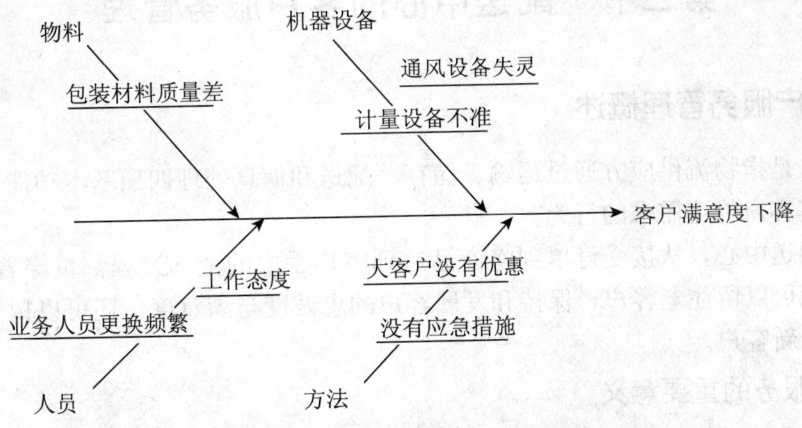

图9－6　配送中心客户满意度因果分析

3. 成本分析

（1）传统的成本分析。在传统的配送中心成本分析中，经常采用的方法是把成本总金额分摊到客户或渠道的重量数上，但是，实际上客户或渠道上库存的物品通常并不按金额或重量数的比例消耗仓储资源，例如，配送中心中经常有从低价值到高价值的物品混存的情况，配送中心接受、存储和发送物品时不仅有价值方面的差别，还会出现单个物品、托盘货物到大宗货物的差别，因此，传统的配送中心成本计算系统会扭曲真实的成本。

（2）以活动为基准的成本分析。以活动为基准的成本计算法（Activity－based Costing）是一种较新的方法。这种方法将正常成本之外的成本直接分摊在产品或服务上，资源被分摊到活动中，活动又被分摊到成本对象上。这种分摊分两步进行，第一步是确定配送中心等组织内的成本活动，第二步是将活动成本追溯到对服务所做的工作上，图9－7的方法能够提高对间接费用的管理和控制。

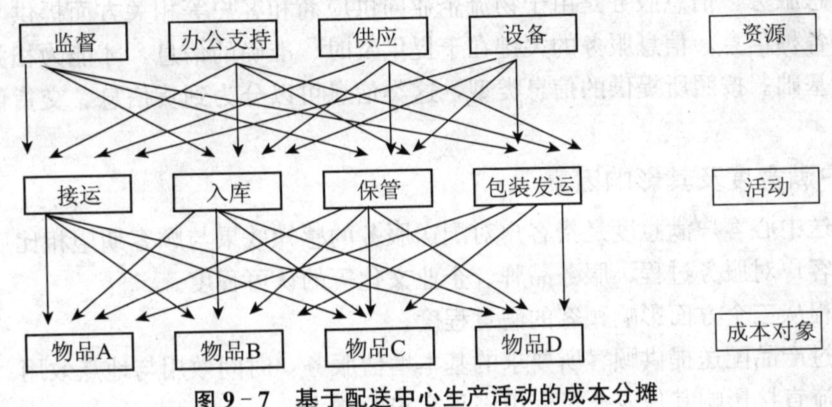

图9－7　基于配送中心生产活动的成本分摊

但是，成本分摊中依然存在许多问题，因为客户需求和市场竞争会使物流资源的供求矛盾不断发生变化，所以使用任何成本分析法都要注意那些成本分摊中的潜在问题。

第三节　配送中心的客户服务管理

一、客户服务管理概述

物流服务是指物流供应方通过运输、储存、配送和信息处理四项基本功能的实施与管理，来满足其客户物流需求的行为。

在物流配送中心，从接受订单到将商品送到客户手中的全部过程都贯穿着客户服务，做好客户服务可以留住老客户，保持和发展客户的忠诚度与满意度，还可以树立良好的企业形象，赢得新客户。

1. 客户服务的重要意义

客户服务是一种管理活动，将客户服务视为一种管理，说明对客户的服务要有控制能力，例如，采购部门的订货处理业务。客户服务标志着物流配送中心的实际业务绩效水平，将客户服务视为绩效水平，表明客户服务可以精确衡量。客户服务集中体现物流配送中心的整体经营理念。

2. 客户服务内容

(1) 存货服务。存货服务是指供应商拥有充足的库存商品的种类和数量，能够随时满足客户的订货要求，尽量减少缺货的频率和缺货的数量，从而能够更好地为客户的订货服务提供前提和基础。

(2) 订货服务。订货服务是物流服务中最重要的流程，订货服务包括订单传递、订单处理、订单分拣和集合服务等思想内容。

(3) 送货服务。送货服务是从货物出库被装上货车开始，到抵达客户处的这段时间内进行的所有的活动。送货服务主要是针对货物进行的运输、保管和装卸作业，其中，交货时间、交货频率、正确交货、货品保管是几个比较重要的服务指标。

(4) 信息服务。信息服务是由于物流企业向供应商和客户等相关方面提供与物流作业流程相关的各种信息。信息服务的关键在于提供及时、准确的信息，才能为相关企业的正确决策奠定基础。按照所提供的信息类型，这类信息可以分为到货信息、交货信息和库存信息等。

3. 客户满意度及其影响因素

物流配送中心客户满意度是指客户对配送服务的感知效果与顾客期望相比后形成的感觉状态，是客户对服务过程、服务品牌、企业文化等的认可程度。

物流过程从三个方面影响顾客的满意程度。

(1) 通过产品配送提供顾客所要求的基本增值服务：时间效用与地点效用。

(2) 物流直接影响其他业务过程中满足客户的能力。

(3) 配送等物流作业影响客户对于产品及相关服务的感受。

二、客户服务质量评价体系

物流配送中心的客户服务质量评价，可以从可得性、作业绩效、可靠性等方面考虑，在前面的客户服务绩效评价已经有所涉及，这里不再赘述。相关的因素如表 9－4 所示。

表 9－4　配送中心客户服务表现的度量

因素	简单描述	典型的度量单位
产品可得性	定义为以百分比表示的存货	百分比可得性，以基本单位表示
备货时间	从下达订单到收到货物的时间	速度与一致性
物流系统的灵活性	系统对特殊及未预料的客户需求反应的能力，包括加速和替代能力	对特殊要求的反应时间
物流系统信息	信息系统对客户的信息需求反应的及时性与准确性	对客户反应速度、准确性和详细性
物流系统的纠错	物流系统出错恢复的程序及效率与时间	应答与恢复时间
售后产品支持	交货后对产品支持的效率，包括技术信息、部件或设备的修改	应答时间、应答质量

配送中心可以通过客户分类、差异化服务等策略，不断发挥客户经理在客户服务、品牌培育、市场分析方面的作用，提高客户关系管理水平。为满足客户的货源需求，各部门应该积极组织，使零售客户赢利水平不断提升。

三、影响客户服务水平的因素

客户服务过程包括交易前、交易中和交易后三个阶段，每个阶段体现出不同的客户服务要素，可以把影响客户服务水平的因素按照这三个阶段分为以下三类。

1. 业务发生前的因素

它是指在产品销售前，为客户提供各种服务的各项要素。如制订和宣传客户服务政策，制订应急服务计划，完善客户服务组织功能，使之能够按客户的要求提供各种形式的帮助。另外，还包括销售商提供增加价值的管理服务，如库存管理、订货政策等方面的培训服务，这类因素为客户服务营造氛围，尽管不都与未来业务有关，但对产品销售有重要影响。客户对企业及其产品的印象和整体满意度都与业务发生前的因素密切相关。企业为稳步、持久地开展客户服务活动，必须先对这些因素做正式的规划和准备。

2. 业务发生中的因素

这是直接导致产品送达客户手中的因素。企业库存水平的设定、运输方式的选择、订单处理程序的建立等企业行为，对此类因素产生重要影响。该类因素主要指订货的方便性，送货时间、订单履行的准确性，收到货物的完好率和送货可得率等。

3. 业务发生后的因素

这类因素指一整套售后服务，是企业在客户接受到产品或服务之后继续提供的支持。

它们对提高客户满意度和留住客户是至关重要的。这些因素通常包括产品使用过程中的服务支持，如产生的安装、维修等，以保护客户利益不受缺陷产品损害，提供返还服务，如提供返还瓶子或托盘服务，处理索赔、投诉和退货。这些活动发生在产品销售之后，但必须在业务发生前和业务发生阶段就做好计划。各种客户服务水平影响因素的重要性，随企业所处的不同行业而异，在某些特殊的产品市场环境中，一些影响因素可能会比其他因素更重要。

在以上所列因素之外，也可能存在其他更为重要的因素，如订货方便性、送货时间、订单的完整准确履行率、存货可能率等。因此，在衡量某个企业客户服务水平时，应着重考虑业务发生中的因素，并结合该企业所处的行业、该企业的产品及其市场环境和其他因素进行判断。

第四节　配送中心岗位设置及组织架构

一、配送中心组织结构设置原则

组织是企业管理的支撑体系，组织架构合理与否，决定着管理的效率。配送中心组织的架构，也同样影响着物流的合理化和效率化。如何建立一个高效的配送中心组织结构，是物流管理首先要考虑的问题之一。

在设置配送中心组织架构时，应遵循以下原则。

1. 结构合理

组织结构在很大程度上决定了企业运作是否有效。企业经营管理各类机构的组建应同企业的规模和经营的业务相适应，要求合理设计管理层次，配置工作人员。发达国家的物流企业和其他企业一样经历了从多层次的宝塔结构向扁平化演变的过程，也受到企业流程再造过程的影响，物流企业的组织结构伴随着技术水平的发展，在市场竞争的压力下发生着变化。而我国原有的国有运输、储运企业或企业的后勤部门大多存在人员过剩问题，在向现代物流转变过程中首先面对的是削减冗余人员的问题，这是配送中心结构合理化之前必须要解决的问题。配送中心应该在服从经营需要的前提下，因事设机构、设岗位，因职用人，尽量减少不必要的机构和人员，力求精兵简政，以达到组织机构设置的合理化，提高工作效率。同时，各级组织机构要有明确的职责范围、权限以及相互间的协作关系；具有健全和完善的信息沟通渠道；制定合理的奖惩制度；还应有利于发挥职工主动性和积极性。

2. 责权分明

在配送中心管理层次设计中，各层次的机构要形成一条职责、权限分明的等级链，不得越级指挥与管理。实行这种管理的优点就是：谁指挥、谁执行都很清楚，执行者负执行的责任，指挥者负指挥的责任，自上而下地逐级层层负责，保证经营业务的顺利开展。同时，也要注意保证各部门、环节机构在自己的职责和权限范围内能够独立行使权力，发挥各级组织机构的主动性和积极性。

3. 利于沟通

配送中心组织机构的设置既要便于企业内部各部门之间的沟通，也要便于与企业外部、与客户之间的沟通。配送中心内部的沟通先要保证信息在企业内部的无障碍传递及决策的快速性。外部沟通是保证客户信息能快速、有效地传递到位，客户要求能得到快速响应。

4. 协调一致

配送中心不管是隶属于生产企业或商业企业，还是作为一个第三方物流独立实体，其各组成部分必须是一个有机结合的统一组织体系。在这个组织体系中，所有的经营活动都要有效地协调起来，因为最终目标是一致的。现代物流管理与传统管理观念不同之处就在于，现代物流追求的是整体最优，而不是单个或部分的最优。因此，所有组成部分都应该在一个目标的基础上把作业活动协调起来，以期达到最佳的效果。无论是运输、仓储、流通加工还是存货控制等部门都要把自己看作是系统的一个组成部分。

5. 效率效益

保证配送中心的高效率和高效益是建立配送中心组织机构所应遵循的原则，是验证组织机构合理性的准绳。配送中心的组织机构应同时追求管理运作的高效率和经营运作的高效益，单独强调任何一个方面，都是与配送中心的经营目标相背离的。

6. 客户优先

配送中心组织机构的设立既要考虑企业内部机构设置的合理性，同时要考虑机构设置对客户的影响。越来越多的配送中心为某一行业或连锁企业提供专有的物流服务。客户业务特点及组织机构的特征是配送中心设置组织管理机构的重要考虑因素。

二、配送中心组织形式

配送中心组织形式指的是中心的整个组织机构按部门划分和按层次划分组成纵横交错关系的组织形式，它决定配送中心的业务规模、经营内容、人员素质、经营管理水平和内外部环境等多种因素。而且，配送中心组织形式也是随着配送中心的发展和管理水平，以及技术手段的不断提高而不断改进的，从一般的发展过程来看，主要有以下几种。

1. 直线型组织

这是早期的、也是最简单的形式。它的特点是组织内部各级行政领导按照直线从上到下进行垂直领导，不另设专业职能机构。这种组织管理形式的优点是机构层次少，权力集中，命令统一，决策和执行迅速，工作效率高。缺点是管理者需要处理的事物太多，精力受牵制，不利于提高经营管理水平。该形式更适用于经营规模小，经营对象简单的配送中心。直线型组织如图 9－8 所示。

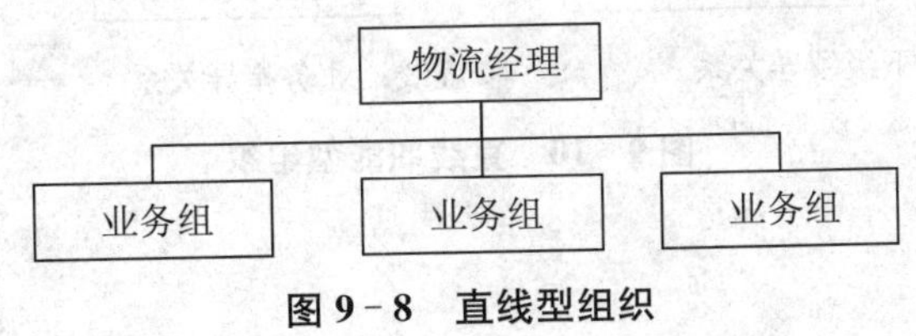

图 9－8　直线型组织

2. 职能型组织

这种形式的特点是配送中心的经理把专业管理的职责和权限交给相应的职能管理部门，由它们在专业活动上直接经营指挥业务机构的活动。这种组织管理形式的优点是能够充分发挥职能机构专业管理的作用和专业管理人员的专长，加强了管理工作的专业化分工，提倡内行领导，达到管理工作的正确性和高效率。缺点是各职能机构都有指挥权，形成多头领导，相互协调比较困难，另外，此结构不适于大型企业及网络化布置的配送中心。职能型组织如图 9－9 所示。

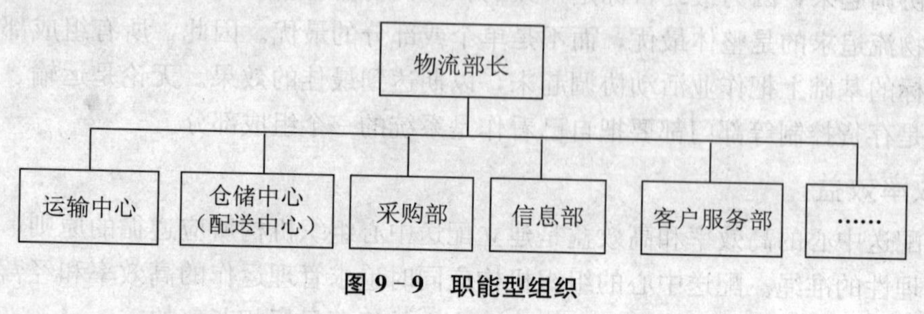

图 9－9　职能型组织

3. 直线职能型组织

直线职能型组织是以直线制形式为基础将职能制形式结合在一起的一种组织管理形式。如设置运输部、配送中心、客户服务部、财务部、资讯部等。它的特点是各管理层的负责人自上而下进行垂直领导，并设职能机构或职能人员协助负责人工作，但职能机构或人员对下级单位不能下达指示命令，只能在业务上进行指导监督，下级负责人只接受上一级负责人的领导。这种形式的优点是取直线型和职能型两种形式之长，舍两者之短，是一种较好的形式，在单一配送中心的组织结构中得到比较广泛的应用。直线职能型组织如图 9－10 所示。

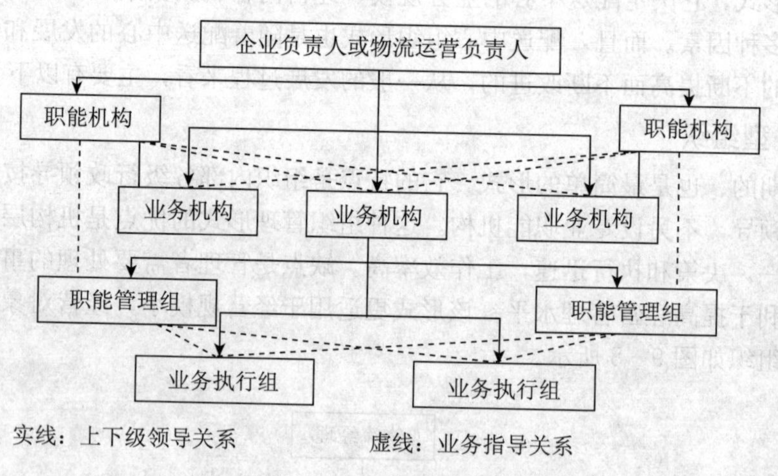

图 9－10　直线职能型组织

4. 事业部组织

事业部组织是国外大型企业普遍采用的一种组织机构模式。配送中心作为独立的经济实体也可以采用这种模式。它的特点是按货品类别、经营业务或地区设若干个事业部，实行集中决策下的分散经营和分权管理。事业部是实现经营目标的基本经营单位，具体管理经营活动。这种组织结构的优点是：有利于上层管理者摆脱日常的行政事务，集中进行决策；有利于事业部根据市场变化做出相应的经济决策；有利于组织专业化生产，提高效率。缺点是：由于事业部是一个利益中心，往往只考虑自己的利益而影响相互协作。它适宜于规模大、货品种类多、分布面广的配送中心。事业部组织如图 9－11 所示。

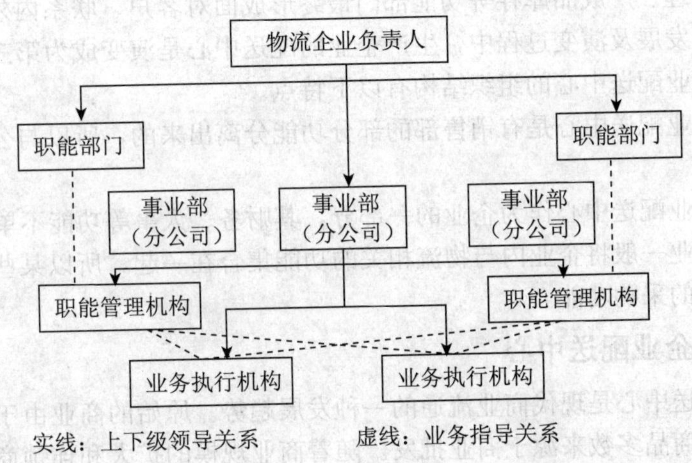

图 9－11 事业部组织

5. 矩阵型组织

矩阵型组织是指将功能型和地区型结构并存在每个部门中，每个单位的人员，要同时接受功能型经理和地区型经理监督的物流组织形式。矩阵型组织如图 9－12 所示。

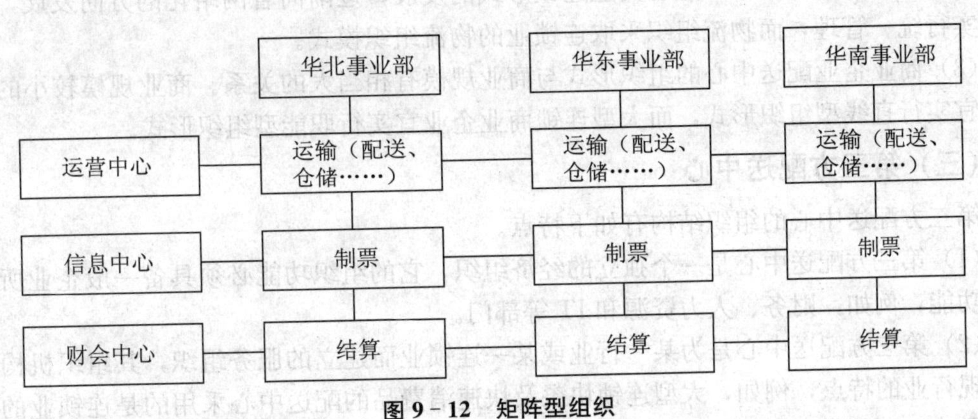

图 9－12 矩阵型组织

采用矩阵型组织的优点如下。

（1）受资源所限，各单位可以在人力资源有限的条件下，同时满足功能管理与地区管理的需求。

(2) 有大量信息处理时，将工作区分为功能型与地区型，可使信息在公司中更快速地传递。

(3) 有较大弹性。

三、各类配送中心组织形式的特点

(一) 生产企业配送中心

生产企业配送中心是由企业销售商品的流通需求发展而来的，经过整合材料及零部件采购、原材料管理、产成品库存等功能部门最终形成面对客户、联系内外的配送中心。在国外配送中心的发展及演变过程中，生产企业的配送中心是演变成为第三方配送中心的原始主体。生产企业配送中心的组织结构有以下特点。

(1) 生产企业配送中心是有销售部的部分功能分离出来的，所以与公司销售系统的关系最紧密。

(2) 生产企业配送中心作为企业的一部分，其财务、人事等功能不单独存在。

(3) 生产企业一般将企业内与物流相关的功能集合在一起，所以某些生产企业的配送中心兼有原材料的采购功能。

(二) 商业企业配送中心

商业企业配送中心是现代商业流通的一种发展趋势。原始的商业由于分散的经营模式和规模的限制，商品多数来源于商业批发。随着商业规模的扩大和连锁商业的兴起，商业企业更愿用自建配送中心的形式来降低商品采购成本。商业企业配送中心的组织结构有以下特点。

(1) 商业企业配送中心是由商品采购部门的部分功能演变而来的，所以很多企业依然将配送中心与采购部门放在一起。

(2) 商业企业配送中心随着商业连锁形式的发展，逐渐向着网络化的方向发展，商品采购实行统一管理，而物流组织采取连锁业的物流组织模式。

(3) 商业企业配送中心的组织形式与商业规模有相当大的关系。商业规模较小的配送中心宜实行直线型组织形式，而大型连锁商业企业宜实行职能型组织形式。

(三) 第三方配送中心

第三方配送中心的组织结构有如下特点。

(1) 第三方配送中心是一个独立的经济组织，它的组织功能必须具备一般企业所应具备的功能，例如，财务、人力资源和 IT 等部门。

(2) 第三方配送中心是为某一行业或某一连锁业而建立的服务组织，其组织机构的设置体现行业的特点，例如，大型连锁快餐及快速消费品的配送中心采用的是连锁业的物流组织形式，而蔬菜、水果、鲜花的配送中心采用的是直线型组织形式。

四、配送中心的部门分工

配送中心内部的组织机构，从纵向来看可以划分成若干不同的部门。组织机构应该服从各种经营管理活动的需要，根据各自经营分工的专业、经营对象的技术复杂程度及其品种、经营操作的物质技术装配先进程度、经营规模等具体因素加以权衡，对经营管理的水平加以确定。一般来讲，配送中心的一级部门可以由业务部门、职能管理部门和行政事务部门组成。

（一）业务部门

业务部门是直接参加和负责组织配送中心业务活动的部门，包括各个物流业务机构，担负着从货品进入配送中心到按用户要求送达目的地的全部工作，按照不同的业务种类可以分为：仓储管理部、运输管理部、加工部、配送部、包装部、信息部等。配送中心的业务部门是其组织机构的主体。它们的主要任务是直接从事物流的经营、操作，对外建立经济联系，并负责处理经营业务纠纷等，是中心组织机构的主体。业务部门的规模和分工程度直接影响着其他部门的机构设置。

业务部门的组织机构划分和设置，主要有以下四种方法。

(1) 根据处理对象的货品类别分设二级业务部门，即设置下级机构分别负责一类或几类货品的全部物流业务。

(2) 根据经营业务的不同环节分设二线业务部门，即按入库、保管、出库、运输等不同环节设置机构，分别负责不同的业务内容。

(3) 把前两种方法结合起来，就是在按货品种类分工的基础上，再把处理该类货品的各个业务环节交由一个二级机构来负责。

(4) 根据地理区域范围的划分设二级业务机构。

（二）职能管理部门

职能管理部门是指与业务部门的活动有着直接关系，专为业务部门开展工作而提供服务的管理部门。该部门直接承担计划、指导、监督和调节职能，包括计划统计、财务统计、劳动工资、价格等管理，以及在专业技术上给予帮助；按领导的委托向业务部门布置工作，负责收集、整理经营业务信息，是各级领导的参谋机构，不直接从事配送中心的经营活动。配送中心的职能管理部门是按照管理职能及管理工作的复杂性、分工的需要而设置的。

（三）行政事务部门

行政事务部门指的是既不直接从事物流业务经营活动，又不直接对经营业务进行指导和监督，而是间接地服务于经营业务和职能管理部门活动的行政事务机构，包括秘书、总务、教育、保卫等机构。它们的主要任务和职责权限是为经营和管理工作提供事务性服务、人事督理、安全保卫和法律咨询等。

以上的各类部门在不同类型的配送中心中会出现不同的组成形式。在生产企业和商业企业的配送中心里，可能不会单独设立行政事务管理部门，而由整个企业或公司对该部分工作进行统一管理；但在第三方配送中心中，由于第三方往往是以配送中心作为运营主体的，所以只有设立了这三类部门才能正常地开展业务。

五、配送中心一般岗位设置

配送中心的岗位设置应根据配送中心作业流程的需要来确定。一般可以按职责或按功能来设置具体岗位。

（一）按职责设置的岗位

1. 配送中心主管

负责统筹管理配送中心内外事宜。

2. 安全经理

负责全部配送中心安全的全面管理。

3. 安检员

（1）负责进出配送中心的货物的安全检查及货物在配送中心内的安全；
（2）负责检查进出配送中心人员，杜绝安全隐患；
（3）负责配送中心防火、防盗等具体安全工作。

4. 配送中心管理员

（1）负责货物在配送中心内的堆码、分区管理、发货顺序、数量核对；
（2）对照明状况进行检查；
（3）做好防虫、防潮等具体工作。

5. 仓管人员

（1）负责在货物入库前，组织相关人员整理货位，安排装卸工准备装卸作业。
（2）在货物入仓时，负责按有关凭证清点实物，进行货物验收，并负责指导、监督装卸人员按标准进行堆放。
（3）负责货物入库后，及时更新库存记录。
（4）负责组织相关人员在货物出库完毕后，对货位进行重新调整，保证货位整齐、美观。
（5）负责监督货物的装卸，指导搬运，对库存记录及时更新等。

6. 搬运工

负责按要求进行产品搬运装卸。

（二）按功能设置的岗位

1. 采购或进货管理组

负责订货、采购、进货等作业环节的安排及相应的事务处理，同时负责对货物的验收工作。

2. 储存管理组

负责货物的保管、拣取、养护等作业运作与管理。

3. 加工管理组

负责按照要求对货物进行包装、加工。

4. 配货组

负责对出库货物进行的拣选和组配（按客户的要求或方便运输的要求）作业进行管理。

5. 运输组

负责按客户的要求制订合理的运输方案，将货物送交客户，同时对完成配送进行确认。

6. 营业管理组或客户服务组

负责接收和传递客房的订货信息、送达货物的信息，处理客房投诉，受理客户退换货请求。

7. 账务管理组

负责核对配送完成表单、出货表单、进货表单、库存管理表单，协调控制监督整个配送中心的货物流动。同时负责管理各种收费发票和物流收费统计、配送费用结算等工作。

8. 退货与坏货处理组

当营业管理组或客户服务组接收到退货信息后，将安排车辆回收退货商品，再集中到配送中心的退货处理区，重新清点整理。

以上岗位是一般配送中心设置的主要岗位。由于配送中心的规模、设施、设备、服务对象不同，岗位设置也不尽相同。

本章小结

本章介绍了配送中心的服务管理。第一节总体阐述了配送中心服务管理概述；第二节介绍了配送中心绩效评价体系；第三节介绍了配送中心的客户服务管理；第四节介绍了配送中心岗位设置及组织架构。

参考文献

[1] 梁晨．配送中心规划与设计［M］．北京：中国财富出版社，2013.
[2] 温卫娟．物流配送管理［M］．上海：上海交通大学出版社，2008.
[3] 徐晨．物流与供应链管理［M］．北京：北京大学出版社，2008.